经济管理实践教材丛书
主编/刘宇
副主编/张虹 曲立

经济管理实践教材丛书

主　编/刘　宇
副主编/张　虹　曲　立

金融学案例分析

Analysis on Finance Case

谢　群　周　兰◎编著

社会科学文献出版社
SSAP
SOCIAL SCIENCES ACADEMIC PRESS (CHINA)

本丛书出版得到北京市教委科技创新平台建设专项、
知识管理研究学术创新团队专项、
管理科学与工程学科建设专项资助

总　序

General Preface

经济管理学院是北京信息科技大学最大的学院。目前该学院拥有管理科学与工程、企业管理、技术经济及管理、国民经济学、数量经济学等5个硕士授权学科，其中管理科学与工程、企业管理为北京市重点建设学科；拥有北京市哲学社会科学研究基地——北京知识管理研究基地；拥有工业工程专业硕士；拥有会计学、财务管理、市场营销、工商管理、人力资源管理、经济学等6个学士授权专业，设有注册会计师、证券与投资、商务管理、国际贸易等四个专门化方向。

经济管理学院下设五个系：会计系、财务与投资系、企业管理系、营销管理系、经济与贸易系；现有教授12人、副教授37人，具有博士学位教师占25%，具有硕士学位教师占70%。教师中，有享受政府特殊津贴专家、博士生导师、跨世纪学科带头人，还有北京市教委人才强教计划学术创新拔尖人才、北京市教委人才强教计划学术创新团队带头人、北京市哲学社会科学研究基地首席专家、北京市重点建设学科带头人、北京市科技创新标兵、北京市科技新星、证券投资专家，还有北京市政府顾问、国家注册审核员、国家注册会计师、大型企业独立董事，还有一级学术组织常务理事，他们分别在计量经济学、实验经济学、知识管理、科技管理、证券投资、项目管理、质量管理和财务会计教学与研究领域颇有建树，享有较高的知名度。

经济管理学院成立了知识管理研究所、实验经济学研究中心、顾客满意度测评研究中心、科技政策与管理研究中心、食品工程项目管理研究中心、经济发展研究中心、国际贸易研究中心、信息与职业工程研究所、金融研究所、知识工程研究所、企业战略管理研究所。

近 5 年来，经济管理学院在提高教学质量的同时，在科学研究方面也取得了丰硕的成果。完成了国家“十五”科技攻关项目、国家科技基础平台建设项目、国家科技支撑计划项目、国家软科学项目等 12 项国家级项目和 28 项省部级项目；荣获 2008 年国家科技进步奖，以及 6 项省部级奖；获得软件著作权 30 项；出版专著 26 部；出版译著 6 本；出版教材 20 本；发表论文 600 余篇。这些成果直接或间接地为政府部门以及企业服务，特别服务于北京社会发展与经济建设。

基于培养创新能力强的应用型人才的需要，在长期有关实验实习工作研究、建设、整合、优化与提升过程中，经济管理学院建成了经济管理实验教学中心，下设财务与会计实验室、企业管理实验室、经济与贸易实验室。该中心覆盖了会计、财务与投资、企业管理、营销管理、经济与贸易、知识管理、实验经济学等七个实验教学领域。该中心由实验室与专业系共同建设，专业教师与实验教师密切合作，取得了实质性的进展，其成果“工商管理专业实践教学体系构建与实施”获得了2008年北京市教育教学成果奖（高等教育）一等奖，并完成了这套经济管理实践教学教材丛书。

在北京市教育委员会科技创新平台专项、科学技术与研究生建设项目、北京市重点建设学科建设项目、北京知识管理研究基地与北京市教委人才强教计划知识管理研究学术创新团队项目资助下，出版这套经济管理实验实习教材丛书。

对于培养应用型人才来说，实践教学教材就显得十分重要，且需求量大。但鉴于实践教学教材个性化、差异化强，编写出版难度大，所以市场上可供选择的实践教学教材少，不能满足需求。这套教材是一种尝试和交流，也是一种学习，难免有不当甚至错误之处，敬请批评指正。

我们有信心，在北京市教委与学校大力支持与领导下，依靠学科、科研、教学与实验教学团队，通过精心设计、组织与建设，把经济管理实验教学中心建设成为北京市实验教学示范中心，为北京市经济社会发展培养急需的应用型人才作出更大的贡献。

主编 刘 宇

前　言

Preface

国际经济和金融全球一体化的背景下，金融理论和金融知识的更新速度日益加快，金融市场运动规律更加复杂，金融工具形态也更加多元化发展，使得金融学成了最热门的经济学科。由于这门学科具有综合性、实践性和应用性较强等特点，因此，案例教学在金融学课程教学中具有重要地位和作用。案例教学以案例为载体，向学习者传授知识，通过对案例的分析，加强学习者理论知识的学习和运用，使学习者不断提高事实判断和逻辑推理的实际能力。本书是一本金融学的教学案例，由长期从事金融学课程教学的教师编写完成，期望读者能从这些真实的、发生在不远的过去的历史事件中有所思、有所悟、有所启迪。

本书在广泛收集资料的基础上，汇集了 9 章 37 个真实案例。每一章的内容主要分为教学目的、案例资料和讨论与思考三部分。其中，教学目的部分在揭示案例资料与金融学教材知识要点的紧密关系基础上，突出案例学习的价值所在；案例资料部分是中心内容，每章精选、汇编 3 到 5 个案例，兼顾新闻性、趣味性、实用性、知识性，通俗易懂，便于读者对案例有一个完整的、深层次的把握；讨论与思考部分针对教学目的，根据每一个案例设计两三个问题，既有独立思考问题，也有共同讨论问题，适合读者自主学习，也适合教师在课堂上进行专题讨论。

本书具有以下特点：

一是选题系统。在现有的书籍中，也能看到某一方面的案例分析，而我们期望体现的是案例教学在金融学教学中的系统引入，所有案例都紧扣教材相关章节知识要点。

二是内容完整。这本书涉及本学科专业最主要的理论、原理与知识，案例撰写由此布局展开。它不是只对某一问题的案例分析，而是对所涉及学科专业的主要原理进行全面的对应案例分析。

三是写作规范。书中每个案例教材都按照统一的框架与步骤撰写，包括教学目的、案例资料、思考与讨论题等，从而力求使主题突出，内容明了清晰，使读者能把案例探讨与理论原理有机结合起来。

四是案例素材体现中国特色。本书中的案例充分体现中国特色和中国实践，除极少数国外经典的案例外，绝大部分选自我国国内具有代表性的金融案例，立足于我国金融市场环境下金融活动的经验介绍和理性分析，具有较充分的说服力。此外，所选用的案例及其数据都比较新，充分反映了我国金融活动的最新实践及其发展趋势。

本书适用于经济管理类各专业本科学生，既可与《金融学》课程配套使用，也可单独使用，以及适用于金融从业人员和研究人员学习和阅读。

在本书的编写过程中，借鉴、吸收了国内外专家学者的研究成果，也得到了硕士研究生梁张华、苏醒同学的无私帮助，并在撰写与出版过程中得到了北京信息科技大学经管学院的大力支持，本书责任编辑也付出了辛勤劳动，在此向他们表示衷心的感谢。

由于案例资料收集整理工作量大，加之时间和水平有限，本书难免有疏漏和不足之处，恳请广大读者见谅并多提宝贵意见。

谢　群　周　兰

目 录

Contents

Contents

第一章　金融学概论

Chapter 1

案例1　100元应当如何使用

【教学目的】

通过本案例，可以了解我们生活中无处不在的金融活动，尽快摆脱对“金融”陌生与抽象的感觉，唤起并强化我们脑海深处的金融意识。让学生能体会到并形成金融意识，其实就是确立一种理性的生活态度，这对自己、家庭、社会都是有价值的，意义深远的。

【案例资料】

我们在商场买了电器或者其他什么东西，往往会得到一本说明书，但是，当我们拿出钱夹，取出一张百元大钞，准备付账时，会不会说：“为什么我们拿到了钱，却从来没有人给我们使用说明？”

回忆起来，从来没有人教过我们如何用钱。那还用教吗？我们曾经是多么缺钱：在20世纪80年代，夏天可以用5分钱买雪糕，就是童年最美好的回忆了；读书的时候甲等奖学金20元，往家里寄20元；结婚了攒钱买电视、冰箱、沙发，再攒钱买房子、车子……在需求大于供给的时代，每一分钱都要当两分钱使用，这是生活教给人们的金钱使用法则。

是的，一项理财研究表明，大部分人的用钱习惯无非来自三个方面：童年的或者父母的习惯、生活的教化以及书本或媒体的理财教育。

童年或者父母的理财习惯随着时代的变迁，已经发生了很大变化。前几年深圳一项针对儿童的调查显示：一些孩子们认为到饭店吃顿饭应该花的钱是 1000 元，而去北京的飞机票是 300 元。当经济供给大于物质需求的时候，钱的使用指导失去了方向，奢侈病感染了没有权利奢侈的人。

钱教人怎么生活和生活教人如何用钱，这是一体两面。虽然现在钱多了，但生活中让人操心的事也多了：子女教育、养老、医疗是三大心病；房子、车子是体面生活的象征；投资股票、基金、期货、外汇、商铺是时髦的——有机会发财的事，哪样不需要钱呢？仔细考虑，真不知如何是好。

可悲的是，很多人并不仔细考虑这些问题，他们要么让钱躺着不动，要么就盲目乱动。曾有一位证券分析师说："为什么很多人买青菜会挑挑拣拣、砍砍价钱，但买股票、基金望风而动，一掷千金呢？"是啊，是谁在教他们呢？是你和你们编的那些 6 万元股票发家的故事啊。也许那个故事是真的，但很多人确实是靠别人的故事来左右自己的财务生活。

有些媒体称这些故事为"财富效应"，比如说，股票市场长期低迷，政府的利好政策不能刺激股市上扬，是因为股市缺乏"财富效应"，通俗地说，是缺乏发财的示范效应。由于老百姓金融消费的盲从性与媒体财经现象报道的滞后性相互交织，更使得"发财效应"或者"不发财效应"放大了。也许错不在媒体，他们只是现实的忠实记录者，反映的是投资市场现状，但钱该如何用这个问题，是不能随着投资市场打摆子的。我们应该总结一些金钱使用的原则。

这些原则，概括地说就是：钱是为实现人的生活目标而服务的，这些目标既包括短期目标，也包括长期目标，根据人生不同阶段所承担的责任和生活期望的不同而不同。

人们该如何用钱，已成为金融学中家庭的基本金融决策，这主要有四个方面：（1）消费决策：决定将多少当期收入花掉，或者储蓄起来。消费决策需要平衡现在和未来的收入与支出。（2）投资决策：决定将已经储蓄的钱通过什么形式使之保值增值，以满足今后的生活目标需要。（3）融资决策：决定是否需要在今天借别人的钱来消费或者投资，其实也是用自己今后的钱来消费或者投资。（4）风险管理决策：决定是否需要采取一些手段避免不确定的事情发生时受到大的财务影响，从而影响自己和家人的生活品质。

影响人们金融决策最关键的决定因素是各自的生活现状和对未来生活的规划，而不是今天投资市场最热卖的产品，这就是理财与投资的区别。所以理财是战略，而投资是战术，因为某个投资市场“受追捧”而决定如何“用钱”，才是真正的“本末倒置”了。

【讨论与思考】

1. 请大家回忆一下，我们是从什么时候起发现“钱”的重要性（有用性）的。
2. 谈谈你所知道的理财原则（技巧）。
3. 谈谈你对“财富效应”的理解和看法。

案例2 从票、折、卡的发展看我国金融业的变迁

【教学目的】

通过本案例，可以从“票证到储蓄存折再到银行卡”的变迁中窥见，我国60年来老百姓的生活从贫穷走向富裕的巨大变化，我们的金融事业也伴随着祖国的辉煌从起步走向繁荣。

【案例资料】

一卡在手，走遍神州，这虽是一句广告用语，但也充分体现出现今社会银行卡的作用，体现出60年来我国老百姓从票证到储蓄存折到银联卡的发展，体现出老百姓金融观念的变化和实践行为的变化。

一 计划经济时期——票

计划经济时期，我国生产力低下，老百姓的生活比较贫寒，一般工人的工资也就三五十元钱，而且多少年不调，大多是当月挣当月花，根本谈不上结余，更谈不上到银行存钱了。当时流传着这样一句话“师傅和徒弟挣的一样多，不攀不比大家一样愁吃喝”，这种“大锅饭”的工资体制，极大地挫伤了工人的积极性。由于老百姓手里的钱太少，市场物价也相对便宜，现金的流通数量也少，当时人民银行发行的现钞最大面值是10元，像1分、2分、5分的辅币，在日常生活中是经常用到的。

由于物资匮乏，很多商品都凭票供应，一家人的衣食住行都依靠各式各样的票证，买粮有粮票，买布有布票，买肉有肉票，尤其是过年、过节各种票证更是五花八门，酒票、烟票、鸡票、鱼票等等，没有它们，老百姓的日常生活简直“寸步难行”。

二 改革开放——折

“文化大革命”结束后，社会主义经济全面复苏，由计划经济逐渐走向市场经济，物资也丰富起来，各种票证失去了它的作用。更可喜的是工人的工资逐渐挣得多了，老百姓手里开始有了闲钱，储蓄存折走进寻常百姓家。但老百姓还是不太富裕，出入银行的次数有限，存钱也都在几百元左右，有些人家怕乱花钱，甚至十元、十元地存。

改革开放的步伐不断深入，人们的各种社会交流增多了，到外地出差和旅游的机会也多了起来，坐火车、乘飞机、住宿、购物等开销必不可少，但拿着银行的存折支付不了各种费用，拿着存折也购买不了商品，只好准备很多现金，但又怕丢失，想了各种各样的办法保护，既麻烦又不安全。那时，还没有百元大额钞票，很多个体户采购商品时居然背着麻袋装钱，那场面很是壮观。由于现金流通量太大，市面出现现金短缺现象，为了满足商品流通的现金需要，人民银行印钞机 24 小时飞转，工人三班倒还完不成任务。同时这种资金的体外循环冲击着我国的经济发展，也引发了经济犯罪。可见，人民的生活富裕了，市场繁荣了，社会交往频繁了，也带来了新的社会矛盾。1993 年 6 月，江泽民总书记针对当时的社会经济情况，提出加强国家对经济的宏观调控，稳定金融秩序，提倡全民推广使用信用卡的要求。

三　信息时代——卡

随着科技的发展、信息时代的到来，为解决市场现金的短缺，以及为解决资金的体外循环提供有效解决方法，一些银行先后发行了银行卡，可以一卡多账户，全国通兑。银行卡刚面世时，由于老百姓习惯了用现金支付结算，现在要把现金存到这么一张小卡片里，再拿它去花，总感觉这张小卡片缺少现钞那种沉甸甸的质感，心里空荡荡的，不敢尝试这只“螃蟹”。许多商家也兴致不高，生怕联网线路不畅影响自家生意，纷纷摆出“拒卡千里”的姿态。但随着金融业改革创新步伐的不断加快，各商业银行逐步突破传统的存贷模式，“金融财务顾问”、“理财经理”、“客户经理”等新名词纷纷跃入人们眼帘，各种银行卡的存款、取款、查询、转账、消费等使用功能也在不断地丰富，电话银行、手机银行、网上银行、自助银行的流行，使百姓的金融生活空间广阔了。人们的思想观念逐渐转变，逐渐尝试着使用银行卡，通过实践感到使用起来方便、安全。尤其是 2003 年银联成立后，人们在逛商场、住酒店、买衣服时，钱包里不再是鼓鼓囊囊的现金，而是几张薄薄的卡。现在，银行卡已成为人们生活的“亲密伙伴”，手上没有几张银行卡，会被视为“落伍者”。

经过二十多年的变迁，我国的银行卡产业从无到有、从小到大，见证了改革开放的伟大历程，反映了老百姓消费习惯的欣喜转变，承载了新中国金融事业的发展和创新。银行产业的发展极大地提高了支付效率，节约了社会成本，有效地拉动了消费，促进了经济增长，方寸之间见天地，可以说银行卡在一定程度上已经成为新中国经济和社会发展进步的一个缩影。截至 2008 年末，银行卡发卡总量 18 亿张，人均持卡 1.36 张。银联卡已在近 50 个国家和地区的 ATM 网络、30 个国家和地区的 POS 网络实现受理，满足了境内居民出境公务和旅游消费的需要。银行卡作为一种重要的非现金支付工具，在我国经济社会生活中正发挥着日益重要的作用。

【讨论与思考】

1. 如何选择适合自己的信用卡？

2. 你是怎样合理使用自己的信用卡，而不做“卡奴”的呢？

案例 3　碳金融的由来与发展

【教学目的】

尽管对于许多人来说，“碳金融”仍是一个陌生的字眼，然而它却正悄悄地渗透到我们的经济生活中来。碳金融的出现和迅速发展，给各国金融业带来了巨大的发展机会。通过本案例的阅读与分析，让学生理解碳金融在未来经济发展中的战略地位，加深对金融是现代经济核心的认识，深刻体会到在新的全球碳金融框架下，建立和完善碳金融制度以及碳交易市场体系对推动我国产业结构调整和经济发展方式转型的现实意义。

【案例资料】

当前，发展以低能耗、低污染和低二氧化碳排放为主要特征的低碳经济，寻求人类社会的可持续发展，已逐渐成为国际社会的一个共识。低碳经济的发展，成为全球经济重回可持续发展轨道的重要支撑。在人类经济史中，重大技术创新的出现和经济转型的背后，总少不了金融因素的支持。低碳技术的开发以及低碳经济的发展，自然也不会例外。

一　碳金融的兴起与发展前景

为应对全球气候变暖对人类的大挑战，英国政府在2003年能源白皮书中首次提出了“低碳经济”概念，随之迅速获得世界范围的认同与推广。确切地说，低碳经济是指低排放、低能耗、低污染，经济效益、社会效益和生态效益相统一的新的经济发展模式。金融是现代经济的核心，发展低碳经济，需要金融先行。在此背景下，服务于旨在限制温室气体排放的各种金融制度安排和金融交易活动的碳金融应运而生。

通常来看，与低碳经济相关的碳金融业务主要包括碳排放权及其衍生品的交易和投资、低碳项目开发的投融资以及其他相关的金融中介活动。碳金融与一般的金融活动相比，更紧密连接了金融资本与基于低碳技术的实体经济：一方面金融资本直接或间接投资于创造碳资产的项目与企业；另一方面来自不同项目和企业产生的减排量进入碳金融市场进行交易，被开发成标准的金融工具。由此，通过金融资本的力量引导实体经济的发展。这种虚拟经济与实体经济的有机结合，将随着全球碳资本与碳金融体系的建立与完善，对未来全球经济与金融格局产生广泛而深远的影响。如果说低碳经济是一次继工业化、信息化之后的新经济革命，那么碳金融将成为新经济革命的战略制高点。

1997年由近200个国家签订的《京都议定书》，可以看做催生低碳经济和碳金融的制度框架和运行规则，之后各国政府开始越来越多地参与到碳金融市场的建设中。作为新兴的金融市场，碳金融市场近年来发展迅猛。根据世界银行的数据，2008年全球碳交易总额达1260亿美元，为2005年的10倍多，预测全球碳交易市场2020年将达3.5万亿美元，有望超过石油市场，成为世界第一大市场。另据估计，到 2020 年，全球银行业仅从碳交易、基础设施融资和咨询业务中获得的收入就可能高达 150 亿美元。所谓的低碳银行正是在碳金融业务中充当交易主体，提供金融服务的银行业机构。实际上自 2003 年 6 月，10 家跨国银行宣布接受“赤道原则”起，低碳银行的概念才开始形成。目前，渣打银行、美国银行、汇丰银行等欧美金融机构已逐渐成为国际碳交易市场上的重要参与者，其业务范围已经渗透到该市场的各个交易环节。其提供的主要服务包括：向项目开发企业提供贷款，帮助企业在产生排放权指标后可在国际市场上进行交易，甚至可以将其作为还款来源之一；为项目开发企业提供必要的咨询服务（包括项目规划以及相关材料的准备和报送等）；为产生原始碳排放权的项目开发企业提供担保；开发各种创新金融产品，为碳排放权的最终使用者提供风险管理工具，或者为投资者提供新的金融投资工具等。低碳银行凭借其在低碳理念推广和低碳金融服务领域取得的成绩而逐渐发展成为支持环保事业、推动可持续发展的积极践行者。

二　我国碳金融的发展现状

作为最大的发展中国家，2001 年以来，我国能源强度和碳强度上升加快，2000 年至 2005 年能源消费和碳排放的增速大大超过经济增速。目前我国碳排放量约为全球市场的 1/3，居世界第二位。根据世界银行测算，如果发达国家 2012 年要完成 50 亿吨减排目标，那么其中至少 30 亿吨来自购买中国减排指标。作为目前世界上最具有潜力的碳减排市场和最大的 CDM（清洁发展机制）项目供应方，中国每年可提供 1.5 亿吨至 2.25 亿吨二氧化碳核定减排额度，这意味着每年碳减排交易额可高达 22.5 亿美元。而我国碳金融交易业务如商品衍生交易业务一样，也在潜力巨大的碳金融市场上得到了快速发展，相继成立了天津、北京和上海三个初具规模的环境交易所，诸多股份制银行也纷纷试水，积极加入到低碳银行行列。2008 年 10 月，兴业银行成为我国首个加入赤道原则的银行，该行还与国际金融公司签约率先切入中小企业能效融资项目。随后，浦发银行发布了“建设低碳银行倡议书”，建设银行也出台了旨在推动碳金融体系和绿色金融服务体系建设的“民本通达——环保益民”系列综合金融服务方案。在贷款方面，民生银行更是创新性地推出了基于 CDM 的节能减排融资项目。在理财方面，中国银行、深圳发展银行也率先推出挂钩排放权交易的理财产品。

迄今为止，由于对碳金融的认识不足以及相应机构不健全和人才短缺，使得国内商业银行所从事的碳金融业务比较单一，所开展的碳金融业务主要集中在相对下游和附加值比较低的环节，如绿色信贷投资，为增加新能源和减排技术的信贷，降低高耗能和产能过剩产业的信贷等，对于项目咨询、二级市场交易以及相关延伸金融产品开发等领域涉足还比较少，更没有碳掉期交易、碳证券、碳期货、碳基金等各种碳金融衍生品的金融创新产品以及科学合理的利益补偿机制。目前，国际主流商业银行早已深入到碳交易的各个环节，以至于国内的 CDM 项目中介市场也几乎被国际金融机构垄断。

三 我国发展碳金融的策略建议

发展碳金融不仅有利于我国降低减排成本、促进清洁能源产业发展和减缓碳风险，同时也是推动我国产业结构调整和经济发展方式转型的重要政策工具。总体而言，中国企业应对并把握碳金融发展带来的机遇与挑战可从以下层面着手：

1. 政策与机制层面

首先，要全面提升绿色信贷的发展水平。具体而言，先要加强绿色信贷需求的培育，改革价格、税收、环保等体制，为绿色信贷的推进提供必要的外部条件。然后是促进行业规则或惯例的统一，协调绿色信贷业务中的内容、标准和程序，从而便于相关交易有可靠的预期和参照。再有就是增加政府投入和推动，提高银行业发展绿色信贷项目的技术水平。最后是出台鼓励和优惠政策，支持银行业在碳金融方面的业务创新。

政府还应尽快推动碳交易机制的设计，完善交易场所、交易平台和交易产品等，理顺政府、企业、金融机构的关系，并且针对未来我国可能承担的碳排放责任，深入研究其在区域间的成本分担和利益补偿机制。

2. 金融机构层面

第一，银行业除了关注传统的节能减排信贷领域，还应重视与绿色信贷相关的中间业务，即在推动与企业的融资业务合作的同时，加大衍生产品的创新力度，为企业提供投资理财、财务顾问、结构化融资、融资租赁等金融服务。第二，证券业、保险业也面临创新机遇和挑战。例如，随着政府相关政策的推进，环境污染责任保险制度将成为绿色保险的主要内容。而绿色证券则表现为在企业进入资本市场以及上市公司的再融资过程中，必须符合更加严格的环保标准。第三，随着资本市场的不断完善，私募基金、投资公司等也应成为碳金融的重要参与者，通过股权投资或者项目直接投资，推动绿色项目的建设，并从中获得合理的利润回报。

总之，低碳产业将是我国“十二五”产业金融规划中的方向，发展碳金融是中国经济战略转型和产业结构调整的重要路径，值得我们在未来的政策研究和实践工作中进一步深入探讨。

【讨论与思考】

1. 查阅资料，了解国际碳金融交易的发展现状与前景。
2. 你认为在低碳经济发展框架下，我国碳金融运行体系和制度安排应该如何规划？

案例4　大力发展消费金融促进经济可持续增长

【教学目的】

所谓消费金融，是指为满足居民对最终商品和服务的消费需求而提供的金融服务。通过本案例的学习，提升学生对消费金融的认识，正确理解大力发展消费金融促进消费对中国未来经济增长的推动作用。

【案例资料】

长期以来，中国经济发展过于依赖投资和出口，这种经济增长方式缺乏可持续性，存在较大的结构性问题。为了应对国际金融危机的不良影响，同时也是我国经济发展转型的需要，中央在2008年底和2009年底的经济工作会议上，都提出了扩大内需、刺激消费的方针，指出要更加自觉、更加主动地坚持扩大国内需求特别是消费需求，实现内需和外需的有效互补，把增加居民消费作为扩大内需的重点。而金融作为现代经济的核心，在促进消费、扩大内需方面理应也必将发挥重大的作用。

一 消费金融服务在促进消费中的作用分析

从近几年来的数据看，在推动我国经济发展的“三驾马车”中，最终消费支出对国内生产总值的贡献率一直徘徊在40%左右，而美国消费对经济的贡献率则超过66%。要提高消费对GDP的贡献率，最好的方式就是增加居民收入，因为根据一般经济学理论，居民的消费会随收入的增长而增加。但在收入增长相对较慢的情况下，也可以通过“先买后付、借贷消费”来提高消费率。

因为一般人的收入轨道决定了在年轻时缺钱，到年老时钱最多，而消费的年龄轨道又正好与此相背。消费型的金融产品恰恰能够帮助人们跨时空转移收入，解决这两种轨道的矛盾。

借助消费金融产品跨时空分配个人一生的收入，这是消费金融的基本命题，同时也是三百年来西方国家推动经济增长的核心动力。从美国经济的发展过程中可以很清楚地看出这一点。美国经济增长模式由生产驱动到消费驱动的转型，发生在19世纪80年代至20世纪20年代。在这一期间，经过百年的工业革命后，普通人的收入已得到大幅度提高，而工业产能开始过剩，生产已不再是经济增长的“瓶颈”，消费需求才是“瓶颈”。这与当前中国经济所处的状况大致相当。到了1930年，美国70%左右的新汽车、85%的家具、75%的洗碗机、65%的吸尘器、75%的收放机（基本上都是当时的大件消费品），都是靠分期付款卖出的。信贷消费的文化基因，就这样在美国社会中深深地扎下了根。所以，经济发展到一定程度，金融消费的力度可以决定消费水平的高低。

消费金融服务对消费的促进作用，除上述跨期配置金融资源外，还在于为消费的增长提供良好的环境。这主要体现在便捷的支付渠道、较低的交易成本、完善的信用链条等方面。无处不在的ATM机、POS终端，刷卡消费、网上支付，人们在轻松购物的同时，也不自觉地增加了消费；同时减少了现金的持有，省去了取现的时间，免除了假币风险、找零的麻烦，在降低交易成本的同时，有时还可获得额外的利益，如积分兑换的礼品；在消费金融服务体系中，金融机构、消费者、商家之间形成一条完整的信用链条，各自在获得利益的同时，也对整个社会的信用体系建设起到了推动作用。

二　2009年以来我国消费金融服务发展现状

2009年以来，为应对国际金融危机，弥补出口下滑对经济增长的不利影响，同时也是我国经济转型的必要，中央制定了相关的消费金融政策，并反复强调要“扩大消费尤其是居民消费”、“积极扩大居民消费需求”，为此也出台了一系列鼓励消费的政策措施，具体到消费金融政策，主要有以下三个方面：

一是房地产金融相关政策。房地产金融政策集中体现在房贷政策上，从2009年初为应对国际金融危机而实行较宽松的房贷政策到2009年底逐渐收紧的房贷政策来看，我国房地产金融政策经历了较大的转变。2009年上半年由于利好政策不断，房贷市场异常火爆。以北京为例，具体优惠政策有利率优惠、税费减免、放宽二套房贷政策等。随着抑制房价上涨的呼声渐高，国家连出重拳，防止房价过快增长。

二是汽车金融相关政策。汽车产业已成为国民经济的支柱产业，为此国家出台了大量扶持政策，2009年与汽车金融相关的重要文件有《汽车产业调整和振兴规划》、《关于促进汽车消费的意见》、《汽车以旧换新实施办法》以及央行、银监会联合发布的允许符合条件的汽车金融公司发行金融债券的公告等。

三是消费信贷相关政策。2009 年和 2010 年的《政府工作报告》都提到要“扩大消费信贷”。相应的一个具体落实体现在 2009 年 7 月 22 日，银监会发布《消费金融公司试点管理办法》，随后银监会分别批准北京银行、中国银行（上海）、成都银行、捷克 PPF 集团（天津）作为出资人筹建消费金融公司，正式开始消费金融公司的试点。

值得一提的是，2009 年 7 月，中国人民银行还发布了《关于改善农村地区支付服务环境的指导意见》，提出要“发展适用于农村地区的支付工具体系，建设覆盖所有涉农金融机构的安全、高效的支付清算系统，促进农村地区支付服务组织多元化发展”。这对于农村消费水平的提高起到了极大的促进作用。

中国人民银行发布的《2009 年金融机构贷款投向统计报告》显示，2009 年全年，全部金融机构人民币个人消费贷款累计新增 1 万亿元；年末余额同比增长 48.6%，比 2008 年末增加 34.6 个百分点。其中个人消费性住房贷款累计新增 1.4 万亿元；年末余额同比增长 47.9%，比 2008 年末增加 37.4 个百分点。余下的 4000 亿元为汽车消费贷款和普通消费贷款。可见我国的个人消费贷款主要集中于住房贷款。另据中国银联总裁许罗德透露，截至 2009 年一季度末，中国居民消费信贷余额为 3.94 万亿元，在金融机构贷款中的比重约为 11%。如果剔除购房贷款，消费信贷余额仅为 4500 亿元人民币，消费信贷余额在金融机构贷款中的比重仅为 1.29%。而同期美国不包括房贷在内的个人消费信贷余额是我国的 38.7 倍，其在银行贷款中的比重则高达 26%。如果中国也达到这个比重，那么中国的个人消费信贷余额将达到 9 万亿元人民币。

总的来说，我国消费金融的发展还远远未能满足经济可持续发展的需要，主要表现为消费对经济的拉动作用有限，消费信贷占各项贷款总额比例低，消费信贷结构单一、品种不多，缺乏专业消费金融公司，相关金融机构种类过于单一，居民的合理、有效消费需求未得到充分释放。

【讨论与思考】

1. 作为消费金融业务主要的两大提供商——传统的商业银行和专业消费金融公司有何区别？
2. 我国大力发展消费金融，你有何建议？

参考文献

1. 李华威：《基于碳金融的低碳银行发展策略浅析》，《河北金融》2010年第6期。
2. 周茂清：《碳金融发展前景及我国商业银行的应对之策》，《中国农村金融》2010年第9期。
3. 蒋少华：《发展消费金融服务，内需扩大之要求——2009年以来我国消费金融服务发展回顾与思考》，《西部论丛》2010年第7期。

第二章　货币与货币制度

Chapter 2

案例1　黄金时代的起起落落

【教学目的】

通过案例分析，让学生了解黄金作为货币的特征、黄金作为一般商品的特性及黄金充当货币的历史，从中理解货币形态演变的背景和原因。

【案例资料】

黄金作为世界性的交易媒介和财富计量标准有几千年的历史。我们要认识黄金在现代人类社会中的重要作用，以及推导预测黄金在未来人类社会中的作用，就必须先了解在过去人类社会很长一段历史时期里，黄金在人类社会金融领域所发挥的重要作用的特殊地位演变史。

一　金银复本位制

黄金在货币体系中发生作用，最早可追溯到16~18世纪，各个新兴的资本主义国家广泛采用了金银本位制或复本位制。复本位制分两种形式，一种是金银两币按其各自实际价流通的“平行本位制”，另一种是两币按国家法定比价流通的“双本位制”或“两币位制”，也即通常所称的“复本位制”。复本位制是不稳定的货币制度，由于格雷欣法则作用，经常使商品价格和交易处于混乱状态。从19世纪起各国相继放弃金银复本位制，逐渐转向“金币本位制”。

二　金本位制

（一）金币本位制

它是19世纪末到20世纪上半期欧美资本主义各国普遍实行的一种货币制度。

金币本位制首先诞生在工业革命浪潮的欧洲国家，1717年英国首先施行了金本位制，到1816年英国颁布了《金本位制度法案》，正式在制度上给予确定，成为英国货币制度的基础，至19世纪德国、瑞典、挪威、荷兰、美国、法国、俄国、日本等国家先后宣布施行金币本位制。

金币本位制的主要内容包括：

① 用黄金来规定所发行货币代表的价值，每一货币单位都有法定的含金量，各国货币按其所含黄金的重量而形成一定的比价关系；

② 金币可以自由铸造，任何人都可按法定的含金量，自由地将金砖交给国家造币厂铸造成金币，或以金币向造币厂换回相当的金砖；

③ 金币是无限法偿的货币，具有无限制支付手段的权利；

④ 各国的货币储备是黄金，国际间结算也使用黄金，黄金可以自由输出或输入，当国际贸易出现赤字时，可以用黄金支付。

从以上内容可以看出，金币本位制具有自由铸造、自由兑换、自由输入输出三大特点。随着金币本位制的形成，黄金承担了商品交换的一般等价物，成为商品交换过程中的媒介，金币本位制是黄金的货币属性表现的高峰。

全世界共有59个国家实行过金币本位制，金币本位制虽时有间断，但大致延续到20世纪的20年代。由于各国的具体情况不同，有的国家实行金币本位制长达二百多年，有的国家仅有几十年的金币本位制，而中国一直没有施行过金币本位制。

第一次世界大战前夕，资本主义各国为了准备世界大战，加紧对黄金的掠夺与控制，使金币的自由铸造、所发行纸币与金币之间的自由兑换制度受到严重冲击，黄金在世界各国之间的输入输出受到严格限制。第一次世界大战爆发以后，帝国主义国家军费开支猛烈增加，纷纷停止金币铸造和金币与纸币之间的兑换，禁止黄金输出和输入，这些行为从根本上破坏了金币本位制赖以存在的基础，导致了金币本位制的彻底崩溃。

（二）金块（砖）本位制

英国在1919年停止金币本位制度，于1926年恢复使用金块本位制度；在这个制度下，纸币只能兑换400盎司的国际认许金条。同期欧美其他国家纷纷加强了贸易管制，禁止黄金自由买卖和进口。第一次世界大战以后，许多欧美资本主义国家的经济受到通货膨胀、物价飞速上涨的影响，加之黄金分配极不均衡，已经难以恢复金币本位制。1922年在意大利热那亚城召开的世界货币会议上决定采用“节约黄金”的原则，实行金块本位制和金汇兑本位制。实行金块本位制的国家主要有英国、法国、美国等。在金块本位制度下，各国央行发行的纸币货币单位仍然规定含金量，但黄金只作为货币发行的准备金集中于中央银行，而不再铸造金币和实行金币流通，流通中的货币完全由银行发行的纸币货币单位所代替，人们持有的银行发行的纸币在一定数额以上可以按纸币规定的含金量与黄金兑换。英国以银行发行的纸币兑换黄金的最低限额为相等于400盎司黄金的银行发行的纸币（约合1700英镑），低于限额不予兑换。法国规定银行发行的纸币兑换黄金的最低限额为21500法郎，等于12公斤的黄金。用这种办法压制了市场对黄金的需求，达到节约流通中的黄金的目的，由各国的中央银行掌管和控制黄金的输出和输入，禁止私人买卖黄金。中央银行保持一定数量的黄金储备，以维持黄金与货币之间的联系。

（三）金汇兑本位制

金汇兑本位制又称为“虚金本位制”，其特点是：国内不能流通金币，而只能流通有法定含金量的纸币；纸币不能直接兑换黄金，只能兑换外汇。实行这种制度的国家的货币同另一个实行金块本位制国家的货币保持固定比价，并在该国存放外汇和黄金作为准备金，体现了小国对大国（“中心国”）的依附关系。通过无限制买卖外汇维持本国货币与金块本位国家货币的联系，即盯住后者的货币。国家禁止黄金自由输出，黄金的输出输入由中央银行负责办理。第一次世界大战前的印度、菲律宾、马来西亚、一些拉美国家和地区，以及20世纪20年代的德国、意大利、丹麦、挪威等国家，均实行过这种制度。

金块本位制和金汇兑本位制都是被削弱了的国际金本位制，其本质上反映了黄金紧缺和纸币发行泛滥之间冲突的妥协。1914年至1938年期间，西方的矿产金绝大部分被各国中央银行吸收，黄金市场的活动有限。1929年至1933年世界性经济危机的爆发，迫使各国放弃金块本位制和金汇兑本位制，纷纷加强了贸易管制，禁止黄金自由买卖和进出口，公开的黄金市场失去了存在的基础。伦敦黄金市场关闭，一关便是15年，直至1954年才重新开张。从此资本主义世界分裂成为相互对立的货币集团和货币区，国际金本位制退出了历史舞台。

三 布雷顿森林体系

第二次世界大战爆发，经过数年的战争后人们在二战即将结束的时候发现，美国成为这场战争的最大赢家，美国不但最后打赢了战争，而且在经济上也发了战争财，统计数据显示在第二次世界大战即将结束时，美国拥有的黄金占当时世界各国官方黄金储备总量的75%以上，几乎全世界的黄金都通过战争这个机器流到了美国。

1944年5月，美国邀请参加筹建联合国的44国政府的代表在美国布雷顿森林举行会议，经过激烈的争论后各方签订了“布雷顿森林协议”，建立了金本位制崩溃后一个新的国际货币体系。布雷顿森林体系实际上是一种国际金汇兑本位制，又称美元—黄金本位制。它使美元在战后国际货币体系中处于中心地位，美元成了黄金的“等价物”，美国承担以官价兑换黄金的义务，各国货币只有通过美元才能同黄金发生关系，美元处于中心地位，起世界货币的作用。从此，美元就成了国际清算的支付手段和各国的主要储备货币。布雷顿森林体系是以美元和黄金为基础的金汇兑本位制。

布雷顿森林国际货币体系的核心内容是：

① 美元是国际货币结算的基础，是主要的国际储备货币。

② 美元与黄金直接挂钩，其他货币与美元挂钩，美国承担按每盎司 35 美元的官价兑换黄金的义务。

③ 实行固定汇率制。各国货币与美元的汇率，一般只能在平价的上下 1% 的幅度内波动，因此黄金也实行固定价格制，如波动过大，各国央行有义务进行必要的干预，恢复到规定的范围内。

布雷顿森林货币体制中，黄金无论在货币流通功能还是在国际储备功能方面的作用都被限制了，因为世界上的黄金几乎被美国政府所控制，其他国家几乎没有黄金。没有黄金储备，就没有发行纸币的准备金，此时只能依赖美元。于是美元成为世界货币体系中的主角，但必须注意到黄金是稳定这一货币体系的最后屏障，所以黄金的兑换价格及流动都仍受到各国政府非常严格的控制，各国基本上都禁止居民自由买卖黄金，黄金的市场定价机制难以有效发挥作用。从另一个角度看，黄金实际上是被美元囚禁在牢笼里的货币制度，将世界黄金控制在自己手中，用发行的纸币——美元取代过去黄金的作用。

20 世纪 60 年代，美国由于陷入越战泥潭，政府财政赤字不断增加，国际收支情况恶化，美元出现不可抑制的通货膨胀，美元的信誉受到极大的冲击。同期战后的欧洲国家经济开始复苏，各国都因为经济复苏财富增长而拥有了越来越多的美元。由于美国引发的通货膨胀，各国政府和市场力量都预期美元即将大幅贬值，为了资产保值黄金就成了最好选择，于是各国为了避险美元危机和财富保值需求而纷纷抛出美元向美国兑换黄金，使美国政府承诺的美元同黄金的固定兑换率日益难以维持。到 1971 年，美国的黄金储备减少了 60% 以上。美国政府被迫放弃按固定官价美元兑换黄金的政策，各西方国家货币也纷纷与美元脱钩，金价进入由市场自由浮动定价的时期，布雷顿森林国际货币体系彻底崩溃。布雷顿森林体系最终瓦解，成为黄金非货币化的开始。

四　牙买加协议

1976 年国际货币基金组织“国际货币制度临时委员会”在牙买加首都金斯敦召开会议，并达成《牙买加协议》。同年 4 月，国际货币基金组织理事会通过了国际货币基金协定的第二次修正案，从而形成了国际货币关系的新格局。

《牙买加协议》的内容主要包括：浮动汇率合法化；黄金非货币化；提高特别提款权的国际储备地位；扩大对发展中国家的资金融通；增加会员国的基金份额。牙买加协议后国际货币制度实际上是以美元为中心的多元化国际储备和浮动汇率的体系，在这个体系中，黄金的国际货币地位趋于消失，美元在诸多储备货币中仍居主导地位，但它的地位在不断削弱，而德国马克、日元的地位则不断加强。

在 1976 年牙买加体系宣布“黄金非货币化”之后，黄金作为世界流通货币的职能降低了。但是，黄金的金融属性并没有降低，黄金仍然是一种特殊的商品、保值的手段和投资的工具，集商品功能和金融功能于一身。作为特殊的贵金属，黄金目前依然是世界各国所青睐的主要国际储备。当今黄金仍作为一种公认的金融资产活跃在金融投资领域，充当国家或个人的储备资产。

【讨论与思考】

1. 至今仍有人对金本位制恋恋不舍，你认为现今社会有可能回到金本位制吗？

案例2 网络货币的发展与政策研究

【教学目的】

通过本案例的学习，关键是提升学生对货币本质的认识，正确理解、辨析当前充斥在网络世界的各种“虚拟货币”与现实生活中的货币，特别是与现实中银行的“电子货币”的区别，引发学生对货币发展演进的未来趋势与各种可能进行大胆设想。

【案例资料】

随着人类社会的发展，充当货币角色的商品总是不断地演变着，从最初的石子、贝壳到后来的家畜、粮食、布匹和盐；从铜、铁、金、银等贵金属，到最后纸币的出现，无不体现着社会生产力的进步。社会的进步不会停下脚步，因而货币的演化也不会停止。今天，当人类社会进入到了互联网时代，又该轮到谁充当货币的角色呢？候选者已经出现，那就是网络虚拟货币，简称网络货币或虚拟货币。

2007年6月21日，互联网研究和咨询机构易观国际发布了《2007年第一季度中国第三方电子支付市场检测报告》。该报告显示，中国第三方电子支付市场交易额总规模在2007年第一季度已达到143.26亿元，其中互联网支付的市场规模达到139.31亿，占整个第三方电子支付市场的97%，比2006年第四季度增长16%。互联网支付具体可以分为：银行电子支付和网络货币支付两种形式。尽管到目前为止还没有虚拟货币规模的权威统计数据，也无法确认付费用户中通过网络货币购买相关产品和服务的支付比例，但通过网络游戏市场规模的大小可以对网络虚拟货币市场的规模窥见一斑（因为网络游戏市场是网络货币流通的主要领域）。例如，腾讯公司2005年半年财务报表显示，收费互联网增值服务注册用户为940万，半年收入3.1895亿元，比2004年同期增长50.3%。腾讯公司的互联网增值服务都是通过其虚拟货币（腾讯Q币）支付购买，而每个Q币与人民币1元等值。

艾瑞市场咨询发布的《2006年中国网上支付研究报告》显示，从2007年开始，中国电子支付产业将进入爆炸性成长期，到2008年整体市场规模会突破1000亿元，而到2010年则能达到2800亿元，年复合增长率将超过60%。

对于网络货币发展得如此之快，人们在惊讶之余也显示出了一定程度的恐慌。例如，有人认为，网络货币带来了三大风险：发行者的无节制发行导致网络货币的迅速贬值，从而给持有者带来风险；在实现网络货币双向兑换之后，会有“挤兑”的危险，从而给金融市场甚至产品市场带来威胁；网络安全问题对网络货币持有者的威胁及其法律空白问题。

一家研究网络支付问题的专业机构认为：除了上述风险之外，还会引发另外一些问题，例如，容易助长网络赌博之风，有可能成为洗钱犯罪的新途径，将导致国家税收流失。

全国人大代表、湖北省教育厅副厅长周洪宇认为：随着虚拟货币的使用范围越来越广，个别虚拟货币成了人民币的“等价物”，从而对人民币产生冲击。

但与此同时，也有人对此不以为然，例如，有人认为目前的网络货币不过是类似大学食堂饭票的东西，无须害怕。

网络货币如此迅猛的发展是否会对人民币造成冲击？网络货币是否会给其持有者带来风险？一旦某一家“发钞”机构破产是否会引起金融危机？我们在经济学理论的基础上通过大量事实分析，来尝试回答上述问题。

一　网络货币的定义、产生原因及其在我国的发展现状

目前，关于网络货币的定义尚无定论。学术界经常引用的一

个定义是巴塞尔银行监管委员会对电子货币所作出的界定：电子货币是指通过销售终端、各类电子设备，以及在公开网络（如 Internet）上执行支付的储值产品和预付机制。所谓储值是指保存在物理介质（硬件和卡介质）中可用来支付的价值；而预付机制是指存在于特定软件或网络中的一组可以传输并可用于支付的电子数据，由多组二进制数据和数字签名组成，可以直接在网络上使用。

但上述定义针对的是更广泛的电子货币，它既包括了以专业网络为基础的传统货币的电子支付形式，也包括了基于公用互联网的网络货币。而本文主要研究的是后者。

此外，还有大量专业论坛也在发行着各种不同名称的“货币”。

虽然它们都被称为“网络货币”，但它们本质上并不相同，大多数还算不上货币。根据获得方式的不同，“网络货币”可以分为三大类。

（一）消费卡（充值卡）型的网络货币

1. 产生原因

消费卡型网络货币是网络货币最初的原型。之所以叫这个名称是因为这类网络货币与现实世界中由商场（或其他企业）发行的消费卡在本质上是一样的，也有人将其比为食堂的饭票。首先，二者都是用现实货币去购买另外一个在一定范围内具有某些货币职能的货币替代品（稍有不同的是，商场的消费卡在使用上常常具有一定的期限）。其次，二者都是一种预付制度。为了对比研究，本文先对消费卡的运行方式加以概括，对现实世界中的商场而言，发行消费卡只是一种辅助的手段，即使没有消费卡，上述流通过程也会正常运转。

而在网络世界中，情况就复杂一些，具体而言有两种运作方式：

第一种：网上的第三方支付。这种运作方式只不过将现实中的商场搬到了网上。例如，Paypal、淘宝网、网上书店等。由于这种运营模式仍需使用现实中的货币进行交易，而不是网络虚拟货币，因此在本文中不予讨论。本文讨论的是第二种情况。

第二种：自产自销模式。在该模式中，“商场”与“厂商”是合二为一的，也就是说，厂商既要销售自己的产品，同时又需要提供一种支付手段，即网络货币。

为什么在网络世界中，“产品提供者（厂商）”要与“支付手段提供者”合二为一呢？其原因是“交易成本”问题。具体而言，在网络上进行消费通常具有“次数多、每次交易的数额较小”等特点，例如花 1 元钱下载一首歌曲、花 0.5 元钱下载一个彩铃、花 5 元钱下载一篇文章等等。

对于这类交易，虽然可以用银行卡进行支付，但在操作上比较烦琐，而且出于对网络安全的考虑，消费者通常不愿意在网上进行诸如“请输入您的银行卡卡号”这类操作。对厂商而言，同样也有麻烦，即到账时间慢。而对银行而言，同样不愿意频繁地进行小额交易。所以通过银行的电子支付系统进行交易的路就逐渐被堵死了。

本来用手机支付是解决上述问题的一种好方法，但是这种支付方法也有一些不利的地方：对消费者而言这种交款方式有风险，例如有可能泄露自己的电话号码，或者担心在不知情的情况下，被强行订阅各种广告、信息，因此人们逐渐对手机支付的方式变得谨慎了；同时，对支付金额较大的交易（例如购买游戏的装备，动辄几百元，甚至上千元），手机支付显然不太合适。对厂商而言，由于使用电信运营商需要支付高达 20% ~30% 的代收手续费，所以也有所顾忌；而对电信运营商而言，它也要面临一定的风险，因为经营网上交易的厂商良莠不齐，一旦出现信誉问题，消费者往往找不到厂商就去找电信运营商。所以，电信运营商往往不敢贸然代理代收费用服务。

正是在这种情况下，网络货币应运而生了。它的出现很好地解决了上述问题，因而极大地促进了网络经济的发展，而其本身的规模也随之迅速扩大。

2. 特点

首先，该类型网络货币是依附于现实货币而存在的，不能脱离现实货币而独立存在。它的发行量（或者说规模）取决于有多少人购买，购买量有多大。

其次，发行单位不负责兑付现金。即网络货币在购买后不能通过“官方”渠道还原为现实中的货币。原因有两点：一是该类货币的发行在本质上仍然只是一种普通的商品销售，是企业实现利润的手段，因此企业不会将到手的钱退回去。二是如果发行者承诺负责兑付现金，那么一旦由于某种原因消费者不愿意再继续持有该货币时，就会出现“挤兑”，从而使企业迅速破产（事实上，20 世纪 90 年代曾经出现过可兑换回现金的消费卡型网络货币，但时间不长都纷纷倒闭了，例如 benze 豆豆）。由上述这两个特点可以看出，“消费卡型”网络货币不算真正意义上的货币。

最后，发行该类型货币没有任何成本，且发行单位可以也愿意无限量地发行这种所谓的网络货币，而实际发行的货币量（或者说规模的扩张）则完全依赖于消费者的购买数量。所以，如果网络货币仅仅是单纯的“消费卡”型货币，那么这种货币将很容易贬值（因为企业的“官方定价”通常不是市场出清价格）。这也就是为什么针对该种类型的货币会自发地出现很多可兑换为现金的“黑市”。而且很显然，在“黑市”上网络货币只可能贬值。

（二）真正的网络货币

1. 产生原因

就在消费卡型网络货币铺天盖地、叱咤风云的时候，另一种网络货币在悄悄生长着。与前者不同，它的出现最初并不是为了解决支付问题，而仅仅是为了增加点击率、增加浏览量，以及为了增加参与人数而实施的一种鼓励手段。例如，笔者在某网站的论坛上发表了一个帖子（或者上传一些有价值的材料），该网站就根据该帖子的点击率和跟帖情况给予笔者一定奖励，而奖励的形式就是获得一定数量的“金币”，用这种“金币”笔者可以在该网站上进行消费，例如下载歌曲，或者下载其他有用的材料。随着支付范围的增加，这种原来只是小游戏的东西，逐渐地成为一种标准的支付手段。这样的实例有：网易的 POPO 币，中国经济学教育科研网、博士家园上的“金币”、“点券”等。

另一个例子就是在线冲级游戏。例如盛大的热血江湖，人们通过自己所扮演的角色，在虚拟世界中通过“打猎”、“采矿”、“给人看病”，以及“给他人维修装备”等“劳动”获得“金币”收入。之后使用这种虚拟货币在游戏世界中去购买各种“生活资料”和“生产资料”。

2. 特点

与消费卡型网络货币最大的不同是，这种网络货币的诞生与运行并不需要现实货币的参与。它是在网络世界中由于付出了某种劳动而获得的一种收入。而使用这种收入又可以在网络的虚拟世界中进行消费（甚至投资），从而形成了一个完全独立于现实世界的商品、货币的流通过程。因此该种类型网络货币的规模扩张完全取决于人们在虚拟世界中的“生产数量”。由此可知，该类货币不会出现通货膨胀。

当然，上述这两个例子也有一定的差别。在论坛上，生产什么，生产多少，完全取决于参与者的意愿（当然有一个大的限定，比如只允许“生产”文章、软件，但具体“生产”什么文章、什么软件则完全由参与者自己决定），而且在产品的定价上也是由产品提供者自行决定；而在游戏中，“生产什么”这个问题则是由程序设计者事先设定好的，产品的价格也是事先确定好的，因此，论坛上的商品货币的流通过程以及生产消费活动与现实更加相似一些。

（三）混合型网络货币

上述两类网络货币只是在诞生初期才会泾渭分明地存在，而目前绝大多数网络货币都是同时具有上述两种货币的性质，换句话说它们是由上述两种货币混合演变而成的。演变过程又分为两种情况：

一种情况是：初始时属于消费卡型网络货币，但随着网站提供内容的不断丰富，为了鼓励消费者更多地参与其中，运营商也采用了第二类货币的发行方式，例如，腾讯在发行了Q币（属于第一类网络货币）之后，也发行了能够用发帖、跟帖或点击广告等行为而获得的PT币，并在二者之间制定了兑换比率。

另一种情况是：初始时属于第二类网络货币，但由于通过生产而获得货币收入的方式速度太慢了，而且要花费太多的时间和精力，于是便出现了用现实中的货币去购买虚拟货币的需求。此时又出现了两种情况：一是如果购买的只是已经存在的网络货币（即卖者手中的网络货币是他自己通过一定的劳动获得的），那么此时流通中的网络货币仍然属于第二类货币；二是如果用现实货币所购买的是服务商直接发行的网络货币，那么此时新增的网络货币则属于第一类。现在几乎所有的网络游戏中的货币，以及各种专业论坛中发行的货币都属于这一类。

二 网络货币对经济的影响

网络货币的出现使得网上交易变得越来越便捷，因此将促进越来越多现实中的劳务与产品通过网络交易来实现其价值。这种交易方式的改变将对现实经济产生深远的影响，而这种影响将体现在各个方面，且影响的形式与途径也很难预见。而目前人们所关注的问题是：网络虚拟货币是否能够对人民币产生冲击？是否会扰乱金融秩序？

（一）网络虚拟货币是否能对人民币产生冲击

首先，如果只是第一种类型的网络货币（消费卡型），那么无论规模有多大对人民币都不会产生任何冲击。能够对人民币产生冲击的只有第二种类型和第三种类型的网络货币，但现在几乎所有网络货币都演变为第三种类型的货币了。因此存在着对人民币造成冲击的可能性。

其次，其冲击的表现形式无外乎是：越来越多的人将人民币兑换成网络货币，从而使中央银行对社会的货币供给总量失去控制。既然货币供给量无法控制，那么直接的后果是央行对通货膨胀也将失去控制力。

那么上述情况会发生吗？一旦发生了，会有怎样的后果呢？

对于是否能够发生这个问题，本文认为这取决于网络货币与现实货币在执行货币职能上谁强谁弱。而信用货币的职能包括：支付手段、交易媒介、价值尺度，以及世界货币这四项职能。下面对二者在货币功能上进行比较与展望：

1. 在使用范围上的比较

在多大范围内能够行使“交易媒介”、“支付手段”和“价值尺度”的功能。目前在我国出现的所有网络货币的使用范围都比较小，这体现在两方面：首先，能够购买到的商品种类不多（大多要依附于计算机才有价值），而且重要性较低（大多是娱乐性的商品，不是生活必需品，通常也不是生产资料）。其次，某一个网站发行的货币大多只能在本网站使用，无法在其他网站使用。既然使用范围狭小，那么“价值尺度”的功能当然也就很弱了。因此，就目前而言，在上述功能上网络货币还远不是人民币的对手。

但是，应该看到网络货币在上述功能上会有很大潜力。

首先，通过服务商之间的合作，网络货币的使用范围将会迅速扩大。比如，腾讯与瑞星合作，用户在瑞星站点下载杀毒软件可用 Q 币进行支付，这样一来用 Q 币能购买的商品范围就大大增加了。事实上，现在用 Q 币已经可以用来购买其他游戏的点卡、虚拟物品，甚至一些影片、软件的下载服务等，而且还具备了一定的支付功能，如交纳宽带费，甚至有中小型论坛给版主的工资就是 Q 币，然后再兑换成人民币。

其次，市场的力量也会将不同网络货币之间的兑换问题迅速消除，例如淘宝网中就有不同虚拟货币的交易专区。在 Q 币买卖专区可以看到，将 Q 币直接兑换成人民币的帖子有 7000 多个，其中单笔交易的数额最大的近万元，最少的也有几百元。另外，在一些热门网站的论坛上，出售各种网络货币的“倒爷”的买卖也非常红火。这种对双方都有好处的交易行为最终形成了一批专业从事网络货币兑换的网站，例如大话交易、中国书法艺术网等。

最后，从长期看，更重要的是，随着科技的进步，信息会逐渐成为人们生产生活中越来越重要的要素，而信息产品的生产、传播、获得都离不开计算机、互联网，因此这种生产、生活方式的改变才是网络货币产生与发展的最终推动力。

2. 在“世界货币”功能上的比较

在现实世界中，通过将人民币兑换成外币，人们就能够购买到其他国家的产品，支付其他国家的债务。反过来，其他国家的货币也具有这样的功能，这就是国际支付的功能。坦率地说，在这个功能上，网络货币具有很强的优势。因为互联网本身的最大特征就是将世界连为一体。如果笔者要出国，需要很繁杂的过程，但如果笔者要浏览国外网站，则瞬间就可以完成。同样道理，购买国外的信息产品（例如软件），通过网络世界也将是一件非常容易的事情。而唯一的障碍是：不同网络货币之间的兑换问题，更特殊一点的是，这里存在不同国家的不同网络货币之间的兑换问题。因此困难就更大了。例如，作为一个中国网民，可能很熟悉 Q 币的价值（价值体现在它的功能上），也了解新浪 U 币的价值，因此在这两种货币之间进行兑换时（讨价还价的过程中）交易双方都会有比较充分的信息，交易容易成功；但如果需要将 Q 币兑换成外国的某种网络货币，由于不了解外国网络货币的价值，人们就会很谨慎，甚至放弃兑换的想法。所以，目前我国的网络货币在国与国之间的兑换问题上还有很大的困难。

但是问题并不是不能解决。本文在前面对我国的网络货币进行分类时，只划分了三大类型，但如果从世界范围内考察网络货币，则还有一种类型的货币：即电子版的贵金属货币。最成功的代表就是 e-gold——网上黄金。该模式的运行是这样的：假如你在该网站上开设了一个账户，并向账户中存入一定数额的钱（当然，不同国家的人存入的是不同国家的货币），此时账户中不是显示你有多少钱，而是显示你有多少黄金。当然这些黄金是虚拟的，但它的价值是真实的。e-gold 公司是一家具有银行背景的网络机构，该公司自己宣称，在所有用户的账户里有多少虚拟的 e-gold，在尼维斯岛的仓库里就有多少真实的黄金，所以保证 e-gold 和黄金是等数量的，同时也就保证了 e-gold 这种货币币值的稳定性。显然这种承诺只是一种商业噱头，该公司不可能储备如此之多的黄金，但由于没有人真的会用 e-gold 去兑换黄金，所以其是否有足量储备已并不重要。重要的是，世界各地的人都可以用本国的货币按照本币与黄金的比价兑换为相应数量的 e-gold，于是 e-gold 就可以在世界范围内担负起支付功能和交换媒介的功能。换句话说，这是在网络世界中重塑了布雷顿森林体系。许多人都看好这一模式，目前在我国也出现了许多进行这类货币交易的机构。比如四川电子黄金采购站、LUCKY 兄弟、富豪兑换中心、一诺兑换中心、信达货币兑换中心、大众兑换中心等。

当然，由于通过互联网进行交易的规模与种类都还太小，所以，即使 e-gold 在担负世界货币的职能上具有很大的优势，但短时间内还是无法冲击现有的世界货币制度。

综上所述，在短时间内网络货币（包括我国的和外国的）无法对人民币造成冲击。

（二）网络货币是否会扰乱金融市场

虽然通过上述分析我们得出了网络货币暂时不会对人民币造成冲击的结论，但网络货币是否会对金融市场造成冲击呢？

由于网络货币发行主体是多元的，因此势必会给网络货币的持有者带来一定的风险。例如，人们所持有的网络货币贬值（相对于人民币，或者相对于其他网络货币）、发行单位破产等，都会给货币持有人造成损失。但是本文认为，这种损失不会很大，原因是：

1. 对个人而言，风险不大

由于可以用人民币很方便地兑换成网络货币，因此理性的人不会大量持有适用范围很小的网络货币。所以，即使有损失，对个人而言也不会太大。况且网络上有越来越多的渠道可以将网络货币兑换为其他货币，从而为转移风险提供了可能，所以对个人而言，上述风险并不大。

2. 对社会而言，风险也不大

由于目前网络货币的发行者不具有银行功能，所以即使出现网络货币贬值、发行方破产，对整个社会也不会造成太大的损失。

在现实世界中，最初的货币发行也是由私人分散进行的，而发行者通常都是大的商业银行，都是货币的借贷者。众所周知，之所以出现专门从事货币借贷的银行是因为“钱可以生出更多的钱”。而“钱”之所以能够“生出更多的钱”，其根本原因是货币可以用来购买生产资料，然后通过扩大再生产，就会获得更多的产品。再通过与货币的交换就出现了“钱生钱”的效果。而银行可以帮助单个行为主体进行融资、投资，所以银行是整个社会扩大再生产中的一个重要环节，一旦某家银行破产将会对社会生产产生很大的冲击。此外，如果形成了银行体系，那么这个体系对货币还具有“放大”的功能，一旦某家银行破产就会导致货币供给量成倍减少。这也就是为什么人们对银行的安全性高度警惕的原因。

但是目前，网络货币所能够买到的产品还不能成为（或者说还不能独立地成为）重要的生产要素，因此目前还不能通过网络货币的流通实现整个社会范围内的扩大再生产。所以，目前网络货币的发行者既不是生产链条上必不可少的一环，也不具有银行的借贷功能，它们对整个社会经济的影响作用还很小，即使一两家这类公司倒闭了，也不会产生太大的负面影响。

当然，如果未来的某一天，能够用网络货币购买到全部的生产资料，那么势必会出现网络货币的商业银行，出现网络货币的银行体系，只有到那时，网络货币才会起到举足轻重的作用。

三　政策建议

虽然在短时间内，网络货币不会对人民币造成冲击，但长期内会怎么样呢？本文认为从长远的角度看，人们肯定会逐渐将自己资产中的一部分以“网络货币”的形式持有（原因在前面的论述中已经说明）。换句话说，一定会对现有的人民币造成冲击。对于这种冲击相关的监管部门应该如何应对呢?

(一)监管者要知道自己的目标是什么

一切规制都只是达到某种目标的手段，因此对于应该如何应对网络货币这一问题，监管者、决策者首先需要明确自己的目标是什么?本文认为，作为决策者，其目标决不应该是为了保持对行为主体的控制（如果是这样，那么网络货币确实是一种威胁，应对的方式当然就是打压），而应该是为了社会公平、物价平稳、经济增长以及减少波动等。有了这样的目标之后，才能够对网络货币采取一种理性的做法。具体而言，网络货币作为一种自发形成的货币，必定具有强大的生命力，而事实上目前的网络世界中已焕发出新的活力。因此，首先从意识上不应该将网络货币的出现视为洪水猛兽，而应该积极加以引导，规范网络企业的竞争。

(二)具体的政策建议

目前针对网络货币许多人提出了各种不同的建议。例如，有的建议建立网上央行、用行政手段实现人民银行对网络货币发行的垄断，等等。而现实中，我国中央银行也制定并执行了一些措施，例如在2007年3月份下发了一份通知，对网络货币提出了四点要求。我们认为:

第一，推进人民币在网络支付中的便捷性和安全性，通过竞争的方法逐渐实现电子版的人民币在网络世界中的主导地位。

例如，商业银行可以发行一种针对网上支付的“非实名的小额银行卡”，这样使用者既可以很方便地在网上支付，同时也不会担心自己的个人信息被他人知晓。如果可以用人民币很方便地在网上进行购买、支付，那么那些五花八门的网络货币自然就会被淘汰。

第二，在法律上确认自发形成的“网络货币”交易市场的合法性，甚至应该扶持这类市场的发展。

因为只有通过大量的市场交易才能发现某一种网络货币的真实价值，这样既可以避免货币发行者盲目扩大货币发行量的行为，同时也使每种网络货币与人民币之间产生一个可以信赖的比价，而有了这种可信赖的比价，那么“虚拟资产”是否属于资产、其价值有多大这类法律问题都可以迎刃而解。

第三，向消费者告知，持有网络货币有一定风险。只要信息充分，大多数人就会对自己资产的构成作出理性的决策。

第四，对于 e-gold 这类国际性的网络货币，在人民币可自由兑换前应该进行一定程度的限制。

【讨论与思考】

1. 请谈谈网络货币是不是我们生活中真正的货币，它的局限性有哪些。
2. 网络货币是否会对当前的货币构成竞争威胁。
3. 请谈谈你对网络货币未来发展前景如何看待。

案例 3 人民币制度的形成和发展

【教学目的】

通过本案例的学习，使学生能够全面了解我国现行人民币制度的身世，特别是帮助学生深入了解人民币产生前的混乱局面，以及人民币产生后对币值稳定、通货膨胀、经济稳定发展的积极作用和人民币制度自身运行的特点。

【案例资料】

一 人民币制度的诞生

人民币制度诞生于战火纷飞的第三次国内革命战争时期。抗日战争胜利后，蒋介石撕毁国共合作宣言，悍然发动内战。中国共产党领导的解放区处于被封锁、包围、分割的状态，为了自力更生地支援人民解放战争，各解放区银行纷纷发行地方性的流通货币，用以防止国民党货币的入侵，保护人民群众的物质财富。

在战争环境下，解放区货币制度存在发行和流通不统一的缺点。因为各个解放区在经济上是保持独立的，不可能发行整个解放区的统一货币，各种地方性的货币不能相互流通。由于发行的分散性，解放区的地方性货币价值不同，比价经常发生变化，币值难以稳定。随着解放区的不断开辟和扩大，地区之间的经济关系有所增强，多元化货币流通的格局影响到解放区之间的物资交流和战争供给，因此客观上要求货币发行和流通由分散走向统一，以适应人民解放战争胜利发展的需要。

1947 年，人民解放战争从防御阶段转入进攻阶段，华北地区是中国人民解放军的战略后方，担负着推翻蒋家王朝，解放全中国的伟大任务。4 月 16 日，中共中央作出成立华北财经办事处及任命董必武为主任的决定。次月，华北财办筹备处召开华北财经会议，这是为准备反攻而召开的第一次有众多解放区参加的具有深远影响的会议。会议决定各个解放区货币的兑换比价，可以相互流通，向统一发行过渡，并积极筹建全国性的银行。10 月 1 日，董必武致电中央时提出："银行的名称拟定为中国人民银行"。8 日，经中央同意后，即成立以南汉辰为主任的中国人民银行筹备处。24 日，中共中央华北财经办事处正式成立，统一领导华北各解放区的财经工作，同时，中共中央批准华北财经会议决定，由中国人民银行筹备处具体着手货币的统一事项。

1948 年以后，各解放区逐渐连成一片，邻近的解放区开始统一行政区划，统一财政和银行。例如，1948 年 1 月陕甘宁边区与晋绥边区合编为西北解放区，陕甘宁边区银行并入晋绥边区的西北农民银行。5 月，华北解放区决定，晋冀鲁豫边区的冀南银行与晋察冀边区的晋察冀边区银行合并成立华北银行总行。这些边区的地方性货币实行固定比价，混合流通，把各区间的货币流通统一向前推进了一大步。10 月，山东解放区的北海银行币、西北解放区的西北农民银行币，又与华北解放区的冀南银行币实行按固定比价混合流通。这样，华北、华东和西北三大解放区的货币实现相互流通，为人民币的发行和流通的统一铺平了道路。到了冬季，辽沈、淮海、平津三大战役相继展开，人民解放战争胜利在望，货币统一的条件已经成熟。1948 年 12 月 1 日，由华北银行、北海银行和西北农民银行合并组成的中国人民银行宣告成立，发行统一的人民币，定为华北、华东、西北三区的本位货币，统一流通。

中国人民银行的成立和人民币的发行，开创了中国金融史上的新纪元。华北人民政府布告说，所有公私款项收付及一切交易，均以人民币为本位货币。人民币“不但统一华北、华东、西北三区的货币，且将逐步统一所有各解放区的货币，成为新中国战时的本位货币”（注：《华北银行总行关于发行中国人民银行钞票的指示》，1948 年 11 月 25 日），标志着新中国货币制度的开端。

从源流上来说，人民币制度是解放区货币制度进一步发展的产物，人民币继承了解放区货币的优良传统，但更加集中统一，“人民银行新货币的发行，预告着解放区货币的进一步巩固，和解放区经济的进一步繁荣”（注：新华社社论《中国人民银行发行新币》，1948 年 12 月 7 日《人民日报》）。人民币发行和流通的扩大，首先是从解放区开始的。它的价格是从各解放区货币的固定比价中体现出来的。在合理制定人民币与解放区地方性货币比价的情况下，积极开展对解放区地方性货币的收兑工作，为全国建立统一的人民币市场奠定了基础。

二　独立、统一、稳定的人民币制度

中华人民共和国成立以来，采取了一种完全不同于新中国成立之前的，也不同于世界其他各国的货币制度。《中国人民政治协商会议共同纲领》规定：“货币发行权属于国家；禁止外币在国内流通；外汇、外币和金银的买卖，统由国家银行经理。”为此，人民币除了在解放区内部逐渐统一外，各地还采取了下列金融措施：

首先是坚决肃清敌币。蒋介石集团的恶性通货膨胀政策在其统治的最后几年达到登峰造极的地步，中国人民遭受的灾难是空前绝后的。人民解放军进入刚解放的地区，立刻宣布急剧贬值、形同废纸的国民党货币为非法货币，并坚决、迅速、彻底地肃清这些敌币，从而为人民币占领市场铺平道路。

其次是严禁金银流通。国民党统治区因纸币毫无信用，造成金银在市场上计价流通，并成为金融投机的主要对象。新中国成立初期，这种现象依然相当普遍，成为人民币占领市场的主要障碍。党和人民政府严禁金银流通，规定金银买卖与兑换统一由国家银行办理，私下买卖和计价行使属于犯法行为。当时采取藏金银于民的政策，允许人民持有金银，并以适当的价格进行收兑，把保存在人民手中的金银逐步集中到国家银行用作外汇储备。依靠广大人民的支持，各地取缔金银投机活动，金银管理的办法取得显著成效。

再次是实行外汇管理。人民解放军每解放一个地区，必须取消外国银行的擅发货币权，禁止外币流通，实施外汇管理。外汇（包括外币）均须存入中国银行换成外汇存单或售予中国银行，任何人不得经营买卖或私下转让，统由国家银行经营管理。

通过以上措施，彻底摧毁了旧中国半殖民地半封建的货币制度，结束了金银、外币在市场上流通计价的历史，使中国人民砸碎了长期恶性通货膨胀的桎梏，人民币流通得到空前的统一。

然而，人民币刚发行时，只能解决统一全国货币的问题，还来不及解决货币的稳定性。1949 年是人民解放战争取得全面胜利的一年，财政支出猛烈增加，不得不发行大量人民币来弥补赤字。这一年中，曾多次出现程度不等的通货膨胀。特别是 10 月中旬以来，全国物价剧涨，币值大跌，人民币流通经历了一场严峻的考验。陈云同志及时指出："这次币值下跌、物价上涨的主要原因，是政府的财政赤字庞大，因而钞票发行过多。"他又说："在政府的财政措施上，不能单一依靠增发通货，应该在别的方面寻找出路。"（注：《陈云文稿选编》，第 34 ~ 35 页，人民出版社 1982 年版）尽管新中国的通货膨胀与旧中国的恶性通货膨胀的政策有本质的区别，但也对人民生活和经济建设产生了负面影响，因此，稳定通货是全国人民最关心的问题。

寻找什么出路才能从根本上稳定通货呢？1950 年 3 月，中央人民政府颁布《关于统一国家财政经济工作的决定》，实施对稳定通货具有深远意义的“三平衡”政策，即统一全国财政收支，实现全国财政收支平衡；统一全国物资调拨，实现全国物资调拨平衡；统一全国现金收支，实现全国现金收支平衡。由于财政经济工作的统一管理，很快就停止了通货膨胀，全国出现前所未有的通货稳定和物价稳定。

接着，政务院发布了《关于实现国家机关现金管理的决定》，规定所有公营企业、机关、部队及合作社的现金及票据，除保留规定限额外，全部存入银行。单位往来一般使用转账支票，而不使用现金。实施现金管理和转账制度，使原来留在单位中的现金和流通领域中的大批通货，源源流回国家银行，缩减了市场上的货币流通量。同时，货币流通范围相应地发生了很大变化，一部分是现金收付按照一定轨道运转，一部分是非现金（转账划拨）大量结算，人民币流通渠道有了新的拓展。

为了主动掌握与调剂货币流通，政务院财政经济委员会于1950年12月批准《货币管理实施办法》和《货币收支计划编制办法》，强调货币管理制度是进一步统一财经工作的重要环节，旨在集中资金，统一管理，有效使用，以适应国家经济建设中巨大资金的需要。

另外，政务院在1951年颁布《中华人民共和国禁止国家货币出入国境办法》和《妨害国家货币治罪暂行条例》，主要内容是严厉打击伪造、变造人民币或贩运、行使伪造、变造人民币等违法犯罪行为，从法律上进一步保证人民币的正常流通，维护国家货币的尊严和群众的合法权益。

财政经济的根本好转和货币立法工作的开展，是稳定通货的关键。一方面，人民币的稳定性在财政收支平衡、物资调拨平衡、现金收支平衡和国际收支平衡上都能充分地表现出来，这是社会主义制度的优越性所决定的。另一方面，人民币的稳定又为平衡财政收支创造了有利条件，使财政年有结余，从而顺利地进入大规模的国民经济建设时期。这样，独立、统一与稳定的人民币制度形成。

三 人民币制度的健全和巩固

货币制度是国家以法令规定的货币流通的组织形式。但在新中国成立初期，人民币制度是不够完善的。具体表现在钞票种类复杂，面额大小悬殊，票幅尺寸参差不齐，纸张质量和印刷技术也较差，还没有完全摆脱通货膨胀、物价不稳的痕迹。据统计，“从 1948 年 12 月至 1953 年 12 月，共印制发行了 12 种面额、62 种版别的人民币，最小面额只有 1 元，最大面额则有 50000 元”。（注：中国人民银行货币发行司编《人民币图录》，第 3 页，中国金融出版社 1988 年版）这段时期的人民币因券种纷繁，不利于交易和核算，亟须进行整顿和改革。

实际上，人民币的改革从 1950 年财政收支平衡和物价稳定以后就已开始准备工作，原来定于 1953 年实施，但由于技术上的原因推迟了时间。到 1955 年 2 月 20 日，国务院颁发《关于发行新的人民币和收回现行的人民币的命令》，对货币制度实行改革，以便利交易和核算。《命令》责成中国人民银行自 3 月 1 日起发行新的人民币（简称新币），收回现行的人民币（简称旧币），新旧币的折合比率为 1 比 1 万。新币主币面额 1 元至 10 元，辅币面额 1 分至 5 角，每种券别印有汉、藏、蒙、维吾尔四种文字。自新币发行之日起，凡机关、团体、企业和个人的一切货币收付、账簿记载及国际间的清算等，均以新币为计算单位。

应当指出，这次币制改革并不是重建一种新的货币制度，而是对新生的人民币制度作了改进，主要是改变了货币的单位价值使人民币具有好看、好算、好使用、好记账的优点。将动辄以万元为单位的价格标度缩小为 1 元，不仅提高了单位货币所代表的价值量，而且化繁为简为计算和流通提供便利。钞票上印有四种文字，更有益于全国各地区的经济交流，展现了我国各民族的平等和团结。

经过改革的人民币制度是适应国家建设需要的符合广大人民

愿望的。新人民币种类简洁，交易与计算均感方便，能节约大量人力和财力，从而一举消除了旧人民币上留有的通货膨胀的痕迹，令人耳目一新。这是我国进入国民经济建设时期在货币流通方面的一项重大改革，在财政收支平衡和金融物价稳定的基础上，进一步健全和巩固我国的货币制度，并提高了人民币在国际上的地位。

作为一种新型的社会主义货币制度，人民币制度有以下几个基本特点：

第一，人民币是集中统一的货币。中华人民共和国唯一合法的货币是人民币，也就是说，在我国市场上只准人民币流通。中国人民银行以国家信用作保证发行人民币，代表国家制定和执行货币政策，并通过货币政策的制定和执行来调控国民经济。货币流通规律要求市场货币流通量必须与商品流通量相适应，以促进国民经济的发展。因此，人民币的发行原则是坚持经济发行、计划发行和高度集中统一发行，其中坚持经济发行是最根本的原则。中国人民银行根据国家授权统一掌管人民币，负责集中统一印制和发行人民币，管理人民币流通。法律保护人民币，任何损害人民币的行为，都将受到法律的制裁。

第二，人民币是独立自主的货币。新中国成立不久，我国即排除了市场上流通的外国货币，以坚持独立的货币政策，不受国际金融市场变化的影响。国内一切收付、计价单位和汇价的单位都由人民币承担，在国际上则作为计价、结算手段。人民币对外国货币的比价，是根据国内国际市场情况独立自主确定的。人民币是国家主权的象征。

第三，人民币是相对稳定的货币。人民币能够保持相对稳定的购买力，“因为我国物价是建立在国家拥有雄厚的物质储备，并按稳定的价格投入市场的基础之上的，同时我们建立了强大的社会主义金融体系，统一管理了金融业，使货币流通的计划性日益加强，国家掌握的黄金、外汇也在逐日增多，单只黄金储备一项1954年就比1950年增加了10倍以上。”（注：《人民日报》1955

年3月1日社论：《做好新人民币的发行工作》）由此可见，人民币不仅有充分的物资保证，而且有不断增加的金融储备，这是币值稳定的坚强后盾。当然，人民币是受纸币流通规律所制约的，在一定情况下也会出现通货膨胀的危险，所以，人民币的稳定是相对的，这就要求将"稳定币值"突出地放在货币政策目标的首位。

第四，人民币采取主辅币流通结构。国际标准化组织规定了各个国家的国别标准符号和货币标准符号，中国的国别标准符号是"CN"，人民币的货币标准符号是"CNY"，其主币具有无限法偿能力，无论每次支付数额多大，任何单位、个人都不得拒绝。辅币是有限法偿货币，供日常零星使用。在流通中，两者的比例应根据商品流通的客观需要，以满足金额大小不同的购买支付需要。一般地说，人民币主币与辅币的比例，各种主币之间的比例以及辅币之间的比例，搭配均是合理的，与我国人民的生活水平是相适应的。

【讨论与思考】

1. 请结合案例谈谈人民币为什么要强调发行的独立性。
2. 请谈谈你对当前人民币运作情况的理解和认识。

参考文献

1. 米什金：《金融学》，中国人民大学出版社，2008。
2. 李江、洪青：《金融学案例教程》，浙江大学出版社，2010。
3. 李少尉：《虚拟货币的三大风险》，《电子商务世界》2006年第10期。

第三章　信用

Chapter 3

案例1　我国社会信用体系的现状与发展

【教学目的】

通过对我国现阶段社会信用问题的分析，让学生掌握社会信用体系的内涵，了解我国经济领域较为严重的信用缺失状况、信用对经济发展的重要性，并在此基础上让学生分析造成问题的原因并启发学生提出解决我国社会信用缺失问题的对策和思路。

【案例资料】

一　社会信用体系的内涵

第一种观点认为，社会信用体系有广义和狭义之分。广义的社会信用体系包括了与信用交易有关的四个主要环节和方面：一是信用的投放；二是信用风险的管理和控制；三是信用信息的开放和服务；四是对失信行为的惩戒。从改善信用状况，规范市场秩序，提高市场机制有效性的要求看，以上各个环节和方面都十分重要，无论哪个方面的缺失或薄弱都会对社会信用体系的整体有效性产生负面影响。不难发现，广义的社会信用体系几乎涵盖了市场经济体制的所有重要方面，既涉及对交易过程的规范，也涉及对市场主体和政府行为的规范，构成了一个复杂和庞大的系统。

狭义的社会信用体系主要是指与上述第三类活动，即信用信息开放与服务活动有关的体制框架和服务体系。从国际经验来看，建立完善的信用信息开放与服务体系是改善社会信用状况最重要的途径。从我国目前的实际情况来看，信用信息开放与服务体系也是最为滞后和缺失的，也是最需要加强的环节。

第二种观点认为，信用可分为广义的和狭义的两种，狭义的信用主要是指商业信用、银行信用、国家信用和消费信用等，其核心内容是指一种借贷行为。其中，商业信用和银行信用是主要的两种。广义的信用除包括狭义信用外，还包括个人信用和企业信用等内容，其内涵带有很多心理和道德方面的因素，泛指人们在各种社会交往中的诚实和信任关系。

在这个广义的信用体系建设的系统工程中，涉及政务诚信、个人信用、商业信用、银行信用、国家信用、消费信用、企业信用，如企业的真实性、资金的可靠性；企业在市场交易中产品质量、数量、规格标准、交货时间及地点、支付方式及时间、运输和保险等交易合同方面的信用；企业在市场竞争中广告、商标、售后服务等方面的信用；服务领域提供的各种服务信用；等等。工商行政管理机关依法进行企业登记注册，取缔无照经营企业，打击各种虚假出资、抽逃资金等；查处各种制售假冒伪劣商品、虚假广告、商标侵权、合同欺诈等行为，规范、监督、管理各类商品和服务的市场准入、市场交易、市场竞争方面的信用问题，在社会信用体系建设中对企业信用建设发挥着十分重要的作用。

第三种观点认为，信用是市场主体之间发生的一种合理的期待或信赖关系。“信用”一词本身无所谓褒贬，仅仅体现为市场交易主体之间的一种特定的经济关系。在市场主体进行交易活动时，以信任为基础而施于信用的一方是授信主体，以诚实为基础获得信用的一方是受信主体。交易主体在交易过程中信守承诺的称为守信，不能信守承诺的称为失信。

第四种观点认为，信用经济有两个含义。一方面是指再生产过程的全部联系以信用为基础的经济；另一方面是指以市场参与者守信用为基础的经济。研究市场秩序，特别是研究信用经济，最为关心的是契约（合同）能否得到遵守。在市场经济中，由于各个经济主体是平等的利益主体，经济联系的纽带只能是合同（契约），正因为如此，市场经济被称为契约经济。这种契约经济的基础就是信用。信用关系就是债务契约关系。契约经济也需要一定的规则来保障。

第五种观点认为，一个完善的社会信用体系应包括信用制度、信用文化和社会信用中介服务等子系统，它们从不同角度，以不同方式在信用制度体系中发挥作用，维系市场经济信用关系。

二 我国建立社会信用体系的重要性

1. 社会信用体系是市场经济得以建立和完善的必要条件和基本特征

经过三十多年改革和开放，我国经济已基本步入了社会主义市场经济的轨道，市场交易关系和交易行为将更多地表现为信用关系，不仅银行信用关系日益广泛，而且工商企业之间的信用规模也不断扩大。与市场经济信用关系发展紧密相连的“社会信用”的作用机制也必将发挥基础性作用，成为维系市场经济中各主体之间经济关系的重要纽带。社会信用体系的建立和完善既是市场经济发展的必然结果，也是市场经济体系建立与完善的必要条件和基本特征。

2. 社会信用体系的建立和完善将极大地影响我国经济体制和社会生活变革的进程

（1）社会信用体系有助于各种社会经济资源的优化配置。在买方市场条件下，依靠扩大本国信用交易总额来扩大市场规模、拉动经济增长是许多发达国家的成功经验。（2）社会信用体系的建立有助于我国经济全球化以及适应 WTO 的规则。加入 WTO 后如何更有利地参与国际竞争，这与我国信用体系的建设有直接关系。（3）社会信用体系的建立有助于整顿和规范市场经济秩序。在市场经济体制下，社会经济活动的正常运行，有赖于规范的市场经济秩序来维护，这其中具有基础性保障功能的是社会信用体系，它具有自发调节和内生地抑制各种“搭便车”与失信行为的功能。建立规范的社会信用体系是市场规则和交易制度的最基本要求，也是规范和整顿市场经济秩序的治本之策。

3. 信用是社会文明进步的重要标志

在经济社会活动中，诚信成为市场经济条件下社会交往的基础性规范，是社会物质文明进步的根本保证。

4. 信用有利于提高人的自身素质

在社会生活中，诚实守信、讲求信用有利于提高人的素质，优化人际关系，增强社会的凝聚力，推进社会进步。诚信是一种人际交往准则，能够协调人际关系，维护大多数人的利益。诚信的交往准则是人的内在的本质的需要，而不是外在的强迫。诚信带来了人与人关系的和谐、融洽和信任。诚信能够引发关爱的热情，把激励和期待投给对方，使对方树立起自信和责任，从而形成团结向上、积极进取的氛围。

5. 信用是规范政府行为、塑造政府良好形象的需要

社会主义市场经济要求政府由原来的行政式管理转向服务型管理，这样就要求用信用规范政府的行为，共同打造政府在一切活动之中要诚实守信、讲求信用，并且不定期打造诚信政府，兑现所有承诺，树立起高效廉洁、讲求信用的政府形象。政府形象是政府行为的直接展示，是取得民众支持的重要因素，而政府形象的获得，无信用无以立。从一定意义上讲，政府信用最为根本，因为它对社会、对公民信用的影响最大。因此，打造信用政府十分重要。

三　我国目前社会信用的现状

（1）生产领域里假冒伪劣商品泛滥。据不完全统计，我国年均假冒伪劣产品的产值有13000亿元之多，相当于一年国内生产总值的15%以上，国家每年因此损失税收250亿元。制假售假不仅表现出数量大、品种多、范围广的特点，而且已经呈现明显集团化、区域化的发展趋势，甚至出现产供销一条龙的现象。此外，近几年来，全国每年因建筑工程倒塌事故造成的损失和浪费在1000亿元左右，而且至今仍有20%的工程没有达到国家规定的标准。

（2）流通领域里贷款和债务拖欠、信用方式退化与合同失信严重并存。一方面，贷款和债务拖欠日趋严重。据专业机构统计分析，在发达市场经济中，企业间的逾期应收账款发生额约占贸易总额的0.25%～0.5%。而在我国，这一比例高达5%以上，而且这一比例被远远低估。在国企改革深化的过程中，改制企业逃避银行债务的现象比比皆是。此外，企业间的"三角债"问题也愈演愈烈。据统计，1989年底，全国企业间相互拖欠的三角债总额为1240亿元，1991年为2000亿元，1994年上升为7000亿元，1998年约为11000亿元，而且拖欠势头正在向银行利息、国家税收方向发展，成为目前我国经济生活中的一种瘟疫。另一方面，信用方式退化。据统计，我国目前的现汇支付仍高达80%；信贷消费只占国家信贷总额的1%，而在美国，信贷消费占GDP的比重高达55%。此外，我国合同失信现象严重。有的学者研究表明，目前我国每年订立的经济合同大约有40亿份，但合同的履约率仅有60%。合同失效率高达40%。而据最新统计，近几年来合同交易只占整个经济交易量的30%，合同履约率只有50%。换言之，在中国签署的贸易合同中，有一半没有履行。

（3）分配领域里偷税漏税现象严重。

（4）消费领域里欺诈哄骗盛行。据统计，我国商业欺诈案件的年增长率已超过30%。概括起来，我国商业企业对消费者的欺诈行为主要表现在商业质量欺骗、价格欺骗、服务方面的欺骗、商场在促销活动中的欺骗、经营方式的欺骗及企业形象和商场实力的不真实宣传等方面。

（5）2001 年以来，我国连续爆发“上市公司”等失信事件。

四　我国社会信用缺失原因分析

第一种观点认为，中国经济转型中信用经济失效的形成是多方面因素导致的。

1. 信用主体的缺陷

首先，我国国民的整体素质教育水平较低，人民的竞争观念、效益观念尤其是信用观念等市场观念淡薄；同时，消费者的自我保护意识欠缺。其次，企业供给观念的偏差，即市场文化理念的落后。我国一些企业至今尚不懂得“欲取之，先予之”的生财之道，仍不同程度地存在着“以我为主”的供给观念，而未真正树立起“消费者是上帝”的市场文化意识，从而为信用失衡提供了主观原因。再次，企业产权制度存在缺陷。一方面，国企产权结构的责、权、利具有不统一性与不对称性，有的主体拥有较大的决策、管理权力和较多的利益，却无须承担相应的责任，有的主体则恰恰相反；另一方面，私营企业产权缺乏有力保护的问题比较突出，私营企业往往表现出过分追求短期利益的趋向。最后，政府行为的不规范，其突出表现在一些政府部门往往不是采取经济手段对经济进行间接干预，而是热衷于依靠计划或准计划手段对市场进行过分的超经济干预。

2. 信用客体即信用合同的非真正契约化

我国的信用合同尤其是银企之间的信贷合同并非真正规范化的法律合约，不能真正构成对债权人和债务人行为的强有力的法律约束，比如，我国的国企仍不必担心因不能按时还本付息而危及自己的生存，也不必担心银行会要求自己破产还债。四大国有商业银行也不必担心自己的本息收不回来，并且还会继续对企业提供信贷，无须担心因此而形成的破产问题。

3. 信用载体即信用环境约束软化

首先，市场交易的信息不对称、不充分，使交易当事人可以很容易利用自己的信息优势，通过隐瞒真实信息甚至制造虚假信息来操纵交易行为，谋取不正当收益；同时增加了市场交易的不确定性，增大了市场交易风险，提高了市场交易成本，限制了市场交易规模，甚至使市场交易倒退到现金交易、以货换货等落后的、原始的交易方式，从而大大弱化了市场配置资源的功能；其次，法律约束机制不健全导致失信成本过低。由于信用约束机制不健全，必然会使背信行为得不到及时和有力的惩罚，不守信用得不到有力的制裁，不守信用的收益远大于成本，从而导致普遍而严重的信用失效。

4. 历史文化方面的原因

中国传统的经济是重农抑商的自然经济，商品经济始终没有发展起来，由于缺乏充分的商品经济的发展，没有经过资本主义生产方式对高利贷资本的规范与约束，残忍的高利贷一直在我国占统治地位，与商品经济发展相适应的信用道德体系不可能建立起来，生活水平极为低下的国民不到万不得已绝不负债，即使遇到困难也是求助亲戚朋友，希望用感情减少利息，重农抑商的历史文化传统显然阻碍着我国信用经济的发展。随着市场经济体制改革的深入，由于缺乏相应的配套制度的跟进，从而使普遍而严重的信用失效现象的出现成为必然。

第二种观点认为，中国当前信用缺失的深层次原因在于我国信用制度不具体、不规范、不完善，缺乏透明度、公正性和约束力，或者根本缺乏信用制度。

1. 信用体系尚未形成

在计划经济时期，企业和个人信用都是用政府信用作支撑；转到市场经济后，一方面已没有了计划经济下的指令性计划的约束，另一方面维系市场经济中信用关系的制度和道德体系正在逐步构建，在这期间，信用错位也就不足为奇了。

2. 整个信用环境亟待净化

普遍失信现象在于社会规范不成熟，制度安排不合理，对人们的行为有不良诱导作用。从我国的信用环境来看，由于赏罚不明守信者没有得到相应的鼓励和收益，失信者没有得到应有的谴责和惩罚，也就难以形成“守信者走遍天下，失信者寸步难行”的氛围。

3. 执法腐败问题依然存在

目前，与社会主义市场经济相适应的法律体系还在不断建立和完善之中。执法不严、处罚不公的问题时有发生。企业和个人行为在一定程度上缺乏法律规范。法律“白条”现象使法律尊严仅仅停留在一纸判决上，甚至还有个别执法者与违法者串通一气，搞权钱交易。

五　建立有我国特色社会信用体系的政策建议

首先，我国社会信用体系的建设工作，应当以建立全社会的诚信环境，形成规范的市场经济秩序，促进经济社会可持续发展，全面建设小康社会为目的；以发挥政府的示范作用，培育良好的企业信用和个人信用为重点，形成有中国特色的社会信用体系。我国的社会信用体系应当包括社会信用制度、信用管理和服务系统、信用实践活动、监督与惩戒机制四个方面。建立社会信用制度是社会信用体系建设的核心，培育信用管理和服务系统是建设社会信用体系的重要任务，开展社会信用实践活动是社会信用体系建设的中心环节，建立信用行业监督和失信惩戒机制是社会信用体系建设的保障措施。

社会信用体系建设是一项宏大的社会系统工程，也是一项长期复杂的任务。在方法步骤上，应当坚持政府推动，市场化运作，全社会广泛参与；坚持总体规划，精心试点，统筹协调，分层推进，分步实施；坚持诚信宣传教育与信用制度建设并重；坚持采用先进的信息化手段和统一的信用信息标准；坚持培育社会信用市场需求、促进商业性信用服务行业发展与加强信用监管相结合。

其次，从根本上解决失信问题的关键是建立以道德为支撑、产权为基础、法律为保证的社会信用的三维制度模式。

1. 以道德作为整个社会信用体系的支撑点

在市场经济环境下，市场主体的行为准则首先应是讲信用，无论是法人主体或公民个人，都应树立守信的公众形象，树立以讲信用为荣，不讲信用为耻的社会意识。这种意识和理念要通过各种宣传、教育、典型示范来进行，通过加强全社会范围内的信用教育、科研和培训来实现。从基础教育到大学教育，对信用观念、信用意识、信用道德的宣传和教育应贯穿始终。信用管理本身是一门综合性的学科，涉及的专业门类广，技术性较强，需要很好地进行研究和开发，更需要培养一大批专门人才。

2. 以产权作为整个社会信用体系的基础

（1）市场主体没有独立的财产，就没有真正的能力讲信用；（2）市场主体没有独立的财产，也就没有动力讲信誉、守信用；（3）市场主体没有独立的财产，也就没有内在的压力守信用；（4）市场主体对其财产权没有信心，就必然会产生不讲信用的短期行为；（5）市场机制不完善造成我国的一些市场主体没有外在的约束使其讲信誉、守信用。因此，要彻底解决我国的信用问题，最根本的措施只能是进行产权改革，使我国的微观经济主体成为真正拥有独立财产的所有者或产权主体。

3. 以法律作为整个社会信用体系的保证

建议从两方面推进信用立法工作：一是应充分借鉴发达国家在信用管理方面的法律法规，在此基础上以比较完备的行政管理规定的形式颁布，尽早为社会信用体系的建立健全奠定制度框架。二是抓紧研究、率先出台与社会信用直接相关的基本法，如可先出台《信用报告法》、《社会信用信息法》等，对信用行业的管理定下基本的制度框架，以促进信用行业规范健康发展。

【讨论与思考】

1. 谈谈在我国应如何建立完善的市场信用管理体制？

2. 发达国家社会信用体系建设的经验教训对我国有哪些启示?
3. 你认为政府在社会信用体系的建设中应发挥哪些重要作用?

案例2 我国社会征信制度的建设

【教学目的】

通过本案例的阅读与分析，掌握征信制度的含义及其对个人、企业和整个经济金融体系运转的意义；并通过查阅资料，了解我国征信制度建设的最新进展。

【案例资料】

在我国，随着经济市场化程度的加深，加快社会信用体系建设已成为社会共识。征信制度作为社会信用体系的核心与关键环节，是市场经济成熟的重要标志。征信最基本的功能是了解、调查、验证他人的信用，使赊销、信贷活动中的授信方能够比较充分地了解信用申请人的真实资信状况和如期还款能力；通过信用信息传播来降低信息不对称的困境，起到约束市场交易各方的行为，使授信方的风险降到最低。征信制度的建立对社会信用体系建设具有重要意义。因此，近几年来，中国人民银行认真履行国务院赋予的“管理信贷征信业，推动建立社会信用体系”职责，加大工作力度，相继建成了全国统一的企业和个人征信系统，推动征信立法工作，加强征信市场管理，积极发挥了征信在维护社会稳定方面的重要作用。

一 社会征信制度建设与社会信用体系建设的区分

征信起源于英国，距今已有170多年的历史。1832年，世界第一家征信公司在英国伦敦成立，根据世界银行的不完全调查统计，目前全球已有80多个国家和地区建立了征信制度。征信一词所对应的英文是Credit Reporting、Credit Investigation或Credit Checking，意思是信用报告、信用调查。而中文译法取自《左传·昭公八年》中“君子之言，信而有征，故怨远于其身”，其中，“信而有征”即为可验证其言为信实，或征求、验证信用。征信的现代解释是指信用信息的征集、披露和使用，也可以说是对企业或个人等市场主体的信用状况的调查、核实、分析及评估。征信最为重要的作用是防范在信用经济交往中受到损失，也就是说，征信最重要的目的是落在经济层面上。具体而言是指依法收集、整理、保存、加工自然人、法人及其他组织的信用信息，并对外提供信用报告、信用评估、信用信息咨询等服务，帮助客户判断、控制信用风险，进行信用管理的活动。

信用在英文中对应的词汇是 Credit。《新帕格雷夫经济大辞典》对信用的解释是：“提供信用（Credit）意味着把对某物的财产权给予让渡，以交往在将来的某一特定时刻对另外的物品的所有权。”我国《辞海》对信用解释的第三种含义是：“以偿还为条件的价值运动的特殊形式，多产生于货币借贷和商品交易的赊销或预付之中，其主要形式包括国家信用、银行信用、商业信用和消费信用。”可见，信用是一种行为，其狭义的经济含义，是指在交易的一方承诺未来偿还的前提下，另一方向其提供商品或服务的行为。现在，信用已广泛地应用于人们在经济活动中能否信守承诺和及时履约。信用不仅反映交易主体主观上是否诚实，也反映其是否有履行承诺的能力，即使交易主体有偿还债务的主观愿望，但因经营不善还不了债务，也就没有信用。提高社会信用水平，不仅要靠道德教育、法律规范，还需要利用信用记录、信用评价和经济惩戒机制。而征信本身不是信用，它是提高信用水平的手段和工具。

所以，我们经常使用的社会信用体系建设和社会征信制度建设并不是同一个概念，征信制度建设是信用体系建设的一个重要内容，但并不是全部。例如，质检部门对生产假冒伪劣产品进行惩处；税收征管部门对企业偷税漏税行为进行处罚，对企业按时足额纳税进行表彰和奖励等，都是社会信用体系建设的重要内容。简而言之，社会信用体系是目的，社会征信制度是手段，信用体系建设的内容比征信制度建设的内容更为广泛。综上所述，社会信用体系是指为促进社会各方信用承诺而进行的一系列安排的总称，最终目标是形成良好的社会信用环境。社会信用体系应包括制度安排，信用信息的记录、采集和披露机制，采集和发布信用信息的机构和市场安排，监管体制，宣传教育安排等方面。社会征信制度就是采集、加工、分析和对外提供信用信息服务的系列安排，是社会信用体系建设的一部分。例如，在法律法规上，个人数据保护、企业商业秘密保护、政府信息公开法规、个人和企业征信等方面的法规，均算作社会信用体系的制度建设部分，但是，只有征信法规属于社会征信体系的制度建设部分。按照社会信用体系的范围界定方法，征信包括制度建设、信息采集、机构和市场、征信产品和服务、监管等方面，是一项特定目的的调查活动。

二 征信制度是社会信用体系的坚实核心

首先，要科学认识社会信用体系建设核心的内涵。从广义角度上看，社会信用体系建设几乎没有边界，建设社会信用体系就是建设中国特色社会主义，建设中国特色社会主义就要建设社会信用体系。社会信用体系建设属于上层建筑范畴，但又与物质生产、交换、分配和消费紧密联系在一起，需要用辩证唯物主义和历史唯物主义的观点来把握社会信用体系建设质的规定性。从狭义角度上看，社会信用体系建设受经济发展阶段性制约，不可能超越经济发展阶段提出不可能达到的社会信用体系建设目标。把握社会信用体系建设量的规定性就是要加强调研，跟踪监测社会成员对信用的认识，对信任和互惠网络的需求，对规范行为的接受程度等，不失时机地提出和改进阶段性工作目标，提高全社会信用体系建设的预见性、针对性和有效性。因此，社会信用体系建设最坚实的核心就是征信制度建设，即挖掘、积累、配置和运用社会资本，促进全社会成员的相互信任、形成互惠网络、保障行为规范，从而在全社会以及不同行业不同的范围和层次减少摩擦，增加润滑，减少相应的改革发展成本，加快建设中国特色社会主义进程。

其次，社会信用体系的核心必须是得到全社会广泛认同、坚定支持和切实维护的共同价值观。这个共同价值观的一个基本内涵就是社会资本，或者说是社会信用体系的资本化，社会信用体系的资本表现。通常情况下，社会资本越多，这个核心越坚实牢固，越能促进社会经济持续稳健运行。我们所讲的社会资本，主要包括增强经济社会成员间相互信任、促进成员间形成互惠网络和保障成员行为规范的文化传统、道德习惯、合作意识、市场观念等。社会信用体系好坏可用社会资本多少来衡量；社会资本多寡则决定四类资本组织、配置与运用效率。无论哪一类型的资本运营，都需要信任作基础，网络作支撑，行为规范作保障。例如，国家资本主要体现为各级政府和部门项目资金，没有上级对下级的充分信任，没有下级向上级的充分沟通，没有规范运作，项目资金就很难申请到位，项目建设也不可持续和持久。又如金融资本主要有直接融资和间接融资，没有信任、网络和行为规范三要素，企业就很难上市、发债，也不可能得到银行信贷支持。这就不难看出，上述共同价值实际上指的是征信体系建设，即企业和个人信用信息的基础数据库。所以，不管是地方信用体系，还是部门主导的行业信用体系，都要有利于促进经济社会成员间的相互信任，有利于促进经济社会成员间形成互惠网络，有利于促进经济社会成员行为规范。

最后，征信制度是社会信用体系的坚实核心，还包括以下两方面原因：一方面，征信制度是社会信用体系建设先进性的具体体现。目前征信基础数据库为全国参与经济和金融活动的1300多万户企业和近6亿自然人建立了信用档案，记录了这些企业和个人在金融领域的信贷信息，以及在环保等方面遵纪守法的信息，方便了企业和个人的经济金融活动，促进了经济和社会的和谐发展。无论是信用信息的辐射覆盖范围，还是信用信息收集整理方式，以及系统功能和作用，征信制度在我国的社会信用体系建设中都具有不可替代性。另一方面，征信制度是推进社会信用体系建设的着力点和突破口。近年来，征信基础数据库不仅在银行信贷领域、商业领域发挥着防范控制风险、降低交易成本、提高交易效率的重要作用，而且在公共事务管理、公民社会道德教育等方面也起着越来越重要的作用。部分地区将个人信用报告作为人大、政协代表资格审查、公务人员录用时的参考依据。人力资源与社会保障、环保、质检等部门也利用企业和个人征信基础数据库，为其行业信用建设和执法管理提供帮助。正是由于征信制度在全社会信用体系建设的普遍联系性和特殊性，征信制度的任何创新和突破，都将带来全社会信用体系建设的创新和突破，都会带来整个社会资本量的积累和质的飞跃。

三 推进社会信用体系建设，必须抓住征信制度建设关键环节

一是要引导地方社会信用体系建设以征信制度建设为重点。我国改革开放的一条成功经验是调动中央与地方两个积极性，上面动，下面不动，工作就很难开展。社会信用体系建设需要中央制定规定动作标准，提出达标要求，以硬目标、硬措施促进地方政府规范推进信用体系建设；也需要各级地方政府充分发挥主观能动性，把上级要求与地方实际紧密结合起来，选准切合地方实际的突破口，为上级推进社会信用体系建设积累经验，探索路径。地方信用体系建设与全社会信用体系建设的联系是，地方信用体系建设是全社会信用体系建设的有机组成部分，有共同目标和原则要求，各地信用体系建设构成全社会信用体系建设；其区别是，各地必须找准符合各自实际的切入点和着力点，在全社会信用体系建设的远景规划和阶段性工作中，要增加地方选择的灵活性，即虽然目标相同但允许路径有别。

二是要理顺行业信用体系建设与征信制度建设的关系。在全社会信用体系建设整体布局中，行业信用体系建设既具有相对独立性，又具有普遍联系性。行业信用体系建设是地方信用体系建

设和全社会信用体系建设的有机组成部分。行业信用体系建设目前主要由职能部门推动，与职能部门征信制度建立具有内在的一致性，即部门依法合规履行职责本质上就是推进行业信用体系建设；要推进行业信用体系建设，必须以征信制度为基础和前提。在参与推进全社会信用体系建设中，部门推进行业信用体系建设的力度、效果，决定和影响其全社会信用体系建设的力度和效果，也决定和影响其自身在全社会信用体系建设中的地位和作用。

三是要推进征信制度载体即征信机构体系建设。征信业服务面广，需求种类繁多，需要众多不同类型的征信机构来完成。要按照“特许经营、商业运作、专业服务”的原则，促进征信机构蓬勃发展，逐步形成少数采集保存全国信用信息资源的大型征信机构与若干提供信用信息评估等信用增值服务的征信服务公司并存，既有分工，又有市场竞争、运行高效的社会征信机构体系。与此同时，还需要逐步建立信息标识标准、信息分类数据格式编码标准和安全保密标准等征信行业标准，为各征信机构建立的系统实现互联互通、信息共享及信息安全奠定基础。

四　加快制定征信法律体系

为了促进建立健全征信制度，保证征信活动的正常运行，充分发挥征信制度对社会信用体系建设的促进作用，必须尽快制定体现国家意志的、调整与征信活动相关社会关系的法律规范。

近年来我国的社会信用体系发展迅速，地方和各部门纷纷建立各自的信用体系，也出台了一些地方性的法规和部门管理条例或办法，但始终没有一部全国性的征信法律法规。由于这一制约因素导致地方信用建设五花八门（现有的地方社会信用体系已有上海模式、深圳模式、浙江模式、北京模式、山东模式、陕西模式六种模式），政府越位和缺位并存，征信市场规模较小，征信经营处于自由无序的发展状态，部门间的信息更是无法共享，市场分割现象严重。从我国现有的法律来看，有的涉及了征信方面的内容但比较模糊，如：在《民法通则》、《合同法》和《反不正当竞争法》中规定了诚实信用的法律原则，《刑法》中虽也有对诈骗等犯罪行为处以刑罚的规定，但缺少与信用制度直接相关的立法。有的还在很大程度上阻止了信息的共享，例如《中华人民共和国商业银行法》第六条“商业银行应当保障存款人的合法权益不受任何单位和个人的侵犯”的规定制约了商业银行向征信机构开放客户信用数据。此外，《反不正当竞争法》第六条有关侵犯商业秘密的规定也在一定程度上制约了征信机构信用数据的收集与利用。

针对缺少全国统一的征信法律法规，致使信用建设进一步发展所呈现“瓶颈”的现状，我们国家可参照国外征信法律制度，为推动征信业的规范、健康发展，应逐步建立包括征信业管理和关于政务、企业信息披露及个人隐私保护两大方面的征信法规体系。简言之，一方面是要制定征信的基本法《征信法》，它是一部居于主导地位有关个人信用征信的综合性法律。基本法主要就征信的概念、征信法调整的对象及范围、征信的基本原则、征信机构、征信业务、被征信对象的权利保护、征信监管及法律责任等问题作概括性的规定。它不具有太强的操作性，但对征信配套法具有指导和规范意义。另一方面是制定征信配套法，它是在《征信法》的基础上，按照《征信法》确定的基本制度就不同方面的征信问题制定的专门性法律规范，主要包括关于个人信用数据开放、个人隐私权的保护、对征信业的监管和对失信惩戒等方面的立法。配套法不得违背基本法的立法精神、基本原则。总之，要把制定征信法律法规融入社会征信制度建设中，通过征信制度建设的重点突破带动全社会信用体系建设的全面推进。

【讨论与思考】

1. 个人和企业信用记录的主要内容有哪些？你认为还有哪些个人或企业记录也可以作为信用记录的组成部分？
2. 为了避免进入信用不良记录的“黑名单”，你应该怎样做？

案例 3　次债危机视角下对我国信用评级机构规范与发展的重新思考

【教学目的】

通过本案例分析，掌握信用评级的概念，理解信用评级对企业融资行为、个人投资行为以及金融市场和金融机构稳定运行的重要意义；并通过查阅资料，了解国际和国内主要评级机构的信用评级体系。

【案例资料】

由于现代金融体系的全球化，2008 年涉及美国众多金融机构的次债危机很快在全球蔓延开来，逐步演变成了一场全球信用危机，而一贯被人们寄予厚望的信用评级机构在这场愈演愈烈的危机中却备受指责。

所谓信用评级机构是指依法设立的从事信用评级业务的社会中介机构，其主要功能是通过分析研究影响评级对象的诸多信用风险因素，对评级对象的偿债能力和偿债意愿进行综合评价，从而揭示评级对象违约的风险等级，减少信息不对称。自 20 世纪初美国穆迪公司建立世界上第一家信用评级机构以来，信用评级行业经过百年的发展，不仅在揭示和防范信用风险、降低交易成本以及协助政府进行金融监管方面发挥了重要作用，而且对于提高金融市场运行效率、促进社会信用体系建设等都具有广泛影响。目前，信用评级信息正被广泛地运用于风险管理、金融监管、债券风险定价、银行授信等业务中。随着人们对信用评级认识的深化，以及信用评级产品的创新和信用评级信息传播途径的拓宽，信用评级未来的社会影响力将日益显著。

一　信用评级机构在次债危机中扮演的角色解析

危机发生前期，美国利率低，房价高涨，购房者每月按时付息，整个住房按揭贷款呈现健康繁荣的形势。贷款银行认为这样的形势将会持续下去，一方面不断降低按揭贷款者的信用等级，大量的次级贷款人进入银行，另一方面为了盘活资金，同时减少潜在的风险，将已有的次级按揭贷款打包、加工，变成房产抵押债券（MBS）。信用评级机构将不同风险程度组成的房产抵押贷款进行风险级别评级，形成不同的等级。这些不同风险的产品因为满足了不同风险投资者的需求，很快就出售了。接着，投资银行又将低等级的 MBS 进行重组，形成各种类型的抵押债务凭证（CDO），信用评级机构又对这些不同风险程度的 CDO 进行评级，并将 CDO 出售给境内或境外的投资者。

自从 2000 年美国开始大规模发行次级债券（即以次级住房抵押贷款为基础的 MBS 和 CDO）以来，以穆迪、标准普尔和惠誉为代表的信用评级机构一直认定次级债券和普通的抵押债券风险水平相当，并给予最高信用评级。这大大促进了次级债市场爆炸式的增长，短短几年时间内就达到了 1.1 万亿美元的庞大规模，助长了次级债市场的非理性繁荣。然而在危机出现之后，信用评级机构迅速“纠正”评级，使得金融产品骤然降级。2007 年 7 月，标准普尔和穆迪分别下调了 612 种和 399 种 MBS 的信用等级；2008 年 1 月，标准普尔宣布对 2006 年 1 月至 2007 年 6 月期间获评的 6389 个美国住宅抵押证券（MBS）交易评级列入负面观察名单或下调评级，同时还将全球 572 个资产支持证券（ABS）和抵押债务凭证（CDO）列入负面观察名单。这种没有预警的广泛和大幅金融产品的降级调整，使得投资者对这些金融产品丧失信心而迅速低价抛售，导致这些被抛售债券的流动性进一步趋紧，进而引起评级机构的进一步降级措施，这种恶性循环怪圈的形成加剧了市场恐慌，通过“蝴蝶效应”将灾难传到全球。美国政府、国会和证券交易委员会对该国的各大评级机构展开深度调查，以厘清这些评级巨头在次级债危机形成的过程中到底扮演了何种角色，是否在次级债危机期间出现了违背法律和职业规范的行为。

很明显，银行盲目贷款是整个危机的源头，而信用评级机构在危机中扮演了扩大风险的催化剂角色。

一方面，为追求高额的评级费用，信用评级机构故意帮助投资银行和券商提高次级债产品的信用等级。次级债发行商向评级公司支付大量费用获得评级，甚至可以根据评级公司的“表现状况”来选择是否另选其他公司以及支付费用的高低。有数据显示，与传统的公司债评级业务相比，评定同等价值的次级债证券，评级公司所得到的费用是前者的三倍。仅穆迪公司在2002年至2006年间评定此类证券的收入就高达30亿美元，该业务部门收入也占到了母公司总收入的44%。鉴于这种利益关系，信用评级机构可能为争夺业务而低估次级债产品风险，给出更多偏高的评级，从而助长市场对该类产品的乐观预期和非理性追捧，埋下风险隐患。在金融危机掀起之时，信用评级机构对次级债产品的评级一直虚高，如标准普尔发布的研究报告显示，2005年至2007年间创立的CDO类别中，有85%被评定为AAA级。按照评级标准，AAA级债券的风险在理论上相当于国债，基本不会出现违约的可能，可见对于次贷衍生品的评级何等虚高。虚高评级为金融市场的“毒瘤债券”贴上安全标签，市场基于对评级机构的长久信任，迷失了自己的判断。实际上，在次级债的发行中，评级机构并不是独立于商业银行、投资银行和债券发行商之外的第三方，而是直接参与了次级债的设计和推广，因此各评级机构自始至终都是全球次级债市场暴涨的参与者、推动者甚至是直接受益者。

另一方面，信用评级机构未能在危机显现后及时降低此类投资产品的信用评级，不但导致消费者因为不能完全了解其中的风险而最终遭受严重损失，还对全球的经济金融运行产生了巨大的冲击。据报道，早在2006年初，标准普尔等就通过研究证实，次级债购房者的违约率要比正常的抵押贷款高出43%以上，这与多年来评级机构所认定的两者风险相同的假设相去甚远，意味着大规模的危机随时可能发生。但随后这些评级机构并没有马上调低此类证券的评级，或者呼吁市场投资者关注其风险，而是等到一年多以后才突然大范围调低评级。所以，评级机构对相关次级债产品不负责任的评级，是次级债危机大爆发的一大诱因。

二　信用评级机构在次级债危机中出现重大失误的主要原因

美国信用评级机构已有百年历史，其专业水平、人员素质和评级经验都领先于全世界，之所以在次债危机中表现不佳，主要原因是长期缺乏必要的规范和约束，在市场竞争和扩张中丧失了独立性，背离了保护投资者利益的初衷。

一方面，评级机构未能保持独立性。美国评级市场的穆迪、标准普尔和惠誉三大评级公司处于寡头垄断地位，评级体系缺乏相应的竞争性。自 20 世纪 60 年代开始，债券发行人支付的佣金成为评级机构的主要收入来源。同时，评级机构还对债券发行人打包销售财务咨询、分析软件等服务和产品。面对评级费用为普通债券三倍的次级债，评级机构纷纷给予过高评级招揽业务也就不足为怪。

另一方面，监管不力，评级机构“权重责轻”。据统计，当前美国已有近 200 部法规将几家主要评级机构的评级结果纳入监管执法依据。这种“监管扶持”使评级机构获得了庞大的业务和财源，却未建立相应的约束和问责机制。尽管作为投资银行注册，但评级机构一直享有“隐私权”。穆迪、标准普尔和惠誉极少披露相关信息，美国证券交易委员会（SEC）平均 5 年才有一次例行检查，且监管部门一直将评级的程序和方法作为商业机密，未对其进行评估。监管缺失使几家主要评级机构“权重责轻”，影响了评级的透明度和可靠性。

三　我国信用评级机构发展现状

我国信用评级机构产生于 20 世纪 80 年代末。1988 年，上海远东资信评估公司率先成立，成为全国第一家非银行系统的地方性信用评估机构。1992 年 7 月，上海新世纪投资服务有限公司成立，此后中国诚信证券评估有限公司、大公国际资信评估有限公司等先后成立，并逐步发展成为全国性的信用评级机构。截至2007年底，全国共有专业从事信用评级业务的法人机构78家，专业评级人员1983人。标准普尔、穆迪和惠誉三家国外评级机构在北京开办了分公司或办事处，并与国内评级机构开展了技术合作。从评级机构开展的业务看，分为主体评级和债项评级两大类。主体评级中又以借款企业评级为主，2006年和2007年两年内，评级机构对借款企业主体累计评级8万多笔，担保机构主体评级累计700多笔，债项评级累计779笔，其中短期融资券评级占债项评级比重的89.5%，与2006年相比，银行间债券市场债项评级增长了53.75%。

随着我国金融业的发展以及《新巴塞尔资本协议》的实施，外部评级与商业银行内部评级有了结合点。债券市场的迅速增长与不断创新，使得债券评级业务无论在数量还是品种方面都面临巨大的需求。目前，债券市场有短期融资券、中期票据、金融债券、公司债、企业债、资产证券化等品种，未来各类衍生金融工具还会陆续面世，会进一步带动评级产品的创新。

与国际著名评级机构相比，我国的评级机构在规模上存在着小而散的问题，在经验上也还有不小的差距。目前，外资评级机构在中国债券评级市场的份额合计超过了2/3。所评级的对象包括了我国能源、通信甚至军工等敏感行业在内的各主要行业及主要骨干企业。在金融债券市场，外资评级机构的评级对象囊括了包括四大行、股份制银行在内的主要金融机构。现行的国际信用评级体系是由美国控制的，任何国家和企业只有获得美国信用评级机构的评级才能进入国际金融市场融资。我国信用制度建设起步较晚，内外部评级机构的评级标准、评级方法存在较大差异，各评级机构之间的评级结果缺乏可比性，我国尚缺乏国际知名的评级机构。目前5家全国性信用评级机构——大公国际资信、中诚信国际、联合资信、上海远东和上海新世纪中，除大公国际资信以外的4家机构都有外资进入。伴随着市场的发展壮大，我国的信用评级机构也面临着巨大的挑战。为此，加强自身的建设，建立良好的公司治理结构以及科学有效的管理制度尤为重要。

四 以次债危机为鉴，推动我国信用评级机构的规范和发展

在国际信用评级机构的权威性因美国次债危机受到质疑时，中国的信用评级业应抓住时机，吸取美国信用评级机构发展的经验教训：发展主要应该走市场化的路子，在市场竞争和扩张中壮大评级机构，同时也要辅以“监管扶持”等行政手段，加强信用评级的公开、公平、公正、独立性、专业精神的建设；加强监管，同时也要依靠市场力量和行业自律来约束评级机构，逐步建立具有公信力的本土评级机构。

【讨论与思考】

1. 查阅资料，了解标准普尔、穆迪公司的基本情况以及它们的信用评级体系；了解我国比较重要的几家信用评级公司的概况以及它们的信用评级体系。
2. 你是如何看待信用评级的社会影响力的？

案例 4 欧洲主权债务危机的成因及启示

【教学目的】

通过本案例分析，掌握主权债务的含义，进一步加深经济与金融之间的辩证关系的理解；并通过查阅资料，了解20世纪国际和国内主要评级机构的信用评级体系；并引导学生对我国经济发展中的地方债务管理、债权资产安全等相关问题进行分析和思考。

【案例资料】

2010 年，由美国次贷问题所引发的国际金融危机的阴霾尚未散尽，一场由于希腊等主权国家赤字过大、资不抵债引发的主权

债务危机又笼罩在欧洲上空，且大有愈演愈烈之势。这无疑给尚在缓慢恢复中的世界经济带来了巨大的不确定因素。所谓主权债务，是指主权国家以国家信誉作担保，通过发行债券等向国际社会所借的款项。当一个国家的政府负债总额接近或超过国内生产总值，国际收支逆差比重升高，政府赤字仍然居高不下时，就可能爆发主权债务危机，甚至导致政府破产。

一 欧洲主权债务危机的演进过程

由财政赤字和债务规模引发的主权债务问题在欧洲已有先例，早在 2008 年 10 月，冰岛就因国内经济的过度金融化和金融的过度国际化而发生主权债务违约。2009 年下半年，在迪拜债务危机传染效应的影响下，欧元区内以希腊为首的南欧四国（还包括意大利、西班牙、葡萄牙）和爱尔兰的主权债务问题及其可能的违约风险，引起了国际金融市场和全球投资者的广泛关注。2009 年 10 月，希腊新政府突然宣布，其 2009 年财政赤字和公共债务占国内生产总值的比重分别达到 12.7% 和 113%，这一数字不仅远远超出此前的市场预期，而且还大大高于欧元区《稳定与增长公约》所规定的 3% 和 60% 的界限，国际金融市场随之大幅动荡，希腊债务危机正式爆发，并拉开了欧洲主权债务危机的序幕（详见表 3－1）。

债务危机爆发后，国际三大信用评级机构连续下调了希腊的主权信用评级，导致希腊国债利率大幅攀升，希腊政府试图通过债务融资自救的努力失败。同时，随着西班牙、葡萄牙等国主权信用评级的下调，主权债务问题开始向欧元区及欧盟各国扩散。这迫使欧元区在 2010 年 3 月 25 日的峰会上达成与国际货币基金组织（IMF）的联合救助机制协议。4 月 11 日，欧元区与 IMF 达成总额 450 亿欧元的援助方案，但遭市场冷遇。5 月 2 日，欧元区与 IMF 又达成总额 1100 亿欧元的援助计划，但仍未打消市场疑虑。5 月 10 日，欧盟终于痛下决心，出台总额高达 7500 亿欧元的救助机制，为欧洲有史以来最大规模的救援行动，市场大为震动。当日德国与英国股市升幅超过 3%，葡萄牙股市大涨 7.8%，亚洲和拉美股市也纷纷上扬，国际油价在连续4个交易日下跌后出现反弹。6月7日，欧元区财长会议决定成立欧洲金融稳定性机构(EFSF)，发售由欧元区16国共同担保的债券，以在金融市场上筹资4400亿欧元，向有需要的欧元区成员国提供救助。该机构将存在3年，来自该机构的任何贷款都将附加严格的财政紧缩条件，这标志着欧洲主权债务问题的解决进入制度规范和具体实施阶段。同时，德、法、英等欧盟核心国家相继公布了财政紧缩计划，市场恐慌情绪得到安抚，投资者信心逐渐恢复，欧洲股市和欧元汇率在小幅波动的基础上逐渐趋于稳定。目前，虽然大规模的救助行动已使欧洲债务危机趋向缓和，但就此断定欧洲走出债务危机的阴影还为时尚早。

表3-1 欧洲债务危机进程

开端	2009年12月全球三大评级公司下调希腊主权评级，希腊的债务危机随即愈演愈烈，但金融界认为希腊经济体系小，发生债务危机影响不会扩大	2009年12月8日惠誉将希腊信贷评级由A-下调至BBB+，前景展望为负面。2009年12月15日希腊发售20亿欧元国债，2009年12月16日标准普尔将希腊的长期主权信用评级由“A-”下调为“BBB+”，2009年12月22日穆迪宣布将希腊主权评级从A1下调到A2，评级展望为负面
发展	欧洲其他国家也开始陷入危机，包括比利时这些外界认为较稳健的国家，以及欧元区内经济实力较强的西班牙，都预报未来三年预算赤字居高不下，希腊已非危机主角，整个欧盟都受到债务危机困扰	2010年1月11日穆迪警告葡萄牙若不采取有效措施控制赤字将调降该国债信评级。2010年2月4日西班牙财政部指出，西班牙2010年整体公共预算赤字恐将占GDP的9.8%。2010年2月5日债务危机引发市场惶恐，西班牙股市当天急跌6%，创下15个月以来最大跌幅
蔓延	德国等欧元区的龙头国都开始感受到危机的影响，因为欧元大幅下跌，加上欧洲股市暴挫，整个欧元区正面对成立十一年以来最严峻的考验，有评论家更推测欧元区最终会解体收场	2010年2月4日德国预计2010年预算赤字占GDP的5.5%，2010年2月9日欧元空头头寸已增至80亿美元创历史纪录，2010年2月10日巴克莱资本表示，美国银行业在希腊、爱尔兰、葡萄牙及西班牙的风险敞口达1760亿美元

续表

升级	希腊财政部长称，希腊在5月19日之前需要约90亿欧元资金以度过危机。但是欧洲各国在援助希腊问题上迟迟达不成一致意见，4月27日标普将希腊主权评级降至“垃圾级”，危机进一步升级	2010年3月3日希腊公布48亿欧元紧缩方案，2010年4月23日希腊正式向欧盟及IMF提出援助请求，2010年4月26日德国表示，除非希腊出台更为严格的财政紧缩政策，否则不会“过早”施以援手。2010年5月4日欧债危机升级，欧美股市全线大跌。2010年5月6日欧债危机引发恐慌，道指盘中暴跌近千点。2010年5月10日欧盟和IMF斥资7500亿欧元救助欧元区成员国。2010年5月20日“问题债券”恐酿欧洲银行危机，金融股频频失血

二　欧洲主权债务危机的原因分析

1. 产业结构易受外部冲击的影响

作为全球最发达的经济体之一，服务业在欧元区产业结构中占有重要比重。而以金融、旅游、运输等为主体的服务业在经济活动中又具有顺周期的特点，容易受到外部市场环境波动的影响，这一点在以希腊为代表的“弱欧元区”国家表现得尤为明显。以希腊为例，希腊国民经济高度依赖航运和旅游业。金融危机期间，外需减少使希腊航运业迅速陷入萧条，航运业2009年收入下降27.6%，对经济的年贡献率由原来的7%下降到1.2%。旅游业也遭受重创，2009年欧盟及美国进入希腊的游客分别减少了19.3%和24.2%，使得希腊旅游业收入分别减少了14%和16.2%。此外，金融危机还导致欧元区金融业资产质量的下降，根据欧洲央行2010年5月31日发布的半年度金融稳定报告，预计到2011年末，欧元区银行业将面临1950亿欧元的资产减记。因此，支柱产业的萎缩直接导致了欧元区各国财政收入的锐减和应对外部金融危机冲击能力的下降。

2. 高福利的社会保障制度使政府财政开支不堪重负

“一战”后，欧洲各国相继建立了以高福利为特征的社会保障体系，具体包括失业救济、养老保险、教育补贴、住房保障、医疗卫生等，几乎涵盖了社会生活的各主要方面。这种“从摇篮到坟墓”的社会保障制度，一方面极大增加了政府的财政支出，另一方面也弱化了国民的工作意愿和创业精神，导致实体经济萎靡不振，国家整体竞争力下降。目前，欧元区16国的政府开支占其GDP的47%，需要削减的公共债务和财政赤字缺口分别达1.67万亿欧元和2962亿欧元。而同时，欧元区的失业率一直居高不下，欧盟统计局的数据显示，欧元区2010年4月份失业率已升至10.1%，创1998年8月以来新高，其中拉脱维亚的失业率甚至高达22.5%，西班牙的失业率也接近20%。主权债务危机爆发后，欧元区各国为偿债而采取的财政紧缩措施，不仅将放缓区内经济增长的步伐，还将引爆各国久已存在的深层次社会矛盾。

3. 欧元区货币制度的设计缺陷

欧元是“作为一种具有独立性和法定货币地位的超国家性质货币”而发行的，这意味着一旦金融危机发生，没有中央财政支持的致命缺陷将使欧元陷入流动性不足的困境。而且欧元区自产生伊始就存在分散的财政政策与统一的货币政策之间的二元矛盾。欧洲央行只负责制定区内宽泛而统一的货币政策，无法影响成员国的政府预算和财政政策。在欧元区货币政策的执行和监督下，也没有统一的中央机构来管理，这导致成员国权利与责任的严重不对等，造成各成员国都有扩大财政赤字的内在倾向。同时，由于失去了利率和汇率两大工具，成员国只能借助财政政策来调节经济，这既可刺激经济增长，又能把通货膨胀的责任归于欧洲央行。这种制度设计必然导致一旦外部发生金融动荡和危机，欧元区国家就会普遍出现高额财政赤字和主权债务。同时，统一货币制度也使一国的金融危机会很快扩散到整个联盟，从而给整个欧元区的经济复苏带来更大风险。

4. 评级机构与对冲基金的推波助澜放大了危机的影响

以希腊为例，债务危机发生后，国际三大信用评级公司迅速跟进下调希腊主权信用评级。主权信用评级的下调，使希腊国债的抵押价值大大降低，融资成本进一步提高。2010年4月27日，希腊5年期信用违约互换升至824个基点的纪录新高；次日，希腊与德国10年期国债利差最高扩大至847个基点。信用环境的恶化直接导致希腊债务危机的深化，并加速向欧洲各国蔓延。同时，全球主要对冲基金均通过做空欧元套利，摩根士坦利报告显示，在2010年2月初的一周内，便集中产生了6万份做空欧元的期货合约，创1999年以来最高纪录。在随后的一个月内，欧元空头头寸规模更是从70亿美元迅速膨胀到近121亿美元，增长了73%。月末，净欧元空头头寸一度达到180亿美元。投机活动加剧了市场的不稳定，并进一步放大了危机的传染效应。

三 对中国的启示

以欧洲债务危机为借鉴，全面审视中国经济发展中的相关问题，无疑对中国经济的长期可持续发展具有重大意义。

1. 高度关注中国的债权安全

当前世界债权债务的主体已经发生了根本性变化，债务国在西方，债权国在东方。欧洲债务危机充分说明，长期依赖举债为其政府融资的西方主权债务模式是不可持续的，且西方国家出于还债压力有利用自己的金融霸权，通过通货膨胀稀释债务的倾向，这无疑给中国等发展中国家的债权安全敲响了警钟。以中国为例，中国成为债权大国的速度比崛起成为经济大国的速度更快，2006年中国继日本和德国之后成为世界第三大债权国，2008年又超过德国成为全球第一大债权国。目前，欧元资产和欧洲市场是继美元资产和美国市场之外，中国外汇储备的第一大投资渠道，欧元的持续贬值无疑将导致我国外汇储备与投资欧元资产的大幅缩水。当前，中国应继续深化人民币汇率形成机制改革，对外要加快推进人民币国际化进程，增加股权投资，逐步将中国的资本优势转化为资源和投资优势；对内则应该大力建设较为发达的本土金融市场，理顺储蓄与投资的转化机制，早日实现“藏汇于民、藏富于民”。

2. 加强对公共债务的管理

2009年，我国国债余额约为6.2万亿元，外债余额为4286.47亿美元（约合人民币2.91万亿元），合计相当于当年GDP（约33.5万亿元）的27%。虽然我国政府的财政状况总体良好，但其内涵和结构性问题仍不容忽视。首先，应从外汇储备、贸易结构、外债负担及整体债务状况等方面，更加全面地审视我国的债务问题，密切关注流动性高和风险较大的短期负债和临时性负债，切实防范具有系统重要性的部门和机构出现重大坏账。其次，应高度重视我国的地方债务问题。由于我国地方政府收入来源有限且不稳定，在城市建设及医疗教育等方面的开支不断加大，地方政府的财政赤字压力持续增加，其高杠杆负债率和不透明的运作风险，应引起我们的高度重视。当前，我们应客观全面地对国家整体财政及债务状况进行评估和分析，认真做好各级债务的测算和偿债平衡工作，引导地方投融资业务的健康发展，切实防范债务风险。

3. 谨慎开展区域货币一体化合作

1997年的亚洲金融危机唤醒了东亚各国的区域金融合作意识，欧元的出现又为之提供了货币一体化的明确方向和清晰路径，因而一时间，东亚各国对“亚元”的讨论变得尤为热烈，各种货币合作的构想层出不穷。但值得注意的是，各类方案均在谋求区域货币一体化利益的同时，忽略了各国分散的财政政策与区内统一的货币政策之间的协调性问题，而后者正是引发欧洲债务危机的重要因素。因此，一旦实施区域货币一体化而缺乏相应有效的财政政策协调，亚洲各国也必将面临欧洲当前所面临的困境。同时，亚洲各国在经济制度、经济发展水平和经济结构等方面存在巨大差异，与欧元区相对良好和趋同的经济基础条件不可同日而语。这些都决定了建立“亚元”货币体系的时机还远未成熟，中国作为有影响力的地区经济大国，应当谨慎开展区域货币一体化合作。

【讨论与思考】

1. 你认为主权国家能不能走企业破产的途径来解决其债务问题？
2. 查阅资料，对自20世纪以来发达国家和发展中国家主权债务的代表案例进行分析。
3. 如何化解我国地方政府的隐性债务风险？
4. 欧洲主权债务危机爆发之后，市场上出现了看空欧元的舆论，有人甚至认为欧元将在未来不太长时间内发生分裂和崩溃。对此你有何看法？

案例5　个人常用支付工具便利性对比

【教学目的】

通过本案例的学习，学生可以了解个人常用支付工具的主要类型及其在我国的发展现状，并熟悉常用支付工具的便利性。

【案例资料】

一　我国现有支付工具现状

1. 支付工具的分类

支付工具是资金转移的载体，方便、快捷、安全的支付工具是加快资金周转、提高资金使用效率的保障。我国目前一共有四类支付工具：票据、银行卡、电子支付工具和其他支付工具。

2. 我国支付工具发展现状

根据《中国支付业务季报》，2008年第四季度，我国非现金支付工具业务笔数保持快速增长。其中，票据业务略有增长，银行卡业务笔数保持增长但增速下降；汇兑业务金额增速小幅上升，业务金额同比下降。非现金支付工具办理业务512800.66万笔，金额1601727.03亿元，同比分别增长17.4%和5.6%。其中银行卡业务占非现金支付工具业务量的 91.4% 和 19.8%；票据业务占非现金业务量的 4.5% 和 41.7%；汇兑、委托收款等工具占非现金支付工具业务量的 4.1% 和 38.5%。根据 2008 年第二季度的数据，全国电子支付业务客户有 24229.31 万户，使用电子支付工具业务量 71226.36 万笔，金额 846039.41 亿元。

二　个人常用支付工具的定义

在本案例中我们将个人常用支付工具定义为：所有支付工具中，凡经常性发生单笔交易金额在 20000 元以下的支付工具，其中包括：票据中的支票，主要是个人支票；所有卡基支付工具；除卡基支付工具外的其他各种电子支付工具；其他支付工具中的现金。

三　小额支付工具的便利性分析

从支付工具的办理、支付和结算三个方面对小额支付工具的便利性进行分析。

1. 支票的便利性分析

（1）支票的办理。支票办理的流程一般需要先凭身份证明或户口本等有效证件及担保证明开办个人结算账户，在预留印鉴和签字样式并经银行对申请人的社会信誉、经济收入进行审查后，进行备付金存储并购买支票簿。但支票的门槛较高，银行一般要求客户有 10 万元以上的活期存款，账户中必须保留 1 万元余额（出于推广个人支票的需要，事实上这个标准已有所下降，由各银行灵活掌握）。

（2）支票的支付。支票是一种便于携带的纸质凭证，非常适合随身携带，它具有即签即付的优势，不受商家硬件的限制，既可用于提现又可用于转账，还可以通过背书的方式转让给第三人。

但由于目前我国征信体制建立不甚完善，一般商家不愿意收受支票，即使受理支票也需要等待商家在银行验证后方能完成交易。而我国对于支票签付的规则要求比较严格（在支票实现截留后，对支票影像的审核更为严格，退票率也较以前有所提高，这从一定程度上减弱了支票支付的便利性）。

（3）支票的结算。由于支票是非即时交易工具，持票人最早可在 2 至 3 小时之内收到款项，如果是异地的款项，则要等 3 个工作日以后才能收到。

2. 卡基支付工具便利性分析

（1）卡基支付工具的办理。任何卡基支付工具的办理只需要凭借身份证或户口本等身份证明材料，经银行进行身份核查后即可完成。

（2）卡基支付工具的支付。使用卡基支付工具进行支付时，无须携带大量货币，银行提供了大量的刷卡终端设备，用户在转账或取现时只需到刷卡终端上通过密码进行验证即可完成。

（3）卡基支付工具的结算。由于卡基支付工具属于实时支付工具，在刷卡支付行为完成时，银行会自动完成结算，受理方很容易验证支付行为的完成，也无须担心收到虚假货币或短款。

3. 现金的便利性分析

此种支付工具无须到银行申请办理，支付过程由交易双方面对面完成，也无须进行事后清算。任何需要支付的场合均可通过现金完成，但是需要支付方携带等量的货币。

4. 电子支付工具的便利性分析

电子支付工具种类较多，形态各异，在本案例中我们选取了较有代表性且发展较快的网上第三方支付工具“支付宝”，作为新生电子支付工具的代表，进行分析。

“支付宝”实质上是一种以“信用中介”为基础，以银行和担保方为中间环节的有监管的第三方支付工具。它起到了在网上商家和银行之间建立起连接，实现第三方监管和技术保障的作用，有助于防范购物欺诈。

（1）支付宝的办理。支付宝的办理只需在支付宝的官方网站通过个人电子邮件免费申请支付宝，并通过使用真名和证件号进行激活即可完成。激活完成后需要通过与银行卡绑定或购买充值卡的方式完成支付宝的充值。

（2）支付宝的支付。当支付宝账户或与支付宝账户绑定的银行卡内金额充足，当支付方确认交易完成后，即可通过网络通知支付宝服务中心完成支付。但支付宝作为一种网上支付工具，只能完成物品交易的支付，且受制于第三方平台的合作单位，无法完成居民生活所必需的费用交纳、代收代付等功能。

（3）支付宝的结算。由于支付宝与支付方的银行账户绑定，支付宝对受理方的支付行为实际上是通过银行账户转账完成结算，因此支付宝属于以信用为担保的实时支付。

综上所述，在目前使用的各种小额支付工具中，便利性最差的是支票，便利性最好的是卡基支付工具，其次是电子支付工具和现金。但是我们也应该看到，票据支付工具的便利性较差是由于其对支付安全性的要求比较高造成的，随着全国征信体系的不断完善和支票支付密码器系统不断为使用者所熟知，尤其是2007年开始支票影像系统在全国的成熟与推广，个人支票的使用者和受理者将越来越多，结算方式也将逐渐改进，因而在可预见的将来，支票这种支付工具的便利性将逐步提高。

【讨论与思考】

1. 查阅资料，谈一谈我国卡基支付工具和电子支付工具的主要类型与特点。
2. 近年来，互联网的迅速普及与应用，在为人们带来了崭新的生活方式的同时，也带来了支付方式的巨大变化。你是如何看待互联网对于银行卡产业的意义的？银行卡在互联网支付中将扮演什么样的角色？

案例6　中小企业融资方式之民间借贷

【教学目的】

通过本案例的学习，加深对中小企业重要融资方式——民间借贷的相关概念、发展现状及其社会效应的理解，探讨规范发展民间借贷的途径。

【案例资料】

一 民间借贷的概况

1. 民间借贷的概念

对于民间借贷的概念，理论界已经做过一些研究。一般认为，民间借贷是与正规借贷相对应的。那么，从广义上说，可以把民间借贷定义为除正规借贷以外的借贷，它处在国家宏观调控与金融监管之外，不在官方的统计报表中被披露，也不受法律保护，属于一种非正规的金融活动。有的学者也把民间借贷称为民间金融或地下金融等。民间借贷是市场经济条件下企业融资活动的必然产物，在正规金融机构提供的服务存在总量与结构供给不足的情况下，它又是一种必要的补充。按借款用途，可将民间借贷分为3类：家庭生活性、农业生产性和企业经营性。民间借代的主体仅限于纯粹的民事主体，不包括金融机构，它可以发生在自然人、法人及其他组织之间。民间借贷是一种民事行为，它并不是一种民间投资行为。笔者认为，民间借贷主要指游离于官方正规金融机构之外的，发生在非金融机构的社会个人、企业及其他经济主体之间的以货币资金为标准的价值让渡及本息偿付的活动。

2. 民间借贷的特点

民间借贷与正规借贷相比有许多差别，民间借贷主要具有以下一些特征：

（1）参与主体的广泛性。参与主体包括城镇居民、个体工商户、民营企业主、农户，甚至企事业单位工作人员。其中，借款者大多是个体工商户和私营企业主，放款者包括资金富裕的工商户和企业主，甚至包括一些村干部。

（2）资金来源的广泛性。由于民间借贷参与的主体广泛，其资金的来源也具有广泛性。不但包括农户、个体工商户和企业的自有资金，甚至私募基金、信贷资金、海外热钱等也出现在民间借贷领域。

（3）借贷方式的灵活性。为了缩短资金到位的时间，提高资金的使用效率，民间借贷以现金交易为主，而且交易方式灵活，一般没有抵押物，有的是口头协定，有的是打借条。尽管近年来民间借贷的手续日趋规范，但与正规借贷相比，其手续仍比较简便。

（4）借贷形式多样化。传统的民间借贷形式，主要有互助会、合会、民间放贷、银背、企业集资、私人钱庄、当铺等，而随着社会的不断发展，人们生活模式、消费方式的不断变化，民间借贷在形式上也“与时俱进”，出现了一些新的、颇具时代特点的形式，比如浙江一些以汽车俱乐部为代表的会所兼有民间借贷行为，又比如有些民间借贷活动是在互联网上，通过聊天室完成的。

（5）借贷期限长期化。随着民间借贷用途的变化，即从保障性质的互济互助转向商业性质的资金融通，借贷期限也随之发生变化。当前，民间借贷期限多为一年或一年以上。

（6）借贷利率市场化。在目前情况下，民间借贷除了极少部分贷款不计算利息或者仅参照银行贷款利率之外，其利率都是随行就市，且一般高于银行的贷款利率，特别是为了投资而产生的民间借贷，比银行贷款利率要高出很多，更有一些民间借贷是属于非法的高利贷。

3. 正规借贷与民间借贷的关系

正规借贷是指发生在官方金融体制之下的正规金融机构、企业、社会个人及其他经济主体之间的以货币资金为标准的价值让渡及本息偿付的活动。总的来看，民间借贷和正规借贷之间存在着既互补又竞争的关系。

（1）互补关系。在我国，正规金融机构主要是为国有经济提供服务的，其资金主要流向国有企业。虽然正规金融机构对非公有制经济的支持近年来也不断提高，但是与对公有制经济的支持相比仍然不足。而民间借贷主要为非公有制经济特别是民间经济服务，其资金主要流向民间中小企业、个体户和农户。由于很多民间中小企业、个体户和农户难以从正规金融部门获得生产和发展所需资金，只能转而求助于民间借贷的支持。从这个角度看，民间借贷在一定程度上弥补了正规金融的不足，其与正规借贷之间存在着一定的互补关系。

（2）竞争关系。民间借贷相对于正规借贷具有灵活性、简便性、快速性等优势。简单地说，民间借款是债权人和债务人之间的协议借款，没有一些银行内部条条框框的限制，只要双方认可就可以，流程简便，手续办理也比较简单，这就是民间借款最大的魅力所在。此外，民间借贷的利率市场化程度较高，能够更好地引导资金流向，满足借贷双方的需求。民间借贷的这些优势，都会对正规借贷无形中形成压力，随着民间借贷市场份额的不断增加，两者在市场上的竞争将会日益激烈。

二　民间借贷的发展现状

1. 民间借贷的规模较大

随着经济的日益繁荣，我国的中小企业，尤其是民营即个私中小企业出现了一种快速增长的势头，民间借贷规模越来越大。2007 年安徽省工商部门调查，资金成为安徽省 50% 以上的中小企业发展的首要制约因素，80% 以上的中小企业主要依靠民间融资的办法来解决流动资金的周转。河北工商联于 2007 年 6 月关于“企业经营及融资情况”的调研显示，由于正常银行贷款途径不畅，民间借贷现象比较突出，177 份有效问卷中 41% 的企业回答有民间借贷。2008 年湖南省企业调查队就民间融资情况进行的调查显示，中小企业依靠民间借贷的融资方式融资的占到了 50%，调查的行业中，农业占 15%，建筑业占 10%，制造业占 25%，饮食业占 20%，房地产业占 15%，商业占 15%。从以上这些调查可以看出，我国现阶段中小企业对于民间借贷的需求相当大，民间借贷有很大的市场增长空间。民间资本介入融资市场不仅丰富了中小企业的融资渠道，而且具有融资速度快、资金调动方便、门槛低等优势。

2. 民间借贷主要发生在市县经济范围之内

民间借贷具有极强的关系贷款性质，也就是说，民间借贷一般发生于在生产与生活中存在某种密切关系的社会主体之间。由于人们生活空间范围的有限性，民间借贷通常发生在有限的地域范围之内。据抽查，民间借贷一般发生在我国的市县经济范围之内，尤其是亲戚朋友、邻里之间或是村组之间、乡镇之间等。

3. 个人之间的民间借贷普遍存在

通过对民间借贷起源的逻辑分析，我们已经得知，最早的民间借贷行为就是发生在个人或是以户为单位的社会主体的简单生产与日常生活之中。历史发展到今天，个人或是以户为单位的社会主体之间的民间借贷仍旧大量存在并且成为民间借贷大量发生的场所，这一点，无论城乡都是如此。民间借贷经过十多年的发展，现已成为遍及全国的一种重要经济现象。不仅在经济发达的地区如浙江温州、福建沿海、广州、深圳、海南等地普遍存在，就是四川、贵州、陕西等地区的偏僻贫困山区，也是屡见不鲜。

三　民间借贷存在的原因

与正规借贷相比，民间的中小企业贷款活动异常活跃。尽管国家对诸如私人钱庄、农村合作基金等民间的非法的灰色金融机构进行清理整顿，但这些非法金融机构却顽强地生存着。姑且不论其合法性如何，这种情况的出现乃是与现实生活中有这种需求密切相关的，有其存在的合理性。

1. 中小企业贷款难一直未得到解决

长期以来，中小企业一直是难贷款、贷款难。之所以出现此种局面，主要原因在于：一是中小企业信用体系不完善，银行普遍有惜贷行为。二是担保体系作用有限，运作机制不健全。目前各类政府主导的担保机构有200多家，但分布分散且很不平衡。而且担保机构普遍规模较小，自负盈亏的担保机构为了减少风险。只能提高担保条件并严把担保业务办理关。这严重限制了中小企业的资金融通。三是银行信贷资金的安全性与效益性原则的引导决定了银行信贷资金投向必然倾向于支柱产业以及垄断性行业。

2. 民间借贷形式灵活、便捷

据调查，民间借贷无论在城市还是乡镇，主要往来于经常性的关系之中，不需要办理像商业银行那样烦琐的抵押、担保手续。通常写一张借条或口头约定即可解决问题。正因为这种借贷行为的进出方便，民间借贷市场规模有不断扩大的趋势。

3. 基层金融机构功能萎缩

金融体制改革后，中、农、工、建四大银行基层网点撤并，加之信贷管理体制集中，导致对基层城乡经济发展的支撑在某种程度上出现功能性萎缩。而农村信用社等中小金融机构资金实力、服务功能面对这种形势和环境，难以从根本上改变或填补这种缺位。经济发展的内在驱动力和市场规律本身的作用，必然促使中小企业无奈地选择民间借贷之路。

4. 高回报、高利率进一步激活了民间借贷市场

由于民间借贷利率高于同档次银行贷款利率几倍，高回报、高利率促使其发展呈上升势头。尤其是在当前低利率、低回报期，高利率、高回报的诱惑就显得非常明显。

5. 以亲缘、地缘为纽带的关系本位是民间信贷运作机制的重要基础

民间借贷风险的保障机制也依靠亲缘和熟人关系来维护。民间金融机构在放贷时一般不要求抵押或担保，主要是靠借款人或者中间人的个人信用。一方面这种由亲戚、朋友介绍的借贷活动，有着道德约束的保障，而且这种道德约束往往比法律制裁更有效。另一方面，借贷是以个人信用为基础的，即所发生的是一种个人的关系，借款人对借款有着无限责任，当借款企业逾期不还时，民间金融机构就可凭借借条上诉，法院也会以个人借贷纠纷的形式予以受理。民间借贷在放贷时也可能要求担保，但对担保品没有严格的限制，民间金融的交易双方能够绕开政府法律以及正规金融机构关于最小交易额的限制，许多在正规金融市场不能作为担保的东西，在民间金融市场都可以作为担保。所以民间借贷虽然属于民间经济活动，但它遵循着具有地方传统特征的行为规范。

6. 借贷双方都有比较优势

对于民间借贷的贷方而言，他之所以选择民间借贷方式来运作自己手头的资金而不选择其他投资或运作方式，正是因为这种方式可以给他带来他自认为最大的综合收益。当然，此处所指的利益不应当仅仅局限于纯粹的物质利益而应当做宽泛的理解。比如说贷款人不愿选择尽管相对安全却收益较低的银行储蓄而选择风险更大但赢利更高的实业投资是一种收益，再比如说贷款人不愿选择高赢利但高风险的实业投资而选择把资金借贷给他人“坐以待利”也是一种收益。从这一角度来看，上例中所列举的民间借贷存在的原因之中，比如银行存款利率过低、金融投资环境不活跃、高利贷的诱因等，均可以归入对民间借贷人而言的比较优势之中。对于借方而言，同样也存在着巨大的比较优势。比如说，当借款人为了扩大生产经营却无法从正规金融机构获取资金时，也完全可以选择放弃扩大生产的计划，但为什么他偏要选择代价远比正常金融贷款要高的民间借贷甚至是高利贷呢？原因只有一个，那就是经过权衡，借款人断定，他选择民间借贷获取资金扩大生产经营给他带来的收益将很有可能或是选择民间借贷要支付高利率，他仍会有利可图，很显然，对于借款人而言，这肯定是一种比较优势；再比如说，借款人本来完全可以去银行贷款且利率更低，但是他为办理贷款所花时间与精力所付出的代价远比高利率民间借贷与这种相对低利率的金融贷款人之间的利差还要大，从而使借款人转而求助于民间借贷。以上所列举的都是借款人的比较优势。所以只要这些优势还存在，民间借贷就会依然存在。

四　民间借贷的可行性分析

归根结底，民间借贷之所以会出现，其主要的原因是正规金融资金供给与社会资金需求之间的矛盾。就现阶段来说，一方面商业银行追求高利润、低风险，大量的中小企业由于得不到贷款，导致其外源融资渠道不畅，发展受到很大制约；另一方面大量的民间资金不敢去投资或找不到合适的投资出路。这样，中小企业就不得不转向民间金融。民间金融机构与中小企业鱼水相依，信息交流频繁、信息获取成本较低，降低了信息的不对称性。这一切都使得民间借贷有着强大的成长空间。

1. 民间金融在解决中小企业融资困境中的优势

历史数据显示，截至2004年末，广东民间资本规模折合人民币已超过1.2万亿元。业内人士表示，如果民间借贷合法化，这些民间资本有望被盘活。显然，中小企业不可能完全依靠正规金融渠道获得资金支持，经验证据也表明中小企业在正规金融市场上只能获得有限的资金支持，从此可以看出民间借贷在中小企业融资过程中具有非常大的优势。

2. 信用约束优势

民间借贷在一个固定范围的地域内，亲缘网络或熟人圈子，往往具有安全可靠、风险共担、互惠互利等综合功能，从而以亲缘、地缘为中心的人际关系网络成为民间经济活动最根本的信用基础。它是如此重要，以至于任何一位与之相关者都不愿意失去它。在熟人朋友圈子和亲缘性关系网络所进行的交往活动中，都具有真诚相待、讲信用等行为特征。具体到民间借贷的结算方面，虽然没有任何成文规定，但参与者都共同遵守约定俗成的习惯。民间金融操作简便，可以针对企业的不同信用状况、资金用途等设计个性化信贷合同，有时可能只需几分钟即可办理好一笔贷款业务。而正规金融机构的贷款手续比较烦琐，贷款审批所需时间较长，和中小企业资金需求"短、频、急"的特点不相适应，等贷款审批下来可能已经延误了企业的投资时机，正规金融机构的贷款方式无法适应中小企业的需求。

3. 资金配置效率高

民间借贷在很大程度上改善了资金配置效率，民间金融一般都有明晰的产权制度，这种产权制度具有很好的激励约束功能。民间借贷的委托代理问题要少得多，极少出现在国有商业银行中经常存在的过度风险承担或风险回避的倾向。民间借贷组织的股东常常与运作者之间存在密切关系，他们的监督成本以及出现不良行为的可能性会大大降低。民间借贷明晰的产权制度与中小企业具有很多的相似性与兼容性，从而使两者之间较容易形成诚信和协作。民间借贷是一种合约双方自愿达成交易的市场化融资机制，贷款人一般都是具有理性行为的“经济人”，贷款人在没有任何行政干预的情况下自主地把资金投放到还款能力最有保证的借款人手中或预期收益最佳的投资项目上。而对借款人来说，由于资金供给方是产权明晰的民间金融组织，强化了借款人的信用约束和还款责任，决定了借款人必须合理和高效率地使用资金。民间金融的发展有助于资金的有效流动，一定程度上提高了资金的配置效率。

4. 增强金融市场能力

一旦将部分业务转由个人来做，那么一些正规金融机构就可以将注意力集中到更大的贷款人身上，一方面使成本上具有合理性，另一方面，满足了较大贷款人的需求，也就限制了民间借贷的范围。金融机构吸收了客户资源中最具价值和增长的一部分，余下的就只是简单重复的资金需求者。

借贷专业户也可能逐渐成长，然后有进一步扩大业务的愿望，但是这依然不矛盾，一些正规金融机构可以吸纳其作为股东。这是政策所鼓励的，一旦进入这些正规金融机构，行为就受到相关规程的制约。反过来，如果股东具有这方面的能力，对正规金融机构的运营也是一种促进。

5. 民间资本丰厚，社会投资渠道狭窄

我国居民具有持币的传统，因而社会沉淀货币数额较大。而且我国城乡居民的储蓄存款余额还以非常快的速度逐年增长，所以我国民间资本潜力巨大。虽然现在我国的金融体系已得到了飞速发展，但是可供居民选择的投资渠道仍十分有限。目前中国的存款利率较低，虽然提高了利率，但较中国的通货膨胀来看，利率仍较低，加上利息税的开征，私人部门从正规银行存款中获得的收益非常有限。资本市场发育不健全，造假、黑庄等恶性事件层出不穷，大大打击了中小投资者的投资信心。一些赢利有保障的基础设施投资又不对民间资金开放。居民巨大的资金财富与狭窄的投资渠道极不相称。民间大量资金闲置，而民间金融活动又有着较高的回报，在趋利动机的驱动下，大量民间资金就流入了民间金融市场，这又促使民间借贷成为一种新的融资方式存在于金融市场。

五　民间借贷发展的障碍因素

鉴于上述民间借贷对经济社会具有的重要作用，规范发展民间借贷，妥善解决民间借贷出路就显得十分必要和紧迫。而正确、深刻地认识阻碍民间借贷发展的诸多障碍性因素是规范发展民间借贷的前提。

1. 法律性障碍

这主要体现在三个方面：一是没有在法律上明确民间借贷在金融体系中应有的地位；二是缺乏相关法律约束和规范民间借贷；三是缺乏相关法律保护民间借贷参与者的合法权益。

2. 监管性障碍

主要体现在对民间借贷监管的相关制度和法规的缺乏，监管技术不够先进和监管态度的非理性严格。

3. 经营性障碍

提供民间借贷服务的个人中介和机构中介在经营和服务上具有分散性的一面，基本都是各自为政、分散经营，组织结构也很不完善。

4. 信用体制障碍

目前企业信用缺失已成为我国社会信用中最严重、最突出的问题。尤其是中小企业，由于其自身规模小、竞争能力相对较弱、自有资金不足等先天缺陷，使得信用缺失行为更为严重。

六 民间借贷规范的措施

1. 制定《新型合规民间借贷机构法》

制定《新型合规民间借贷机构法》，允许民间资本创建新型合规民间借贷机构，明确新型合规民间借贷机构是与现有正规金融机构共存的，具有相同主体资格的合法金融机构；明确其职能是专门从事合法的民间借贷工作，服务于民营经济单位。这样，将民间借贷的定位用法律予以明确，指明民间借贷的活动内容是与正规借贷互相补充、互相促进的，实现民间借贷和正规借贷的良性共存。

2. 构建相关法律以规范发展现有民间借贷活动

在立法上，可以借鉴其他国家和地区的相关立法经验，在民法中增设民间借贷部分，同时，在金融法律制度中制定相关法律法规引导现有民间借贷组织及其行为规范化。一方面，要在法律上明确区分现有民间借贷的合法成分与非法成分，对其分别准确定义，明确合法民间借贷的活动内容和范围。另一方面，对民间借贷主体双方的权利义务、交易方式、合同要件、借贷最高额、利率水平、违约责任和权益保障等方面，也都要以法律形式加以明确，从而使民间借贷活动和形式都具有法律效力。

3. 构建新型合规民间借贷机构的市场准入制度

开放对新型合规民间借贷机构的市场准入限制，允许组建以民间资本发起设立的新型合规民间借贷机构具有现实的重要性，但如果操之过急，规范不力，也会给我国金融市场带来巨大冲击和不良影响。在积极推进金融市场对内开放，组建和发展新型合规民间借贷机构的过程中，在立法先行的原则下，应当始终坚持和遵循合理定位原则和审慎推进原则。

4. 构建风险预警和转移制度

对民间借贷监管必须建立危机预警系统，可设立由金融专家组成的危机评估机构，与监管责任部门配合，监测区域内外各种风险，并进行追踪分析、预测，建立警报发布机制，对各类较大的金融风险的危害程度进行评估，并提出应对措施。

5. 坚决不能“短贷长用”

作为中小企业，一定要认识到民间借贷资金的特点和本质。任何资本都是逐利的，民间资本更是如此。这就是其本质。在民间借钱，其成本肯定比从银行借钱要高。高息，是民间借贷的显著特点。

民间资本的本质和特点告诉我们，中小企业要向民间借钱，一定不能有丝毫的长期使用的想法。可以说，目前国内任何合法的经营活动，从长期来看，其利润率都无法支付民间借贷成本。任何想通过民间借贷来进行创业、投资、企业日常经营的，都是行不通的。如果有这种想法，必将以失败告终。

6. 严格控制民间贷款占公司总负债、总资产的比例

适度负债是企业成长发展进程中应使用的重要方法。合理负债，既把负债比例控制在总资产的一定范围之内，如 50%，是安全的。过度负债，对企业具有潜在的巨大风险。同样，因为民间借贷的利率高期限短，对企业短期偿债能力要求很高。所以，更应该控制民间借贷额在总负债、总资产中的比例。

7. 高度重视民间贷款利率

民间借贷利率是民间借贷活动的核心，借贷双方务必高度重视。

【讨论与思考】

1. 查阅资料，了解温州、鄂尔多斯等地民间信贷的基本情况及特点，进一步分析民间借贷，这一资金拆借行为与正规金融相比有何特点。
2. 近年来，温州、鄂尔多斯等地相继出现由民间借贷引发的一系列企业家外逃、跳楼等案件，引起社会各界对民间借贷在阳光下运行的密切关注。你认为政府该如何让民间借贷在有效监管下规范化、阳光化？

参考文献

1. 王国勇：《信用评级在社会信用体系中处于核心地位》，2008 年 7 月 18 日《浙江日报》。
2. 高辉、张志勇：《信用评级机构在次贷危机中的角色及其影响》，《西南金融》2009 年第 9 期。
3. 李伟、李敏波：《危机中的信用评级机构——回顾与反思》，《国际经济合作》2010 年第 5 期。
4. 张强、张宝：《次贷危机视角下对信用评级机构监管的重新思考》，《中央财经大学学报》2009 年第 5 期。
5. 吴国培、马冰：《欧洲主权债务危机：成因及启示》，《福建金融》2010 年第 8 期。
6. 何帆：《欧洲主权债务危机与美国债务风险的比较分析》，《欧洲研究》2010 年第 4 期。
7. 中国人民银行支付结算司：《支付业务季报》，中国金融出版社，2008。

第四章　利息与利率

Chapter 4

案例 1　中国改革开放三十年的利率市场化进程与评价

【教学目的】

通过本案例的分析，让学生掌握利率市场化的主要内容，了解利率是经济活动中最重要、最基本的变量之一，在此基础上，深刻体会利率市场化对我国经济改革、改革中各方经济活动主体的重要意义。

【案例资料】

利率市场化是我国金融产业走向市场的重要步骤之一，也是国民经济运行体制转变到社会主义市场经济上来的基本标志之一。所谓利率市场化，是指政府逐步放松对利率的直接管制，利率水平由市场供求决定的过程，它包括利率决定、利率传导和利率结构等诸多方面的市场化。

一　我国利率市场化进程简要回顾

从 1978 年起，我国开始了对整个经济体制的改革，金融体制改革随之进行。利率改革作为金融体制改革的重要内容之一也在逐步深化，根据利率走势和利率改革内容，可将我国利率改革分为前期的调整利率水平和结构、改革利率生成机制和利率市场化快速推进三个阶段。

1. 调整利率水平和结构阶段（1978～1993 年）

国家加大了利率调整的频率，1978～1985 年，中国人民银行先后调整了 5 次利率，其中 1985 年就调整了两次，主要是与当年的通货膨胀率较高有关，表明政府已开始关注名义利率与实际利率的关系。从 1992 年开始，人民银行开始注重利率结构的调整，出台了利率补贴措施，明确了特定贷款利率，进一步理顺利率体系。1993 年由于经济过热，政府两次上调利率。表明政府已经采用相机决策的货币政策、采用利率调节手段来对经济进行宏观调控。经过近十五年的改革，基本改变了负利率和零利差的现象，偏低的利率水平逐步得到纠正，利率期限档次和种类得到合理设定，利率水平和利率结构得到了不同程度的改善，银行部门的利益逐步得到重视。

2. 改革利率生成机制阶段（1993～1996 年）

利率改革的主要任务是不断通过扩大利率浮动范围，放松对利率的管制，促使利率水平在调整市场行为中发挥作用，以逐步建立一个有效宏观调控的利率管理体制。中央银行的基准利率水平和结构是金融市场交易主体确定利率水平和结构的参照系，中央银行主要是根据社会平均利润率、资金供求状况、通货膨胀率和宏观经济形势的变化及世界金融市场利率水平，合理确定基准利率，利率逐渐被作为调节金融资源配置的重要手段，成为国家对经济进行宏观调控的杠杆。但在此期间，我国的利率管理权限仍然是高度集中的。

3. 利率市场化快速推进阶段（1996 年至今）

从 1996 年开始，我国加快了利率市场化的步伐，采取了有计划有步骤的利率市场化改革。

第一，全国金融机构之间利率机制形成。1996 年全国银行间同业拆借市场联网运行，由此全国统一的银行间同业拆借市场利率形成。1998 年 9 月国家放开了政策性金融债券的发行利率，从而实现了金融机构之间的利率市场化。

第二，金融机构贷款利率市场化。1998～1999 年中国人民银行两次扩大贷款利率浮动幅度，2000 年 9 月在外汇利率管理体制改革过程中，放开了外汇贷款利率；2002 年上半年将金融机构对所有企业贷款利率上浮 30%；2003 年，再将金融机构对所有企业的贷款利率浮动幅度扩大到 50%；2004 年初扩大贷款利率上限至 70%，同年 10 月 28 日，央行完全取消商业银行贷款利率上浮的限制，商业银行可自主根据企业和具体业务的风险状况进行定价。至此，国内商业银行人民币贷款利率已经基本过渡到上限放开、实行下限管理的阶段。这一时期主要是对贷款利率进行市场化改革的尝试，经过 6 年多的时间，贷款利率的市场化改革取得了初步成功。

第三，逐步尝试贷款利率下限浮动和存款利率的市场化。2005 年 1 月，中国人民银行发布了《稳步推进利率市场化报告》，指出要加强金融机构的利率定价机制建设，按照风险与收益对称原则，建立完善的科学定价制度。随后，中国人民银行调整了房贷利率。在这次利率调整中，央行决定不再对房地产抵押贷款实行优惠利率，房贷利率恢复到与同期商业贷款利率相一致的水平，允许在人民银行规定的基准利率基础上下浮 10%，这彻底改变了我国长期以来贷款利率不能下浮的历史。另外，从 2005 年 9 月 21 日开始，各家商业银行可以自主决定存款的计息方式，存款利率的市场化终于迈出了历史性的一步。至此，我国的利率市场化进程一直在积极而谨慎地持续进行。

二　我国利率市场化改革的特点

1. 政府推动型

从改革的发展路径可以看出，我国利率市场化改革是自上而下的政府推动型，表现出外生推动的特征。首先，政府目标多重性。政府不仅要关注经济增长，提升综合国力，还要考虑增加就业，保持稳定。政府需要在改革的速度和经济稳定之间权衡。其次，政府推动下微观经济主体的创新动力相对不足。在国有企业包括国有商业银行的产权改革相对滞后的状况下，国有商业银行并没有内生的改革需求。政府必须积极推进产权改革，从根本上改变国有商业银行的行为模式。引入战略投资者，改制上市，建立股份制商业银行，都是为了从内外两个方面给国有商业银行施以压力，激发其创新动力。

2. 渐进性

改革的路径表现出渐进性。改革之初，在市场经济理念、金融市场的基础条件、金融产品的丰裕度、金融市场的微观主体和政府宏观调控的政策工具及其传导机制等方面都相当薄弱，决定了利率市场化改革需要一段较长的调整适应期和学习期。改革之初最为关键的是要培育市场经济的理念，要让资金供求双方按照市场规律、依据市场规则运作，需要一段宣传教育期。我国的拨改贷、利率市场化改革试点等，从某种意义上说都具有宣传普及市场经济理念的作用。金融交易的市场基础设施、各种金融市场的建立，不是一蹴而就的。至今银行间债券市场和交易所债券市场还存在严重的分割。政府要学会依靠市场力量来达到间接影响资金的配置效率，是一个渐进过程。国际上常见的三大间接调控政策手段：再贴现率、法定准备金率和公开市场操作，也是在利率市场化过程中逐步建立起来的。政府保持经济稳定性的政策目标决定了其改革推进过程中的渐进性。

3. 可控性

从改革各阶段的演化来看，管理当局保持了金融、经济的稳定性、改革的可控性。从利率市场化改革的总体思路可以看出，有计划有步骤的利率市场化改革体现了改革的可控性。外币利率改革在先，主要是因为外币利率调整的主动权不在我们手里，缺乏调整的可控性。对小额外币利率的暂时控制是为了尽可能保持人民币利率政策的独立性。此外，在当前我国实行资本项目管制的条件下，参与外币业务的企业、个人与国际交往相对较多，经济实力较强，对利率市场化较易接受，也更能抵御利率市场化带来的不确定性风险。先放开大额、定期，后放开小额活期利率，也是出于可控性的考虑。因为这样的改革顺序可以在一定程度上减少资金在短期内大进大出，减少金融动荡。因此，我国采取五先五后的利率市场化改革步骤，是出于保持经济金融稳定，保证改革进程的风险可控性的考虑而提出的。

4. 谨慎性

我国利率市场化进程的总体思路是，先放开货币市场利率和债券市场利率，再逐步推进存、贷款利率的市场化。按照“先外币、后本币；先贷款、后存款；先长期、大额，后短期小额”的顺序进行，逐步建立由市场供求决定金融机构存、贷款利率水平的利率形成机制。这样的改革思路体现了审慎改革的特征。改革所采取的试点——推广模式，实际上是先外围，后核心，先小范围观察试点，后大面积铺开的方法，也是谨慎性改革的又一证明。

三　我国利率市场化的评价

1. 我国利率市场化改革总体评析

利率市场化是一个国家金融深化质的标志，是提高金融市场化程度的重要一环，它不仅是利率定价机制的深刻转变，而且是金融深化的前提条件和核心内容。利率市场化首先是一个过程，是一个逐步实现利率定价机制由政府或货币当局管制向市场决定转变的过程，是一个利率体制和利率决定机制变迁的过程，随着这一过程的不断深化，整个利率体系由借贷双方根据市场供求关系决定的利率的比例越来越多，由政府或货币当局直接干预的成分越来越小。从范围过程来看，即是从部分利率市场化向全部利率市场化过渡的过程；从程度过程来看，即是从较低程度的利率市场化向较高程度的利率市场化转变的过程；从阶段过程来看，完整的利率市场化过程包括利率市场化准备、利率市场化进展和利率市场化成熟三个阶段。作为一个动态过程，利率市场化从时间上观察，在短期内利率可能会维持在相对稳定的水平上，但从长期来看，其变动由市场货币供求决定。同时，利率市场化又是一种状态，是一种金融生态的可持续状态，在理论上是指利率能否灵敏地反映资金供求状况，其衡量标志主要是金融机构有没有确定利率的自主权；作为其阶段性目标，利率调整频度以及浮动幅度，也是衡量利率市场化的重要指标，其最终目标是实现社会资金及社会资源的优化配置、金融经济的和谐发展与可持续发展。

利率市场化作为一项既涉及金融体制改革，又涵盖了经济体制改革的系统性改革，中国经济特定的体制背景和金融环境决定了中国利率市场化改革的长期性、多样性和复杂性。利率市场化的长期性是指始于1978年的中国利率市场化的过程，直至1996年6月，才真正揭开了我国利率市场化改革的第一幕，放开了银行间同业拆借市场利率；直至2000年9月21日，才迈出具有真正实质性的第一步，实现外币贷款利率的市场化；到目前为止才基本走到了存贷款利率市场化的最后攻坚和破解阶段，这不仅与激进式改革相差甚远，与中国经济其他领域的渐进改革比较，利率体制改革也是滞后的。利率市场化的多样性是指利率市场化的改革模式、体系内涵、程度范围、次序安排等是层多面广、各不相同的，既有利率市场化内涵的多样化，包括利率决定的市场化、利率传导的市场化和利率形成机制的市场化；也有利率市场化体系的多样化，包括中央银行基准利率市场化、金融机构法定存贷款利率市场化、银行间利率市场化和债券利率市场化，只有以上部分均实现市场化，才是真正实现利率市场化。利率市场化的复杂性是指衍生于融资活动的利率制度与金融产权制度、金融市场建设、社会信用体系建设等错综复杂，相伴相随，无论是对宏观经济社会，还是对银行、企业和个人，都将产生较为深远的影响。由于与中国市场经济改革相符合的金融产权制度约束的弱化、金融市场机制及结构的不完善、中国企业和银行的不完全市场化、金融救援机制的不健全等障碍的存在，不可避免地给中国利率市场化未来的改革增添了变数和难度。

2. 我国利率市场化改革进程评析

从1996年开始，中央银行在利率市场化方面进行了一些根本性的尝试和探索，推出一些新的举措，其目的在于建立一种由中央银行引导市场利率的新型体制，实现利率管理直接调控向间接调控的过渡。同业拆借利率、贴现率与再贴现率、政策性银行金融债券发行利率、国债发行利率、3000万元以上和期限在5年以上的保险公司存款利率、外币贷款利率、300万美元（或等值的其他外币）以上外币定期存款利率先后得以放开，开展了利率衍生工具试点，银行间市场利率基本实现市场化，金融机构存贷款利率的市场化机制正在逐步增强和深化。尽管部分金融市场的利率市场化程度大大提高，但利率市场化改革的进程还远未结束。其主要表现特征如下：

（1）社会资金配置的市场化机制正在逐步形成。

①以基准利率为核心的利率体系正逐步形成。经过多年的改革实践，我国利率体系已出现两个变化：一个是基准利率种类越来越少，如存贷款利率种类得到简化，大部分优惠贷款利率被取消，外币利率管理的币种减少，并正在朝最终保留一年期存贷款基准利率方向前进；另一个是各金融交易主体实际执行市场化利率越来越多，过去单一性地执行基准利率的时代已被执行以基准利率为核心上下浮动的利率体系时代所取代。中央银行通过基准利率的变动，在短暂的时间内对货币市场利率和商业银行存贷款利率产生影响，货币市场利率对中央银行利率的变动做出快速反应，而商业银行存贷款利率则对中央银行利率和货币市场利率做出充分的响应。从实际情况来看，商业银行对存贷款利率执行浮动制度越来越多，其利率水平基本围绕着中央银行基准利率这一轴心而变动；其他各种金融产品的利率水平也受一个时期内平均基准利率的影响，并充分反映长期资金供求关系和各种心理预期，一个以央行基准利率为核心、以市场利率为主导的多层次利率体系正逐步形成。

②部分领域资金定价初步实现市场化。近年来，国家尝试将

一些资金置于市场中，通过市场机制来确定其价格，在部分领域实现了资金定价的市场化。从市场来看，包括银行同业拆借市场、银行间债券市场、贴现、再贴现市场等在内的货币市场以及外汇市场，已基本实现了市场化；从区域来看，在农村先行试行了存贷款利率市场化；从产品来看，国债、金融债券等非存款金融工具的市场利率已基本放开，大额外币利率初步实现了市场化，金融机构存贷款利率管制已经放松到“存款利率只管住上限，贷款利率只管制下限”的阶段，利率市场化改革的阶段性目标基本得以实现。就市场化程度而言，贷款利率市场化程度要高于存款利率，外币利率市场化程度要高于本币利率，农村利率市场化程度要高于城市利率，大额利率市场化程度要高于小额利率，长期利率市场化程度要高于短期利率，随着企业、居民金融意识的提高和商业银行经营机制改革的推进，利率的全面市场化目标距离我们已经越来越近。到目前阶段利率市场化改革已经只剩下少数关键步骤，已经到了厚积薄发的攻坚阶段，但是利率市场化的改革道路还依旧漫长，促使利率形成机制的市场化仍将是未来金融改革的重点。

（2）利率市场化的实际程度落后于名义上的利率市场化。

尽管我国利率市场化改革已经取得阶段性进展，但是各类金融市场上资金的互相流动问题没有真正解决，利率的微观机制还是不完善的，价格机制、市场机制的不健全性和存款利率的强管制性，导致了中国利率市场化的实际程度要落后于名义上的利率市场化的程度。其主要表现为：

①操作层面上的利率市场化程度落后于制度层面的利率市场化。制度层面的利率市场化是指根据制度框架设计利率可以按照价值规律自发调节高低；操作层面的利率市场化是指金融机构特别是商业银行具备利用利率自主对各类资金合理定价的能力。在某种意义上，制度层面的利率市场化是具有象征意义和法律意义的市场化，操作层面的利率能否实现市场化才是利率能否真正市场化的关键。从我国利率体系的现实情况来看，现在除了贷款下

限和存款上限以外，其他各类利率基本上是可以浮动的。也就是说，从制度层面看，中国利率体系的“市场化”水平已经比较高了。但是“新兴加转轨”的经济体系，经济结构中非市场化成分较多。对各商业银行来说，长期以来，利率只是计算利息的指标，并没有被真正作为资金价格来控制成本和风险，利率的功能并没有发挥其真正的作用。银行也没有根据经济形势和市场风险调整利率的能力，在操作层面上利率的市场化程度是比较低的。

②中央银行利率作为基准利率的调节作用和导向引力小。首先，调整中央银行基准利率起不到调整货币供应量的作用。在发达市场经济国家，调整基准利率政策的同时也就是调整货币供应量。准确地说，在这些国家中，存在基准利率水平与货币供应总量反向变动的联系。在中国情况可能就不是这样：利率的变动并不意味着流动性的相反变动，主要基准利率和货币供应两者之间不具备显著的关联效应。其次，现行的利率管理体制下，中央银行有权管理和制定包含基准利率在内的几乎所有银行利率，如存贷款利率水平、种类和期限档次等，“只缘身在此山中”，因而中央银行利率作为基准利率很难起到导向和调节作用。再次，再贷款利率调整对商业银行的影响很小。因为中国农业发展银行以财政贴息为前提的再贷款在全部再贷款余额中占比高达54%，剩余不到一半比例的再贷款又有相当一部分是因农村信用社的改革而享受准备金低利率优惠，故对再贷款利率的调整几乎没有弹性，再贷款利率的影响面越来越小。复次，再贴现利率因再贴现量规模较小，而难以担当起中央银行基准利率的功能。最后，货币市场利率对中央银行利率形成的贡献度不大，同业拆借利率和中央银行基准利率之间的相互关系比较弱。

③利率浮动定价机制执行缺乏现实基础。金融机构普遍未建立或使用贷款利率定价模型，没有形成一整套完善的利率管理办法，利率管理机制僵硬，大部分商业银行分行以下没有设置专门的利率管理机构，利率管理人员大多是兼职，利率管理基本上还

是停留在文件的上传下达、报表上报等日常事务上，有的业务人员素质较低，对浮动利率定价机制的形成、具体浮动利率标准的确定及资金成本的测算等相关业务知识知之甚少，无法掌握具有相对难度的浮动贷款利率政策，执行起来就存在严重的偏差。也就是说，所谓的利率管制已基本取消，只是假象，缺乏现实基础。例如，金融机构没有形成合理的贷款浮动利率定价机制，要么“浮而不动”，要么操作手法简单、“一浮到顶”。同时，国有商业银行的浮动利率定价机制和贷款浮动利率水平总体上由各自总行制定，层层上报审批增加了贷款决策的成本，延长了资金流动周期，也影响了基层行工作的积极性。

④利率的风险结构和水平不尽合理。现在的利率结构和水平没能反映预期投资回报率与风险之间的关系，例如，享有国家信用的“金边债券”——国债的实际利率高于同期的银行存款利率，没有体现“高风险高收益，低风险低收益”的匹配原则，中长期的存贷款利率的差异程度不能真实反映现实的风险程度和水平。

3. 我国利率市场化改革模式评析

众所周知，利率市场化改革的方式选择与模式确定至关重要，它在一定程度上决定了改革的成功与失败。从世界范围内主要发达国家和发展中国家利率市场化改革的经验来看，主要有激进式改革和渐进式改革两种不同模式，一国选择何种改革模式推进利率市场化，要根据本国具体情况而定。根据我国利率市场化改革稳步推进、分步进行的主要特点，可以判定我国推进实施的改革模式是渐进式改革模式。

总体而言，我国利率市场化改革选择实施渐进式模式是正确和适宜的，也是符合我国经济金融现状的。其原因在于：第一，我国经济体制改革采取的是渐进式改革，利率市场化改革是整个经济市场取向改革的组成部分，我国从计划经济向市场经济转轨采取渐进方式，从实际效果看，改革是成功的。故而，利率市场化改革方式应当与经济体制市场化改革相适应。第二，从国外利率市场化的过程来看，尽管有部分发达国家采取激进的方式进行，这与它们的经济发展水平较高、金融市场比较成熟、金融监管比较有效、各种法规相对完备等因素密切相关，这些条件在我国还不具备和完善。同时，当今世界各国再也不会像20世纪七八十年代那样盲目地开放和放松管制，而是更加注重利率市场化对一国经济所造成的风险，认真研究利率市场化所需要具备的条件，对利率市场化改革大多采取了渐进的和谨慎的做法。所以，简单效仿发达国家利率市场化方式是不可取的。第三，我国和其他发展中国家一样，随着市场经济改革的推进，利率市场化已成为金融改革的必然趋势，我们不能因为存在风险而裹步不前，也不能因为盲目而造成全面的金融风险，而要认真学习和借鉴其他国家的经验和教训，针对自己的实际情况，制订相应开放策略和步骤。鉴于我国整体经济发展水平不高以及金融市场发育还不够完善等实际情况，采取审慎态度推进利率市场化，是一种能在最大程度上避免风险和维护改革成果的现实选择。例如，确立“贷款利率管下限、存款利率管上限”这一目标本身就反映了我国利率市场化改革力求稳健的特点，充分考虑了我国金融机构自身约束力和市场机制约束力水平，以防止那些经营上出问题的金融机构通过高息揽存来掩盖现金流不足，从而严重扰乱存款市场秩序的风险，有助于维护金融机构的稳健经营和金融市场的稳定。第四，我国经济正处于转轨阶段，经济和金融的整体水平有待提高，这就决定了我国利率市场化的过程实际也是创造利率市场化条件的过程，必须渐进推进，稳扎稳打，步步为营，急于求成必然适得其反。

四 对今后利率市场化改革的展望

目前，利率市场化改革已进入攻坚阶段，其突破点在于放开贷款利率下限和存款利率上限。通过以上对利率市场化进程的特点分析，本文认为，利率市场化的攻坚阶段，仍将是政府主导的。因为，到目前为止，国有商业银行还不是完全意义上的追求赢利与自律的市场经济参与主体，不是利率市场化改革驱动力量。同时，基于金融风险的迅速传导性，政府对股份制商业银行的发展，尤其是民间金融的合法化问题还是持审慎态度的，所以，不大可能出现微观经济主体代替政府的主导地位来推进改革，尽管微观经济主体的金融创新不断给政府以反作用力。

对于未来利率市场化的发展方向，应在稳妥的基础上积极推进，取得实质性的进展。另外，人民币国际化、汇率市场化和利率衍生工具市场的发展，都要求利率市场化尽快迈出实质性步伐。

【讨论与思考】

1. 你认为今后利率市场化攻坚阶段取消存贷款利率上下限管理，完全推进利率市场化，需具备哪些外部条件？
2. 对欧美发达国家和若干发展中国家利率市场化改革进行比较分析，谈谈外国利率市场化改革对我国的启示与借鉴。

案例2　基准利率：金融市场利率体系的中枢神经

【教学目的】

通过本案例的阅读与分析，让学生了解基准利率的概念和重要作用，并能理解基准利率形成的机制及其所包含的信息。

【案例资料】

基准利率是金融市场上具有普遍参照作用的利率，其他利率水平或金融资产价格均根据基准利率水平来确定。基准利率所反映的市场信号，或者中央银行通过基准利率所发出的调控信号，能有效地传递到其他金融市场和金融产品价格上。在主要发达国家，各中央银行将基准利率作为货币政策的操作目标，通过不同运作机制进行公开市场操作，以控制和调整基准利率，影响货币政策的中介目标，如长期利率、货币供给量、汇率和资产价格，进而实现货币政策的最终目标。

随着中国金融改革的日益深化和利率市场化进程的加快，中央银行指导性利率或基准利率的选择就显得格外重要。

一　基准利率选择的原则

基准利率是在整个金融市场上和利率体系中处于关键地位起主导作用的利率，它应是整个利率体系中的一种典型而具体的利率，又应该是决定其他利率的参考系。一般来讲，作为一个性能良好的基准利率，必须符合以下标准：

（1）相关性。基准利率的变化引起货币市场利率、商业银行存贷款利率、资本市场利率及证券市场收益率的改变，从而影响收入的再分配、工商企业的利润和投资者的收益，进而影响他们的经济行为如储蓄、消费和投资，改变他们对各种层次的货币或金融资产的需求和偏好，使其向着有利于货币政策最终目标实现的方向发展。

（2）可测性。一方面，中央银行能够迅速获取这些指标的准确数据；另一方面，这些指标必须有较明确的定义并便于观察、分析和监测。

（3）可控性。中央银行可以通过各种间接调控手段如三大货币政策工具去控制或影响基准利率。

（4）灵敏性。基准利率应对货币资金市场的供求状况保持相当的灵敏度。此外，基准利率的选择还受经济管理体制、市场发育程度、经济发展水平等客观条件的制约和影响。

二　基准利率选择的国际经验

在实现了利率市场化的国家，基准利率往往是一种货币市场利率。根据国外经验，再贴现利率、银行间同业拆借市场利率、银行间债券市场回购利率和银行间债券市场现券交易利率可能为合适的基准利率。

以英国为例，其基准利率就是短期国债回购利率，这与英国金融市场的历史发展密切相关。英格兰银行在成立初期以及在以后的运作过程中，在一级市场和二级市场上购买大量国债，这就使得英国金融市场上国债交易量比重很大。而英国的金融机构也形成了以国债回购作为短期资金头寸调节的主要手段。自然，短期国债回购利率就最能反映短期资金市场的供求变动情况，并且对金融机构的各种利率也有较强的影响力，因而英格兰银行以其作为基准利率。

再看美国，其基准利率是联邦基金利率。联邦基金利率是指美国同业拆借市场的利率，最主要是指隔夜拆借利率。它不仅直接反映货币市场最短期的价格变化，它也是美国经济最敏感的利率，也是美联储的政策性利率指标。联邦基金利率的变动能够敏感地反映银行之间资金的余缺，影响到整个金融行业的利率水平，如各种存款、贷款乃至信用卡欠款的利率，并将同业拆借市场的资金余缺传递给工商企业，改变个人和机构的经济行为，进而影响消费、投资和国民经济。联邦基金利率是美联储在执行货币政策过程中最重要的操作目标。在作出加息或减息的政策决定后，美联储并不直接调整联邦基金利率本身，而是通过纽约联邦储备银行直接进入金融市场买卖政府债券，调节金融机构的超额储备规模，影响联邦基金利率水平，从而使金融机构相互借贷时的实际利率向预定的利率目标水平靠拢。

因此，适当的货币市场利率可起到传导政策旨意和金融市场信息的作用。因而，货币当局的政策意向可通过基准利率来调整整个货币市场利率，通过货币市场又传递到资本市场乃至整个金融市场。按照基准利率选择的原则和惯例，我国亦应选择某些货币市场利率作为考察对象，如再贴现利率、银行间同业拆借市场利率、银行间债券市场回购利率和银行间债券市场现券交易利率等。

三　我国基准利率选择的讨论

根据对再贴现利率、银行间同业拆借市场利率、银行间债券市场回购利率和银行间债券市场现券交易利率这四种利率在当前市场上的表现比较可以发现，同业拆借市场利率和债券市场回购利率更适合做利率市场化后的基准利率。它们共同的优势在于：交易量大、交易主体多元化、与其他利率相关性好、可测性好和可控性好。另外，同业拆借市场利率有利率期限结构方面的优势，而债券市场回购利率在交易量和交易主体方面略胜一筹。它们的缺陷在于与货币供应量和与国民经济相关性不高，但这是中国货币市场乃至整个金融市场的制度性缺陷，也不能为其他利率所避免。所以它们更适合做我国利率市场化后的基准利率。

根据发达市场经济国家的经验，它们一般选择同业拆借利率作为基准利率，因为它能够灵敏地反映货币市场的资金供求关系。但我国在选择利率市场化条件下的基准利率时，要从我国实际出发。目前，同业拆借利率在这方面相对于债券回购利率并未表现出明显优势。两者要很好地履行基准利率职能，都需要一些客观的经济条件。究竟最终选择哪一种利率作为基准利率还有待观察。

要让债券回购利率更好地发挥基准利率的作用仍需进行以下努力：（1）银行间债券市场的参与者还需扩大。如果有金融机构不能进入市场，资金价值将受到约束，利率不能准确反映资金供求。（2）积极做好债券的发行工作。应进一步增加上市国债品种，丰富国债期限结构，为回购交易提供基础，激活债券市场，为中央银行货币政策执行和传导提供便利。有条件时应允许更多的金融机构直接承销债券。持有者的多元化将有利于国债回购市场多元化，进而有利于货币政策传导。（3）目前，我国的国债回购市场还处于分割状态，银行间国债回购市场、证交所的国债回购市场以及其他场外国债回购市场差别大、关联度小，应逐步统一这些市场，使其利率反映整个资金市场的供求状况。

同业拆借利率做基准利率也需要改进。（1）同业拆借市场以银行之间的拆借为主体，而非银行金融机构是流动性的主要供应者，这限制了该市场调剂头寸余缺，弥补流动性不足功能的实现。

因为银行间常存在着相同的资金状况。所以该市场在今后的发展中应注重交易成员和交易品种的扩展。（2）改善商业银行的监督管理体制，提高其整体业务水平和资金管理运用水平，使市场化的商业银行在货币市场上的行为更能准确地反映整个资金市场的供求状况。

随着我国利率市场化和一系列金融改革的推进，各金融机构的行为必然发生变化。银行间同业拆借市场和债券回购市场的地位也会受到影响。应密切注意影响同业拆借利率和债券回购利率作为基准利率发挥作用的各种因素的变化，为央行执行货币政策选择合适的基准利率。

选定基准利率之后，应创造条件使其更好地发挥作用。（1）强化中央银行职能，保证交易安全运行。随着交易成员和交易量的增加，交易的潜在风险加大。中央银行首先要加强监管，保证交易市场稳健运行。（2）在条件成熟时改革存款准备金制度。对超额准备金降低付息率，引导金融机构有效利用多余资金，搞活银行间同业拆借市场和债券市场。（3）完善结算制度，提高结算质量。T+0资金清算能够提高货币市场效率，促进货币市场发展。（4）央行要加强对资金借贷和资金运用行为的监管，防止非法运用资金。（5）建立完善的金融市场体系，对资金供求能够作出灵敏的反应。唯有如此，央行才能准确掌握市场信息，货币政策才能被准确有效地传导。

【讨论与思考】

1. 查阅资料，了解文中所提到的一些货币市场利率的计算方法和最新进展。
2. 谈谈基准利率的功能以及我国建立基准利率的意义。
3. 你对文中我国基准利率选择的观点有何看法？

案例3　中国人民银行的利率工具

【教学目的】

通过本案例的学习，熟悉我国中央银行的主要利率工具，掌握我国利率调整机制，进一步加深对利率和货币政策的理解。

【案例资料】

一　人民银行的利率工具概述

利率政策是我国货币政策的重要组成部分，也是货币政策的主要手段之一。中国人民银行根据货币政策实施的需要，适时运用利率工具，对利率水平和利率结构进行调整，进而影响社会资金供求状况，实现货币政策的既定目标。

中国人民银行采用的利率工具主要有：（1）调整中央银行货币操作的基准利率，包括：再贷款利率，指中国人民银行向金融机构发放再贷款所采用的利率；再贴现利率，指金融机构将所持有的已贴现票据向中国人民银行办理再贴现所采用的利率；存款准备金利率，指中国人民银行对金融机构交存的法定存款准备金支付的利率；超额存款准备金利率，指中央银行对金融机构交存的准备金中超过法定存款准备金水平的部分支付的利率。（2）调整金融机构法定存贷款利率。（3）制定金融机构存贷款利率的浮动范围。（4）制定相关政策对各类利率结构和档次进行调整等。

近年来，中国人民银行加强了对利率工具的运用。利率调整逐年频繁，利率调控方式更为灵活，调控机制日趋完善。随着利率市场化改革的逐步推进，作为货币政策主要手段之一的利率政策将逐步从利率的直接调控向间接调控转化。利率作为重要的经济杠杆，在国家宏观调控体系中将发挥更加重要的作用。

二　人民银行货币调控主要利率工具的评述

目前，我国货币政策执行和金融市场产品定价中存在着多种利率并行的状况。主要有一年期存款利率、国债回购利率、央行票据发行利率和同业拆借利率，这四种利率都承担着部分基准利率的功能。

1. 一年期存款利率

自我国建立现代中央银行制度以来，存贷款利率（主要是一年期存款利率）在我国事实上一直承担着基准利率的功能。首先，从央行利率调控实践看，经常调整的就是存贷款利率，且最主要的是一年期存款利率。其制定过程一般是以同期物价变动情况为参照，先确定商业银行一年期储蓄存款利率，以保证实际利率为正，然后再确定商业银行其他档次的存款利率。再在保证商业银行一定的存贷利差下确定贷款利率。可见对一年期存款利率的确定也就意味着央行基本上确定了其他利率。其次，存贷款利率最贴近市场，直接面对的是消费者、企业等微观经济主体，央行利率调控效果更为迅速。最后，一年期存款利率决定其他金融产品的价格，如投资者一般都是以存款利率作为保底收益基准，再决定是否投资其他金融产品。商业银行（包括农村信用社）在进行贷款定价时，主要是在存款利率基础上再加上营业费用、信用风险溢价和利润生成。所以一年期存款利率在我国现实中承担着绝大部分基准利率功能，然而将一年期存款利率作为我国基准利率的目标选择则混淆了两个基本概念，即：将我国央行长期以来为维护金融稳定直接确定的“管制利率”，混同于市场经济下央行货币政策间接调控的操作目标的“基准利率”。此外，存贷款利率作为银行和储户、企业之间资金转移的价格，理应由市场主体来决定，不应由中央银行所控制。

2. 国债回购利率

国债回购交易是中央银行进行公开市场业务操作的基本方式之一。以国债回购利率为基准利率多数是国债市场比较发达的国家，如英国、德国、法国和西班牙、新西兰等国家。由于我国信用体系建设滞后，加之有些市场成员达不到信用拆借要求，国债回购受到商业银行及银行间交易市场成员的普遍认可，其交易量占货币市场交易总量的80%以上。目前国债回购利率成为货币市场最为重要的定价基准之一。但国债回购利率也存在一些问题：一是国债市场尚未实现滚动发行，总体规模偏小，期限品种残缺（特别缺乏短期品种），难以满足央行公开市场操作的要求。二是国债回购利率品种少，期限覆盖不足，目前回购定盘利率只有隔夜、7天和14天回购利率三个品种。三是短端交易活跃，长端交易不足。以2007年1~7月为例，债质押式回购7天以下期限占了整个质押回购总量的88.7%，而一个月以上的只占0.8%。四是国债回购市场分割。为防止资本市场风险向商业银行传递，1997年6月，商业银行退出交易所债券市场并启动银行间债券市场至今，债券回购交易分别在银行间市场和交易所市场同时进行，由于两个市场托管和清算不统一，市场的资金、债券品种都处于分割状态，从而导致了两个市场不同的利率期限结构。五是回购的利率稳定性受股票市场影响大，稳定性差。国债市场作为证券市场的一个重要组成部分，它与股票市场也有着密切的相关性，当股票市场行情火暴时或是新股发行时对国债回购利率的影响较大。

3. 央行票据发行利率

目前市场上三个月到一年的利率主要参考央行票据的发行利率。央行票据作为我国中央银行的一项创新，是中国特色的公开市场操作工具，其产生的主要原因是回收外汇储备大量增加导致的基础货币投放。由于我国国债市场规模较小，品种不齐全，不能满足商业银行投资和央行公开市场操作的需要，缺乏可投资的品种，多数银行购买了国债不愿卖出，央行不得不自创负债来回收货币市场过多的流动性。近年来，在央行连续滚动发行的基础上，央行票据也形成了较大的市场规模，加之其期限一般为三个月到一年，弥补了国债期限偏重于长期的不足。而且从信用级别看，央行票据与国债并无不同，受到了各商业银行的普遍欢迎，央行票据的发行利率成为货币市场长端利率的定价基准。但央行票据在本质上与国债不同，央行发行票据回收资金并不进入实体经济领域，加之其目的是为了对冲外汇占款，受政策的影响大，不是每天都有央票发行，无法保持未来的稳定性和连续性。

4. 同业拆借利率

目前国际影响最大的基准利率有美国的联邦基金利率、伦敦银行同业拆借利率（Libor）、欧元区同业拆借利率（Euribor），此外，日本、新加坡和香港等新兴市场经济体基本上都是以银行同业拆借利率为基准利率。可以说银行同业拆借利率具有基准利率的所有特征（如前所述），一直以来人民银行尝试借鉴美国以同业拆借利率作为我国基准利率。中国外汇交易中心 1996 年 6 月 1 日在完全放开了银行间同业拆借市场利率的同时推出中国银行同业拆借利率（Chibor），但其存在明显缺陷：一是拆借成交量小。一直以来，拆借交易量仅占整个货币市场交易量的 2% 左右，而且主要集中在短期，无法代表整个市场。二是 Chibor 由拆借市场所有成员当天实际交易为基础的简单加权平均得出，没有考虑交易主体的信用等级差别，不能反映真实的利率水平，使得 Chibor 在实践中缺乏参考意义。

为避免 Chibor 的不足，央行参照国际经验，于 2006 年 10 月试运行上海银行间同业拆借利率（Shibor），并于 2007 年 1 月 4 日正式对外公布至今。Shibor 作为单利、无担保、批发性利率，由信用等级较高的银行自主报出的人民币同业拆出利率的简单算术平均，其形成机制与 LiBor 几乎如出一辙，加之中央银行公开强调要把 Shibor 培育成我国的基准利率，对我国基准利率的研究也就转向了如何完善和培育 Shibor 上。

三　上海银行间同业拆借利率——Shibor

1. 培育 Shibor 有着深刻的意义

（1）Shibor 是利率市场化的基础。Shibor 作为重要的金融基础设施，随着管制利率的不断放开，商业银行的利率定价将由盯住法定利率基准过渡到参考 Shibor 基准利率。

（2）货币政策调控需要 Shibor。中国货币政策调控的发展方向是逐渐由数量调控向价格调控转变，Shibor 是传导货币政策调控信号的纽带，可以灵敏反映调控导向，引导市场上对应期限的各交易品种利率自行调整，达到宏观调控的目的。

（3）Shibor 对商业银行转变经营机制有重要意义。Shibor 在很大程度上成为市场基准后，通过 Shibor 就可以将商业银行的小资金池与市场大资金池联系起来，商业银行内外部定价的透明度就可以提高，从而为商业银行构建高效的内部资金转移价格以及资产负债定价机制提供了基础。

（4）Shibor 可以促进市场深化。Shibor 基准确立后，货币市场、债券市场和资本市场上的各种产品的价格都可以与之比较，从而可以构建完整的收益率曲线，进一步拓展货币市场、债券市场和资本市场的深度和厚度，推进金融市场向纵深发展。

2. 形成

Shibor 报价银行团现由 16 家商业银行组成，包括工、农、中、建四家国有商业银行，交行、招商、光大、中信、兴业、浦发 6 家全国性股份制银行，北京银行、上海银行、南京银行 3 家城市商业性银行和“德意志上海”、“汇丰上海”、“渣打上海”3 家外资银行。此 16 家报价银行是公开市场一级交易商或外汇市场做市商，是在中国货币市场上人民币交易相对活跃、信息披露比较充分的银行。

全国银行间同业拆借中心授权 Shibor 的报价计算和信息发布。每个交易日全国银行间同业拆借中心根据各报价行的报价，剔除最高、最低各 2 家报价，对其余报价进行算术平均计算后，得出每一期限的 Shibor，并于 11：30 通过上海银行间同业拆放利率网对外发布。Shibor 的形成机制与在国际市场上普遍作为基准利率的 Libor 的形成机制非常接近。

【讨论与思考】

1. 用图表述我国的利率调整历程，分析其与我国经济走势的关系。
2. 作为一个依靠行政手段推出的目标基准利率雏形，上海银行间同业拆借利率是否已经具备了基准利率的功能？Shibor要想像发达国家那样真正承担起基准利率的全部功能，需要从哪些方面加以完善？

参考文献

1. 易纲：《中国改革开放三十年的利率市场化进程》，《金融研究》2009年第10期。
2. 旷煜、李政：《我国利率市场化改革的思考》，《企业导报》2010年第3期。
3. 胡朝晖、丁峻峰：《利率市场化条件下我国基准利率的选择及Shibor运行效应评析》，《武汉金融》2009年第5期。
4. 温彬：《我国利率市场化后基准利率选择的实证研究》，《金融与保险》2005年第1期。

第五章　金融市场

Chapter 5

案例 1　次贷危机及其影响

【教学目的】

通过本案例的学习，了解次贷危机的来龙去脉，掌握各个金融市场间的相互影响，理解金融市场风险控制和监管体制的重要性，能举一反三，分析我国金融市场中存在的潜在风险，并提出自己的看法。

【案例资料】

一　次贷危机概况

《新帕尔格雷夫经济学大辞典》中的“金融危机”的定义是：“全部或大部分金融指标——短期利率、资产（证券、房地产、土地）价格、商业破产数和金融机构倒闭数——的急剧、短暂和超周期的恶化。”我国学者杨帆认为，世界上的金融危机主要可以抽象为两类：一类是发展型金融危机；另一类是投机型金融危机。

他们认为，所有的金融危机最终都变为金融机构呆坏账引起的流动性不足的危机。

2006年美国爆发了次贷危机，2007年6月，美国投资银行之一的贝尔斯登公司（Bear Steams）由于旗下的两只套期保值基金严重陷入了有抵押的债务凭证（Collateralized Debt Obligations，CDO's）——一种以住房抵押贷款作担保的、证券（Residends Mortgage-backed Security，RMBS）为主要成分的债务的跌落之中，不得不向这两只基金注资15亿美元以防其丧失流动性。RMBS最先出现在美国的次贷市场，其主要担保来自房屋抵押贷款。2007年春季美国次贷危机发生以后，与住房抵押贷款相关的证券的价格就一路下滑。开始时，是些级别较低的证券的价格迅速下滑，但紧接着，3A级别的证券的价值也向下滑落，整体大约损失了50%。与此同时，低级别信贷的爽约率也步步升级，反映了投资者对风险的估计一直不断上升。危机的加重使得贝尔斯登公司的挽救措施不仅于事无补，连它自己也在10个月之后面临破产深渊，只是在有着美国联邦储备银行（US Federal Reserve Bank，FRB）为靠山的J. P. 摩根银行决定将其实施接管，才得到了庇护。

更出人意料的挽救行动在这之后接踵而至。为避免房利美（Federal National Mortgage Association，Fannie Mae）和房地美（Federal Home Loan Mortgage Corporation，Freddie Mac）这两家美国最大的住房抵押贷款公司走向坍塌，它们双双被美国政府国有化。这似乎已经是最大程度的平息金融市场的行动了。但仅仅过了两天，美国的第四大投资银行——雷曼兄弟公司（Lehman Brothers）又出现了严重问题，不得不寻求美国银行破产法的第11章实施贷款者保护。美国第三大投资银行美林证券（Merrill Lynch）与美国银行（Bank of America）合并之后才幸免于难。因担心世界上最大的信贷保险商之一——美国国际集团（American international Group，AIG）进入无序倒闭，美国联邦储备委员会（US Federal Reserve Board，FRB）决定以850亿美元的信贷额度来支持这家疾病缠身的机构。这还不是最后的救市行动，自从次贷危机发生之后，金融市场上的坏消息就一直没有间断过。据美国的报刊报道，美国政府正在考虑建立一个联邦机构去接管丧失了流动性的住房抵押贷款，以防止金融市场上更多的机构走向破产。同时，美国联邦储备银行（FRB）、欧洲中央银行（European Central Bank，ECB）、英格兰银行（Bank of England，BE）和其他一些国家的中央银行都一再向市场增加流动性供给，以确保货币市场不丧失其正常功能。

许多欧洲的银行大量投资于与次级贷款相关的证券，它们也在次贷危机爆发后深深地陷入了困境。这就是说，欧洲的主要中央银行从金融混乱一开始就被卷入了危机处理。它们有时也被指责是牺牲了其主要目标——稳定价格，却费尽心力去保护某些实体经济免受金融危机蔓延所造成的损害，因为它们的有些政策措施本来是用来对付世界性绵绵不断的通货膨胀的。但是，以保护市场能得以平稳而实施的流动性操作和以价格稳定为中期目标的利率政策之间，至少对欧洲中央银行来说是严格分开的。美联储目前决定不下调联邦基金利率也是出于同一原因。

随着危机的愈演愈烈，其对实体经济的影响将进一步加深。美国、欧盟和日本三大经济体经济增长前景黯淡，甚至出现衰退迹象，这必然拖累世界经济增速进一步下滑。2007 年 8 月份，美国经济数据已经极不乐观：新房屋销售仅有 46 万套，创 17 年最低；旧房屋销售中间价为每套 20.31 万美元，比上年同期下降 9.5%，为历史最大跌幅；失业率持续走高，达 6.1%，创 7 年来新高。国际货币基金组织发表的最新一期《世界经济展望》报告指出：受 20 世纪 30 年代大萧条以来最严重的金融危机的冲击，世界经济正进入“严重低迷”时期。为此，IMF 将 2008、2009 两年预期世界经济增长率分别下调至 3.9% 和 3.0%，大大低于 2007 年 5.0% 和 2006 年 5.1% 的增速，为 2002 年以来最低增速。其中，主要发达经济体的经济状况“已经或接近于衰退”。此次金融危机的发源地——美国 2008 年的经济增长率预计为 1.6%，2009 年则只有 0.1%；意大利经济 2008 年和 2009 年两年都将为负增长；德国经济2009年的增长率为零；西班牙和英国经济2009年的增长率均为负值。金融危机也使新兴和发展中经济体深受影响，这些国家的经济增速也开始明显放缓，一些国家还同时面临通胀上行的压力。据预测，新兴和发展中经济体2008、2009两年的经济增速分别为6.9%和6.1%，低于上年的8.0%。

二 危机的起源：美国次贷市场

次贷市场本是向那些收入低下，就业状况朝不保夕，几乎没什么抵押担保资产而无法进入金融信贷主体市场的人士提供信贷的市场。它在美国的住房抵押贷款市场中相当长的时间里仅是一个摆设而已。这可以从次级贷款的数量一直很低得到印证。2003年，次级贷款的总量只占美国住房抵押贷款市场的5.5%，但接下来的年份里，此比率以令人意外的速度增长，到2007年中，它已增长到14%。2008年春季稍有回落，为12.5%。

次级信贷之所以疯狂增长，只能有一种解释，那就是未被严格管理的住房抵押信贷机构几乎把所有的审慎信贷规则都抛在脑后。这些金融机构往往被大型投资银行所拥有，或至少与它们关系密切。正是由于这个原因，对上述机构经营行为的批评，大多指被扭曲了的经管人员的薪酬制度。这些非银行金融机构的经管人员从每一份房产信贷合同的签订中得到奖金而获利不菲，却对所签合同未来是否可以存续毫不关心。这样一种薪酬激励制度暗中误导了这些机构的经管人员最大化地追求奖金而置谨慎信贷于不顾。

除扭曲了的薪酬激励制度，在一般情况下以资产担保债券（Asset-backed-securities，ABS）形式和在特殊情况下以住房抵押贷款作担保的证券（RMBS）形式的信贷资产证券化被广泛运用，也在危机中扮演了重要角色。利用RMBS，银行可以把房屋抵押贷款转化成为可交易的证券从而将资产转移出资产负债表。一些多层架构组合的证券形式也被创造了出来，为的是更大规模地吸引投资者。这些多层架构组合的证券把各种各样的RMBS混合起来，再适配一些以资产为基础的证券、信贷衍生产品以及其他信贷，搅和成一个资金池，以此为主体创造出一个所谓的“有抵押担保的债务凭证（Collate mliized debt obligations，CDO）”。CDO 被划小成若干份额，并采用所谓的“瀑布原理”——即按照各份额具有的不同回报所排定的回报率，将所有份额分划成等级来发售。经过对各份额的精心设计，证券化后的次级信贷 90% 以上都被评定为优等，并授之以 3A 级别。

于是，一些投资策略本来应严格受制于风险监控的大型投资机构，如养老基金和保险公司也轻易地进入了次级市场开展投资活动。一些风险较大的份额，如夹层融资、第一风险权益份额等，更对许多风险套利基金充满了吸引力。甚至远在德国的，一些本来为中小企业融资而建立的大众银行（Public Banks），也令人吃惊地大举投资于这些高收益证券。这些新型投资工具得以疯狂增长，还有一个原因是证券评级机构的推波助澜。这些机构一反传统做法，积极参与把这些新创造出来的 CDO 份额中的主体证券适当安排到理想级别。正是由于投资者信任这些证券评级机构的评估结果，被赋予 3A 级别的 CDO 份额即使以相对较低的利率出售，也一样有利可图。

金融市场的混乱不能归咎于方兴未艾的资产证券化趋势，相反，它显然是在信贷质量的评估上出了纰漏以及与之相应的证券价格的紊乱所引起的。为了弄明白这次泛滥成灾的市场行为为什么能够持续如此之久，有必要探讨这次危机过程中危机自身所具有的自我强化的自然属性。房价的上涨，使得贷款相对于其真实价值的比率长期处于临界水平以下，因而刺激了借贷人的再借贷和个人消费，变大了重新索回取消抵押品赎回权的比率。再者，房屋需求的背后是人口增长（美国的人口大约每年以 1% 的速度增长）与低收入家庭越来越容易获得房屋抵押贷款。房价的上涨似乎又增加了借贷的可承受性，即使是社会上最贫穷的人群也是如此，因而造成房价在一个相当长的时期内，每年的增长率都超过了 10% 。终于，松弛的货币政策和懈怠的监管标准混在一起把典型的房价泡沫吹鼓了起来。至于房价膨胀如果出现消退将会发生什么后果这一问题，明显地长期压抑而无人提出。

可当房价泡沫破灭之后，许多借贷人的真实金融状况就显露了出来。流动性丧失率的增加、取消抵押品赎回权人数的回升、堆积起来的未出手房屋的数量，加之银行开始转向稍为审慎的信贷政策，把美国的住房抵押贷款市场拖入了衰退。美国住房市场各个领域的价格骤跌所聚集而成的震撼，使往日所有对证券风险报酬的计算成为明日黄花。大多数 CDO 的价格起先还伴随着一种侥幸假定，认为其主体成分与住房抵押贷款之间仅仅是弱相关。倘若真是这样，所发生的事实应当是，取消抵押品赎回权的数量应该适当、流动性的丧失率应该较低才对。但伴随房价剧烈震荡的，是违约数量的急剧上升；是 CDO 证券中最安全的份额也陷入了亏损的险境；是超级优先交易份额的价格也相应地下跌不停；是投资者的惨重损失。

目前也出现了一些预示形势即将好转的微弱亮点。不只是美国的投资银行，连欧洲的银行也建立了一些金融机构投资于次贷市场。这些被称为“特殊目的媒体（Special propose vehicles，SPV)”的金融机构被设计为法理上独立自主，以避免它们与其父辈银行沆瀣一气。银行通过将资产向这些机构移动，降低了它们的资本金要求，其额外产生的流动性可用来购买付息金融资产。

SPV 的再融资是通过发行资产抵押商业票据（Asset-backed commercial papers，ABCP）来完成的。ABCP 之所以能够发行，是由于其父辈银行所提供的流动性担保。由于该流动性担保的期限绝大多数情况下都少于一年，也就难有可靠的资金被它们持有。当然，长期证券投资能够以短期的 ABCP 出售，也意味着这类机构作出了值得重视的投资期限转换。若把它们的此项功能与银行系统所进行的投资期限转换功能相比较，差别明显在于中央银行的缺位。而中央银行至少在理论上讲，可以为国内货币提供无限的流动性。

三　住房抵押贷款危机向金融市场的蔓延

对次贷市场作出的严重错误估计与高风险的金融投资策略，是引起整个金融市场大混乱的祸首。起初，它只影响了住房抵押贷款市场的一些方面，但房价上涨的逆转，致使美国住房市场的所有方面都深受其害。接着，3A 级别的 RMBS 的价格随其评级的下调开始回落，而 RMBS 和 CDO 的级别被下调迫使投资者退出了该衍生品市场。

CDO 价格的跌落最初影响的是高杠杆套期保值基金。2007 年 6 月，贝尔斯登公司（Bear Steams）的两只套期保值基金正是被其主要承销商——投资银行要求追加抵押担保品而变得喘不过气来。这些资本不足的套期保值基金为了苟延残喘，只好被迫廉价出售手中的 CDO 份额，而这进一步加剧了价格的恶化。不言而喻，已陷入如此状况的套期保值基金是不可能再获得新进资金了。相反，随着私人投资者赎回其投资，许多小型基金，甚至包括一些大型的套期保值基金也只能是关门了事。

紧随其后，被多层架构组合证券的价格恶化所折磨不堪的是投资银行。正如美国的银行实施"按日估价（Mark - to - Market）"的会计方法，不得不立即在交易项目中调整全部资产价值一样，金融市场此次不确定性和衰退，让这些投资银行蒙受了大量账面价值减让及其相应损失，此类损失的相关消息又触发了新一轮的资产甩卖，引起了人们怀疑整个银行系统的稳健，而对银行系统资金偿付能力所存在的疑虑很快又转化成流动性挤压。这一现象是所有从事期限转换业务的金融机构都能看到的典型现象。

降低 RMBS 和 CDO 的级别也增加了 SPV 再融资的难度。后来，ABCP 的价格也被卷入了下滑的潮流，使得该证券的展期变得越来越困难。尽管投资银行所保证的流动性权限应该保证 SPV 为解决短期 ABCP 形成的困境有足够的偿付能力，但很快就变得一清二楚的是，处于压力之下的银行显然被这项艰巨的任务弄得不堪重负，说明它们并未被赋予足够的流动性，也很难在货币市场上获得新进资金。因为市场的不确定和账面资产价值的减少的确切情况缺乏透明度，引得银行越来越不愿意放贷于银行间市场。资金危机有时甚至影响到了那些并未卷入美国次贷市场的金融机构，英国的北石银行（Northern Rock Bank）就是一个例子。与这种影响背景相对抗，留给银行的唯一解决手段就是清算它们的SPV并收回它们的贷款。随着这些资产流回资产负债表，各银行就不得不维持足额的资本金以满足中央银行的监管要求。相应于外流信贷资金的不断回流，已被“遮掩掉”的银行系统又渐渐地浮出了水面。

四 中央银行对货币市场混乱的反应

如前所述，次贷市场上流动性丧失率的上升，越来越加深了市场对银行稳健性的怀疑。又由于与金融媒介的亏损相关的信息有限，要估计出其他银行存在多大风险变得相当困难，银行间信贷市场上的信心不断衰减；其后果是扩大了货币市场所有期限的非抵押担保贷款之间的利率差额，银行开始留持一些以备意外之需的缓冲性流动资产，致使干涸的银行间市场日益枯萎了。

为了确保货币市场的正常功能，各中央银行采取了一系列措施。由于各自具有不同的运行框架，它们所采取的措施也就不尽相同。但一般来讲，在解决流动性挤压这一难题时，都采用了相似的方法。它们都通过更为积极的储备金管理，力图保持短期货币利率与自己的政策利率基本一致，包括以下几点：（1）针对紧张的货币市场，大量提供保持其运行所需的流动性。当然，在欧洲货币市场上，假如流动性过多造成其隔夜利率直线滑落至最低再融资利率之下，欧洲中央银行又会择机从市场上回抽基础货币。（2）流动性的可得性向更大范围的金融机构开放。（3）中央银行接受更宽泛的抵押担保品范围以帮助银行再融资。（4）加长提供给银行运作的流动性的平均期限。

但是，当欧洲中央银行（ECB）非常明确地实行上述各项措施时，它必须把价格稳定这一中期目标所需的货币政策态势和为市场提供流动性这两者之间清晰地区分开来。这项所谓的隔离原则（Separation Principle）确保中央银行所做的再融资运作不至于被误解成为货币政策态势将发生变化的一种信号。隔离原则很关键，因为事实证明：在货币政策的主要目标——维持价格稳定与金融稳定之间不存在左右权衡的余地。

至于说到为银行提供流动性的运作，对美联储来说，实施之前必须作出一些制度性变革，相反，欧洲的中央银行却早已握有大量可用于对付欧洲货币市场出现畸变的工具。例如：美联储是首次允许使用具有投资评级的 RMBS 为再融资做抵押担保，而在欧元区内，在欧洲货币联盟成立之初就已经被允许这么做了。英格兰银行原先拒绝提供紧急流动性，但最终在北石银行发生存款挤兑事件之后，不得不将其政策与欧洲中央银行的政策保持了一致。可是，英格兰银行的这一艰难努力，一定程度上被许多银行在暗中挖了墙角，这些银行从欧洲中央银行借入资金又在外汇市场上将其换成了英镑。

尽管这次金融危机还远远没有过去，且还在不断迈上新的更加严重的台阶，但可以说，欧元系统成功地避免了市场衰退，没有一家具有清偿能力的银行失去流动性。此外，欧洲各中央银行在稳定市场的同时，并没有忘记它们的主要目标——稳定价格。这可以从所有的流动性供给都得到加强和在整个金融危机期间都能够专心致力于全部的业务运作这一点上看出来。而在美国，美联储通过新创立的期限拍卖工具（Term Auction Facility，TAF）向存款银行发放的追加资金被反向的超前购买所抵消了，相应形成了借入储备的上升被非借入储备的下降所匹配的现象。欧洲中央银行也遇到过这种情况。当多于满足最低存款准备金要求和现金需求的资金把基础货币的总供给弄得无法增加的时候，为了便利银行的流动性计划，欧洲中央银行将其资金供给从主要是两周期限的再融资改变成为 3 个月甚至更长期限的再融资。无疑，此时的美联储和欧洲中央银行的货币政策都没有为冒超额风险的银行提供任何事前或事后的保险，因而没有银行和非银行金融机构因货币政策的扶持而去冒道德风险。

五　次贷危机对我国金融市场的影响

由美国次贷危机引发的全球金融危机也日益对我国经济社会各方面产生深远影响。在全球金融危机的大环境下，在我国经济发展自身周期性回落的同时，我国金融市场的发展前景如何？应该如何应对？

1. 对我国房地产市场的影响

美国次贷危机的根源是美国房地产市场上的次级按揭贷款的违约。对比美国的房地产市场，近年来我国房地产信贷市场的发展与美国有着惊人的相似。目前，银行贷款是我国房地产开发的主要资金来源，而且房地产贷款增长快、规模大；房地产信贷中也有一些“假按揭贷款”、“转按揭”、“循环贷”、“气球贷”、和房屋“净值”贷款等不断面市。据央行统计，1997 年我国个人住房商业贷款余额规模仅为 190 亿元，到 2002 年底已增加到 8253 亿元，2006 年底达到 2.27 万亿元，十年间增长了 100 多倍。与美国次贷危机类似的还有央行不断加息，增大了借款人的偿付压力。从 2004 年 10 月开始，我国央行已经连续 10 次加息，金融机构一年期存、贷款基准利率分别由 1.98% 和 5.31% 上调到 4.14% 和 7.47%；5 年以上个人住房贷款利率由 5.85% 上调到 7.83%。尽管单独一次加息增加的还款额不算大，但 10 次加息后购房人积累的房贷负担已不小，一旦房价出现波动，违约数量必然大增。

房地产行业面临调整，房地产业贷款风险显著上升。在 2006 年和 2007 年房价高涨时，我国商业银行投向房地产业的贷款快速扩张。目前，与房地产有关的贷款占商业银行贷款总额的比重已超过 20%。如果房地产市场出现全面、持续的大幅下跌，则商业银行积累的房地产信贷风险将快速释放。商业银行在房地产抵押品价值、个人住房按揭贷款以及房地产开发贷款这三类资产上的损失相叠加，将给整个银行业带来沉重的打击。也就是说，一旦房地产市场出现与美国次贷危机相似的状况，我国金融市场中的银行将成为最大的埋单者。

另外，2008 年 1 ~8 月，我国住宅销售面积与销售额同比增速分别下滑 15% 和 13%，且同比增速呈加速下滑趋势。尤其是 8 月份，我国商品住宅销售面积与销售额同比下降分别为 37% 和 42%，为近年来最大降幅。短期内房价下跌幅度过大将给银行带来较大压力，而房地产市场成交量大幅萎缩将通过上下游传导给经济发展，带来更加不容忽视的负面影响。

2. 经济的对外依存度对金融市场的影响

目前，我国经济对外依存度已经达到 68.3%，在全球经济的减速中难以独善其身。2008 年 1 ~9 月，我国对外贸易进出口总值逼近 2 万亿美元，达 19671 亿美元，比上年同期增长 25.2%。其中，出口 10740 亿美元，增长 22.3%；进口 8931 亿美元，增长 29%；累计贸易顺差 1809 亿美元，比上年同期下降 2.6%，净减少 49.2 亿美元。2008 年 1 ~9 月，国内生产总值 201631 亿元，按可比价格计算，同比增长 9.9%，比上年同期回落 2.3 个百分点。其中，一、二、三季度 GDP 增幅分别为 10.6%、10.1% 和 9%，逐季惯性下滑趋势非常明显。以 2008 年 1 ~9 月美元对人民币的平均汇率 7.0018:1 来计算，我国 GDP 为 28797 亿美元，2008 年1 ~9 月的对外依存度为 68.3%；出口对 GDP 的贡献为 37.3%，超过1/3。

2008 年前三季度，在我国与主要贸易伙伴双边贸易中，欧盟继续为我国第一大贸易伙伴，中欧双边贸易总值为 3225.2 亿美元，同比增长 25.9%，比上年同期回落 1.9 个百分点，分别高于同期中美、中日双边贸易增速 12.1 和 8.1 个百分点。其中，我国对欧盟出口增长 25.6%，比上年同期回落 2.5 个百分点；自欧盟进口增长 26.7%，比上年同期提高 5 个百分点；对欧盟贸易顺差 118.42 亿美元，比上年同期增长 24.7%。

同期，美国继续为我国的第二大贸易伙伴，中美双边贸易总值为 2515.0 亿美元，同比增长 13.8%，比上年同期回落 1.8 个百分点。其中，我国对美出口增长 11.2%，比上年同期回落 4.6 个百分点；自美国进口增长22.1%，比上年同期提高7个百分点；对美贸易顺差1267.7亿美元，比上年同期增长6.5%。

我国沿海地区破产倒闭的一大批外贸依存度较高的中小企业正是美国金融危机的直接牺牲品。随着大批中小企业的破产倒闭，势必有大量的信贷资金受到牵连。

3. 次贷危机对我国外汇储备的直接影响

我国目前已成为世界上最大的外汇储备国，截至2008年9月末，我国外汇储备余额为19056亿美元，而这些外汇储备大都投资于美国的国债。随着美国经济的下滑和美元的贬值，我国的外汇储备也急剧贬值。同时，次贷危机也对我国银行形成了直接冲击。据测算，投资于次级债务的中资银行中，中行亏损最大，约38.5亿元，建行、工行、交行、招行依次亏损5.76亿元、1.20亿元、2.52亿元和1.03亿元。此外，据美国财政部统计，我国内地金融机构截至2006年6月的一个年度内，投资美国次级债高达1075亿美元，这意味着我国投资者在次级债市场损失惨重。

4. 对我国宏观经济的影响

我国宏观经济开始进入本轮经济周期的下行区间，2007年可能是此轮高速经济增长的峰值，2008年经济增长速度会逐步回落。我国在1992年到1996年曾经保持过连续5年的两位数增长，属于一个经济周期中的向上周期，年均增长12.4%。而此轮经济周期从2003年到2007年又是第二次连续五年的两位数增长，年均增长12.8%。2007年GDP增长处于11.9%的峰值，经济增长速度已经受到了资源短缺的制约，经济放缓和通胀抬头将成为我国宏观经济下行区间的总体特征。当经济发生周期性波动，特别是呈现下行的波动时，商业银行在经济高速增长阶段放出的贷款质量就会受到巨大影响，商业银行的贷款风险会显著提高。

【讨论与思考】

1. 美国次贷市场的危机是如何产生的？如何有效控制金融市场的风险？

2. 美国的次贷危机是如何影响国内金融市场和金融机构的？我国金融系统中存在哪些潜在风险？

案例 2　德隆公司的融资策略成败分析

【教学目的】

通过本案例的学习，了解德隆的融资方式与融资行为，充分了解造成德隆系彻底崩盘的内外原因，以及掌握合理融资方式的重要意义。

【案例资料】

德隆是中国改革开放后诞生的宠儿，也是在改革深入中倒下的骄子，研究德隆的成败对于中国企业的发展具有重要的借鉴意义。本案例对新疆德隆的融资方式和融资行为进行了分析，力求总结内外环境的约束，得出最终导致德隆系彻底崩盘的原因，使现代企业吸收其合理融资方式和发展路径，摒弃那些不符合事务发展规律的做法和行为，促使我国的民营企业走上健康发展的轨道。

一　背景资料：企业融资方式

1. 内源融资和外源融资

按照资金的来源，融资方式可以分为内源融资（internal finance）和外源融资（external finance）。内源融资就是企业生产运营和原始资本积累过程中剩余价值的资本化。对企业来说，进行内源融资具有以下特点：①内源融资来源于企业的自有资金，资金的使用基本不受外界的制约和影响，因此企业进行内源融资具有很大的自主性。②企业内资源金主要包括由初始投资形成的股本、经营活动中提取的折旧以及企业留存收益（经营活动创造的利润扣除股利后的剩余部分），由于折旧主要用于重置损耗的固定资产的价值，企业内源资金增量主要来源于留存收益。因此，内源融资受企业自身赢利能力的限制。③内源融资过程在企业内部完成，既不需要直接向外支付相关的资金使用费，也省去了发行股票和债券的高昂的筹资费用，因此融资成本较低。④内源融资具有低风险性，这一方面与其低成本性有关，另一方面是它不存在支付危机，因而不会出现由支付危机引起的财务风险。

外源融资是指企业通过一定渠道向其他经济主体筹措资金，主要包括发行股票、债券和向银行借款。从某种意义上说，商业信用、融资租赁也属于外源融资范畴。对企业来说，进行外源融资具有以下特点：①外源融资在规模和时间上不受单个企业自身积累能力的限制，能够迅速地、大规模地实现资本集中，融资效率高。②外源融资需要对外实际支付资金占用成本，并需要支付资金筹措成本，因而其融资成本较高。③融资的风险性高，债券融资会使企业面临支付压力以及由此引起的财务风险；股权融资中证券市场上的股价下跌会引发“恶意收购”的风险。

股权融资与债务融资虽然都属于外源融资，但它们各自的特点不同。

股权融资是指企业以出让股份的方式筹集资金，包括配股、增发新股以及股利分配中的送股（属于内源融资的范畴）。企业进行股权融资获得的资金形成企业的权益资本。对企业来说，股权融资具有以下特点：①由于企业通过股权融资获得了资金的所有权，既不用偿还本金，也不用支付固定的利息，因此融资的财务风险小。②融资成本较高。股东承担了比债权人更大的风险，其要求的报酬率也就更高，加之股东的红利只能从税后利润中支付，使得股权融资不具备“税盾效应”，因此其成本一般要高于债务融资。③股权融资可能引起企业控制权变动。增发新股将引入新的股东，企业的股权结构会由此发生变化，使得原有股东对企业的控制权被稀释，并有可能导致企业控制权的转移。

债务融资是指企业通过发行债券或向银行、金融机构借款筹集资金。债务融资获得的资金形成企业的债务资本。对企业来说，债务融资具有以下特点：①债务融资获得的只是资金的使用权而不是所有权，企业必须按期还本付息，因而债务融资使企业面临较大的支付压力，财务风险更大；②债权人承担的风险小于企业股东，其要求的投资回报率低于普通股票要求的回报率，加之债务利息具有“税盾效应”，债务融资成本一般都低于股权融资成本；③债务融资能够提高企业权益资金回报率，具有财务杠杆的作用；④与股权融资相比，债务融资一般不会产生对企业的控制权问题，只有在一些特定的情况下才会带来债权人对企业的控制和干预问题。

2. 直接融资和间接融资

根据融资对象是资金所有者还是银行或金融机构，融资方式可以分为直接融资和间接融资。

直接融资是指企业和资金所有者建立资金融通关系，融资活动在两者之间直接进行。企业最主要的直接融资方式是股票融资和债券融资。企业在发行股票或债券融资时，投资者通过购买股票和债券对企业进行投资。对企业来说，直接融资具有以下特点：①发行股票筹资的制度约束条件相当严格，企业发行股票筹资的规模受到许多限制。②融资过程复杂，持续时间较长，效率不高。企业进行直接融资，需要完成发行准备（包括制订发行计划、提出发行申请）、委托金融机构代售证券、收集资金、办理变更并公告等环节，从发行筹划到筹资完成持续时间较长。③企业发行股票筹资存在发行风险。当市场对企业未来收益预期不佳时，企业可能面临发行风险，即证券无法完全售出、筹资目标无法实现。④企业通过发行证券融资，除了支付资金使用成本外，还需要支付行政、法律费用，以及支付证券承销机构大量的佣金，因此融资费率高。

间接融资是指企业从银行或金融机构获得资金，常用的方式是长期借款。对企业来说，间接融资有以下特点：①融资过程简便快捷，融资效率高。通常情况下，企业向外借款只需要与银行或金融机构就借款数量、利率、偿还方式等问题进行协商，双方达成一致即可完成融资过程。②融资限制性条款较多，对企业约束性较大，企业在融资过程中的主动权较弱。

二 德隆公司简介

德隆是一家拥有六家股权的上市公司，跨越十几个产业的大型民营企业。下属企业有新疆德隆有限公司、新疆屯河集团公司、深圳明斯克航母世界实业公司、北京国武体育有限公司、德隆种业投资公司、汇源食品饮料集团有限公司、新疆屯河投资股份公司、沈阳合金投资股份公司、湘火炬投资股份公司等。

德隆作为民营企业，1986 年创立于新疆乌鲁木齐，其前身为乌鲁木齐技术开发部、天山商贸公司，先后从事过彩扩、服装批发、食品加工、计算机销售等业务。

1992 年成立新疆德隆实业公司，注册资本 800 万元，投资于娱乐、餐饮、房地产等领域。1995 年成立新疆德隆国际实业公司，注册资本 2 亿元，并在北美设立联络处，拓展海外业务。1998 年改制为新疆德隆（集团）有限公司。2000 年 10 月在上海浦东注册成立德隆国际战略投资有限公司，注册资本 5 亿元。2002 年德隆实现销售收入达 380 亿元。

2003 年 12 月 16 日，湘火炬发布公告称，新疆德隆因提供借款质押担保，已将其持有的湘火炬法人股 10020 万股质押给招商银行上海分行，股权质押期限为 2003 年 12 月 16 日至 2005 年 6 月 10 日。这成为德隆破产的导火索，2004 年初，随着德隆资金链断裂，其掌控之下的上市公司出现了连锁反应，4 月份德隆系公司的二级市场股价又开始跳水，其后，湘火炬、合金投资、新疆屯河、天山股份等公司关于股权质押、担保、冻结的相关公告也纷至沓来，德隆危机彻底爆发。8 月，华融资产管理公司全面接管和处置德隆旗下的资产，德隆破产已成定局，随后，德隆的相关高管人员相继被捕。

在十几年的时间里从一家小企业成长为一个庞然大物，德隆走的是一条金融资本与产业结合的多元化发展道路。上市公司群和金融机构群是德隆依赖的两大支撑体系，其实质就是两个金融体系的孪生体，即以上市公司为主体的资本市场和以金融机构为主体的资金市场。

三　德隆公司的融资渠道

德隆公司主要从以下三个渠道进行融资：

1. 上市公司群：融资“窗口”

上市公司群作为德隆的“窗口”，在德隆系中的地位和作用不言而喻。但值得注意的是，公开资料显示，德隆控制其核心的“老三股”多年，期间却只有过三次再融资记录。一次是1999年，新疆屯河以12.5元的价格10配3，实际募集资金2.39亿元；另一次是1998年4月沈阳合金10配3，实际募得资金0.75亿元；第三次是2000年湘火炬以15元的价格10配3，实际募集资金5.6亿元。德隆公司通过其核心“老三股”在资本市场的直接融资数目近8.7亿元。

除上述不到9亿元的再融资之外，德隆系从上市公司群体中获得的资金并非是通过配股或者增发的“正规”渠道，而更多的是“剑走偏锋”，通过关联交易等手段占用的资金总额超过20亿元；利用上市公司的信誉，通过贷款、担保、资产抵押、股权和存单质押等形式从银行获取资金。例如，伊斯兰信托贷款6亿元，新疆屯河质押所持有的新世纪金融租赁全部股权为其共同担保，新疆屯河累计对外担保约8.62亿元、9.96亿元资产被抵押、2.9亿元大额存单被质押，德恒证券贷款8000万元重庆实业提供担保，天山股份9000万元贷款逾期、对外担保超过2.5亿元，重庆实业累计对外担保5.11亿元，合金投资累计对外担保4.82亿元；利用上市公司的委托，挪用上市公司的资金，合金投资及控股子公司1.44亿元国债被德恒证券挪用，天山股份及其子公司委托投资国债及委托理财资金共计3.2亿元被占用。

德隆公司获得银行贷款的方式是这样的：先由上市公司贷出用于下一步并购所需的资金，并购完成后，再由下一级被并购企业向银行贷款，反过来由上市公司担保。这些资金虽然不直接归属德隆使用，但是德隆通过层层绝对控股，对这些资金拥有绝对的支配权。例如，德恒证券以开展资产管理业务为名，以承诺保底和固定收益率的方式，总共向413家单位和772位个人变相吸收资金209亿元。上述资金由友联管理决定，主要用于购买新疆屯河、湘火炬、合金投资等股票和国债，调拨至其他单位，支付资产管理合同本金和利息，支付资产管理业务产生的中介费和理财费等。

2. 金融机构：融资“主力”

一是参股银行业。参股银行业的目的主要基于能够迅速提供德隆相关企业额融资，以便解决应急资金；德隆也看中银行业相当低的资金成本，商业银行在我国刚起步不久，以后还会陆续上市IPO，参控股银行企业确实有非常高的资产增值能力。

二是参股券商、信托公司。除向国有商业银行贷款以外，非银行金融机构也很早就进入了德隆的融资链条。德隆最早利用金融机构融资，发端于1994年的新疆金新租赁。此后，德隆总共控制了27家金融企业进行融资，尤其是利用这些金融机构委托理财。通过旗下券商或者信托公司的委托理财和国债回购业务，特别是国债回购业务，从1994年唐万新初次进入国债市场融资3亿元后，就始终没有停止过在国债市场的短期资金拆借运营，有传言德隆在间接控制兰州商业银行之后，2002年底前后一笔国债回购就做了20亿元。德隆参股金融机构的目的为通过券商、信托投资公司筹集资金。其筹集资金的形式多种多样，所筹集到的资金一般大部分都重新投入二级市场，其回报率相当高，一般在15%左右，在资金紧缺的时候最高达到22%。参股券商的目的是为了配合德隆的上市公司二级市场的运作，支撑股价，使其具有相当高的资产增值潜力。

委托理财业务由友联管理战略管理部负责。各金融机构都有负责融资的客户经理，在外寻找对象包括个人、法人、金融部门。融资的形式有国债委托理财、三方监管、委托理财三种，共同点是对客户承诺一个保底收益，一般是年利12%～15%，对客户选择没有要求，只要有钱来委托理财，和金融机构签署合同就行。一般与客户签订的委托合同分为主合同和补充协议，在主合同中不体现任何承诺保底收益，以规避法律风险。

3. 民间热钱：融资“暗流”

至于更加神秘的民间融资，则一直处于灰色状态。德隆开展社会融资时，一般融资年利率都在12%以上，当资金链紧张时，甚至开出过18%～22%的利率。在融资成本上面，德隆每年至少要付掉30亿元。

四　德隆公司的融资策略

德隆公司在产业整合过程中所采取的融资策略大致可以分为三个阶段。

第一个阶段以股权融资为主。通常是先控股一家上市公司，通过增发和配股投入实业发展，提高公司业绩，再进入下一个融资循环。新疆屯河就是这一阶段的典型。1996年10月德隆介入新疆屯河以后，便利用股市融入的资金将多家上市公司收入囊中，之后这些上市公司又无一例外地开始了大量的投资活动。

第二个阶段以商业银行贷款为主。随着德隆系产业的扩大，由于上市公司再融资要受到多种条件限制，因此，单靠证券市场的直接融资远远不能满足快速扩张的资金需求，这时，德隆便将融资手段从股票市场的直接融资转向了大量依赖银行贷款的间接融资，其主要做法是通过将持有的法人股或存单质押，或是通过所属公司相互担保进行贷款。

第三个阶段以高成本的社会融资为主，包括挪用委托理财资金来维系资金链。德隆的社会融资年利率一般都在12%以上。无论是股权融资还是债务融资，都是可以利用的融资方式。但从并购企业来看，是否具有融资能力以及采取何种融资方式来完成并购交易，是决定着企业未来命运的关键因素。在早期阶段，德隆借助股权融资来实现规模扩张，较好地发挥了资本的杠杆效应。但在尝到了资本市场和金融杠杆的神奇效应之后，德隆迅速走上了一条快速扩张和高速融资的不归之路，以致在中期埋下了大量的债务隐患，因而在后期为巨大的债务负担拆西墙补东墙，最终逃不过融资的陷阱，避不开融资的风险。

德隆盘根错节的持股方式，分散的股权、各级公司之间交叉持股的特点为其融资提供了便利，但正是这些问题才导致德隆陷入了一个恶性循环怪圈，每年的利润都被用来偿付高息，而所借的资金却越来越多，只要其中一环稍稍出现问题，就有全面崩溃的危险。

巨额融资堆起了德隆，而巨额投资又消耗着德隆。不加节制的行业并购、代价高昂的股价维护、成本奇高的融资费用，这一切构成一条往复循环的融资火龙，吞噬着德隆的资金。

德隆的三条融资链大部分归结为债务型融资，实际上德隆的三条融资链也就形成了三条债务链：以上市公司形成的银行债务链；以金融机构形成法人机构委托理财，挪用客户保证金债务链；以民间融资形成的个人、私营企业主、地下钱庄债务链。

由于这种错综复杂的资产抵押、委托理财、股权抵押型的担保关系，使得一家企业的债务风险直接或间接地与多家企业相连，从而形成了风险传递链，我们称之为“债务链”。

德隆系实业部分的负债也高达230亿元，其中债券银行的贷款167亿元；金融负债340亿元，其中6家高风险金融机构的个人债务合计79亿元，涉及17个省市区；德隆通过其核心“老三股”在资本市场的直接融资数目不到10亿元。

2001年以前，德隆系运作成本70亿元左右，而账面利润在50亿元左右。德隆每年用于维持“老三股”股价的资金就在10亿至20亿元，三年60亿元，加上运作成本，德隆在股票市场上共投入约145亿元；2001年后，德隆每年在委托理财高额回扣上的开支都在25亿元以上，三年自身循环消耗75亿元；德隆对金融机构的股权投资约150亿元；实业部分11家债权银行贷款167亿元所形成的财务费用约1亿元；国际并购资金约1.1亿美元，折合人民币9亿元；实业部分产业整合约40亿元；德隆在整个证券市场亏空

160亿元，这就是德隆消耗资金的总体框架

五　德隆系崩溃的原因分析

1. 外部原因

德隆崩溃有其外部原因，在我国初级的市场环境中，无论是德隆非理性的多元化、非良性的产融关系，还是其试图通过改变上市公司经营业绩来达到控制市场价值的赢利模式、融资长投的融资模式，无一不与外部环境存在着千丝万缕的联系；直接导致德隆坍塌的资金链断裂更是一个典型的由债权人信心倒塌而导致的流动性危机。

（1）官商结合的文化环境。

在西方社会，官员和商人是两套截然不同的价值体系，但在中国却水乳交融。法治和市场规律的缺失使得中国的商人阶层和官员阶层关系微妙，前者虽对社会经济做着巨大贡献，但当其无法改造游戏规则时只能默默遵守规矩，而且要做得更加出众。

为了解决扩张冲动和资金匮乏的矛盾，德隆只能通过非经济的方式进行融资和产业扩张。不论是股权抵押、资产担保，甚至风险更大的股票质押和私募融资，德隆都必须承受巨大的融资成本。更为致命的是，这条脆弱的融资链背后还关乎政治博弈等诸多变量，既要用不断的产业扩张整合来获取良好的产业基础和政治诉求，又必须用实业投资提供足够的利润保证来维持资金的供给机制，如果产业整合的收益不足以支撑这样一庞大而冗杂的资金链，或者因为各种原因融资成本再度提高，德隆便有断链之虞。

试想，起家在边塞新疆的德隆，如果没有当地政府的强力支持，能完成几大产业的“整合”吗？民营企业面临的融资樊篱为社会所公认，但民营的德隆从各种渠道所融到的资金何以数倍于国企的三九，德隆的资本结构、资金结构是靠短融长投来支撑的，而这极易导致它的融资手段和融资方法出现违规甚至违法，监管者对这么严重的问题何以视而不见？

（2）非市场化的金融环境。

中国金融系统至今仍以计划管理为基础，以控制市场为原则，具有以下典型特征：银行系统仍然强大，股票市场处于初级状态，机构投资者个别规模和总规模都较小，上市公司信息披露不完备，股票市场评价能力不足，等等。如果从整个社会资源的需求供给来看，经济需求方已经逐渐走向市场化了，而供给方却还牢牢掌握重大利好消息，拼命鼓励企业借贷来扩大资产；当经济突然要刹车了，银行就立刻催促企业还贷，原来的信用贷款也要立刻变成抵押贷款，防不胜防的釜底抽薪使企业瞬间陷入危机——这是金融界系统性的违约。从历史上看，一旦经济周期出现拐点，金融系统转嫁危机的大规模系统性违约是导致企业危机的重要因素：经济政策的突变往往使脆弱的民营企业最先受到伤害，它们不仅要为国家鼓励的产业和企业注资输血，还要为国企上市公司的巨额亏损埋单。

实际上，德隆系拥有3家行业领先的上市公司及关联的六七家上市公司，它已开创性地尝试运用美国20世纪60~70年代的资本运作手法，通过高市盈率的增发收购低市盈率资产，进行着“并购—每股收益增加—股票价格上涨—增资扩股和债务融资规模增加，进一步收购不相关业务，企业集团规模扩张，每股收益增长预期增强，提升资信等级和股权融资能力增强”的循环游戏。但我国资本市场渠道缺乏，无论是借助完善的票据市场，还是进行大规模的企业债券发行，在中国境内目前的市场条件下都不可能实现，德隆除了一直继续着“老三股”的送股除权外，对资本市场的其他运作有心无力。

（3）企业的产业环境。

任何行业都有一条生命周期曲线，当所处的行业步入成熟期时，企业就必须思考下一步的发展，这时有两条道路可供选择：专业化和多元化。通过走专业化道路做大做强，企业必须具备三个条件：第一，企业进入的领域规模要足够大；第二，企业要有原创性的核心技术；第三，企业要具有国际化优势，而目前中国的民营企业基本上不具备上述条件，专业化道路走不通，多元化道路几乎成为一种必然选择，从这个角度讲，德隆走扩张之路是一种生存压力下的无奈之举。

很多理论研究和实际案例已经表明，企业的专业化比多元化更容易取得成功，而非相关多元化较相关多元化又次之。非相关多元化唯一的优点在于能够根据各产业不同的投资回报期来分散风险，但德隆进行的几乎是毫不相关的多元化，无论是产业的上下游衔接，还是渠道的共享，都毫无相关之处；而且它涉及的产业均为传统行业，并不能形成长中短的不同回报期来分散风险。德隆注重管理提升的作用，花费上亿元资金借助外脑，先后邀请了麦肯锡、罗兰贝格和科尔尼等国际一流的管理咨询机构为德隆进行战略规划，这一系列传统行业的不相关多元化扩张恐有难言之隐。

目前，我国多数具有产业整合潜力的资源（如能源、公用事业、金融业等）仍被牢牢地控制在国有体系中，即使国家对之进行开放，也是优先与国际资本合作。在进入一个门槛较低的产业（如水泥、建材、纺织等）时，民营企业能收购的大多是不良资产，它们在企业重组和产业整合中孤立无援，处于政府政策限制和外资优势资本夹攻的夹缝中。国有企业可以靠政策进行划拨、赠与、改制或者破产，但德隆的整合手段几乎只有现金，于是形成了所谓“短融长投”的局面和更为致命的高达90%以上的负债率。

（4）企业的制度环境。

民营企业的金融困境源于国有金融体制对国有企业的金融支持和国有企业对这种支持的刚性依赖，民营企业一时无法在国家控制的金融体制中寻求支持。其要害在于，它与国有金融体制处于不同的信用联系之中，国有银行向国有企业提供信贷的纵向信用逻辑也就不能套用于民营企业。解除民营企业金融困境的根本出路，在于营造内生性金融制度成长的外部环境，只有内生性金融制度的存在和发展才不至于损害民营企业可贵的内源融资基础。也许真是这种制度上的缺陷才会导致德隆的今天。

2. 内在原因

首先，德隆的发展模式具有内在的缺陷。德隆的战略目标和其他民营企业一样是“做大做强”，其模式是以产业和金融为两翼，互相配合，共同前进。但是，实业与金融毕竟性质不同，产业整合的速度，总体上说无法跟上金融发展的速度。因此，这就产生了结构性的差异。风险的把握，全在于两者之间的平衡。

为达到这种平衡，早期德隆通常的做法是：先控制一家上市公司，通过这个窗口融资，投入产业发展，提高公司业绩，然后再融资进入下一个循环。可以说，这是一种资金利用率非常高的运营手法，通过杠杆作用充分利用资本市场的融资功能来壮大自己。但是，单单通过直接融资是远远不能达到德隆的战略目标的。随着德隆系产业的扩大，德隆必须依赖大量银行贷款才能维持资金链条，支持其发展战略。因此，德隆通过将持有的法人股抵押贷款，或者通过所属公司互相担保贷款来解决资金问题，这些资金主要来自四大国有银行。例如，湘火炬、合金投资、新疆屯河3家公司的债务规模在德隆入住后均大幅度攀升，多家对外担保额超过了净资产的100%。此外，德隆开始介入金新信托、厦门联合信托、北方证券、泰阳证券、德恒证券、恒信证券、新疆金融租赁、新世纪金融租赁等多家非银行金融机构以及关联公司，从这些金融机构中取得资金。在银行贷款越来越多的情况下，一旦产业整合不利，银行紧缩贷款，德隆的资金链立刻出现险象。

其次，采用高息债务资金整合投资收益率相对较低的传统行业。传统产业很难获得高额的投资收益，这是一条众所周知的产业经济规律。德隆集团提出了“创造传统产业的新价值”，它认为“只有夕阳企业，没有夕阳产业”，这些观念是建筑在“想象”基础上的“空中楼阁”，作为企业家，其目标不应是“创造传统产业的‘超额’价值”，因为企业家掌握的资源（含资本）都是有成本的，只有资金的投资收益大于资金的融资成本才能体现出企业家的价值。“只有夕阳企业，没有夕阳产业”的信念也是主观主义的产物，在蒸汽机和内燃机发明以前，没有火车和汽车，河道的木船运输非常发达，中国就有著名的大运河，难道河道运输业在今天不是“夕阳产业”吗？繁荣了上千年的大运河被废弃说明了什么？

最后，其“证券投资收益反哺产业整合”的融资战略成为虚幻的“一相情愿”。德隆集团核心人物在2001年上证指数突破2000点时，大胆预言中国证券市场在未来10年要上涨10倍，上证指数将突破20000点。在这样的趋势判断基础上，德隆集团继续寄希望于拉抬二级市场的股票，把股票炒作作为它的“融资机器”。人们很容易沉浸在过去的成功模式中，这段时间德隆集团的舵手们仍然沉浸在1996年前后的“辉煌胜利”之中，这段时间德隆集团从股票二级市场获取了巨额的投资收益。基于这种假设，德隆集团不惜通过私下拆借、委托理财等高成本资金来大量投入证券市场。结果中国证券市场不仅没有从2001年的2000点走向20000点的珠穆朗玛峰，而且一路狂跌到1000点上下的雅鲁藏布大峡谷，德隆集团不仅要承受巨额的投资本金损失，还要承担高额的资金拆借成本，其证券投资何以能够“反哺传统产业整合”呢？

【讨论与思考】

1. 德隆的崩溃是内外部环境共同作用的结果，你认为它在企业金融融资方面的成功之处是什么？失败的原因又是什么？

案例3　突围：融资融券、股指期货进场

【教学目的】

通过本案例的学习与分析，了解融资融券、股指期货的概念、作用以及操作原理，对不同人士关于融资融券和股指期货的观点作出自己的判断，掌握融资融券、股指期货最新发展动态与发展趋势，分析我国融资融券、股指期货发展过程中所面临的障碍与风险。

【案例资料】

中国资本市场近几年的发展速度明显加快，特别是在过去进展迟缓的市场建设方面，接连有重大举措出台，自基本完成股权分置改革以后，2009 年又成功地推出了拟议达十年之久的创业板；而在 2010 年的新年伊始，融资融券与股指期货也获得了有关方面的批准。作为资本市场的一项创新举措，融资融券与股指期货的推出将为金融市场注入更多活力。

一　进场前奏

融资融券与股指期货对于广大投资者来说并不陌生。20 世纪 90 年代初，一些证券服务网点就开展过类似融资融券的业务，只是当时并没有得到有关方面的批准，因此属于非法经营。另外，当时在证券交易所也开展过国债期货交易，其规模非常大，很多老股民对于十多年前的这些业务活动至今仍记忆犹新。既然市场上很早就出现过非正规的融资融券，那么为什么其正式出台会拖延到现在？另外，金融期货十多年前就已经被提及，为什么后来又搁置了？这里的原因并不复杂，主要是长期以来中国资本市场不够成熟所致，由于市场规范化程度低，使得这些本属于基础性的市场建设在一段时间内缺乏正常运作的条件。

譬如说融资融券，它是信用交易的一种，相对风险比较大，由于股市初创期的市场波动幅度较大，使得开展该项业务具有极大的风险敞口，加上配套条件也不具备，因此有关方面一直不予同意，并多次明令禁止。而一些证券经营机构出于各种考虑，暗地里以提供透支或私下借券的方式变相开展融资融券，虽然在短时间内增加了交易量，也满足了部分客户的需求，但由于风险控制不力，再加上市场震荡过大，以至于经常发生账户被“打穿”的局面。在当时不少证券交易网点发生的资金支付问题，多半就与向客户提供透支有关，这也成为市场不稳定的一个重要因素。1998 年公布的《证券法》中明确规定，股票交易实行“银货两讫”，禁止买空卖空，也就是从这时开始，证券经营机构如果再运行融资融券业务就属于违法范畴。此后，随着证券公司经营规范化程度的提高以及第三方存管的实现，也使得该项业务被停了下来。

与当年融资融券属于不规范业务不同，早期的金融期货交易是经过批准而合法进行的，出于提高国债交易活跃度、发现国债价值的考虑，沪深交易所在1994年前后均开展了国债期货交易。但同样是风险控制不力，并缺乏相关制度作为保证，国债期货交易从一开始就表现异常，成为多空双方互为逼仓的工具，并酿成了“327”恶性事件，其结果不但导致了某老牌券商濒临破产还促使管理层痛下决心，关闭国债期货交易，中国的金融期货交易也因此被暂停下来。

透过这段金融历史我们可以看到，融资融券与金融期货之所以长期没有被提及，主要是由当时的市场条件所决定。客观而言，有关方面不是没有注意这方面的重要性，只是缺乏相应的基础，因此只能将其暂时搁置，毕竟市场的稳定比什么都重要。而十多年过去了，中国资本市场在这期间取得了长足发展，特别是在市场化、规范化、国际化方面取得了很大进步，在诸多方面已经与成熟市场接轨。从股市来看，大型企业的上市改变了过去上市公司规模偏小，股价仍时有被操纵的局面；而机构投资者的增加也使得市场的理性成分得到了提升，股市运行能够更多地反映出宏观经济格局，在这种情况下，自然也就产生了对于开展融资融券与金融期货，特别是股指期货的需求。大家都知道，融资融券的功能在于运用杠杆让操作者能够加大做多或者做空的力度，从而放大收益，其特点在于，一方面使得信用交易这一市场经济的基本模式在股市上得到使用，另一方面则改变了单边股市的局面，操作者不但可以做多，也可以做空，从广义上来说，有利于操作者利用这些金融手段来控制风险。至于股指期货，其最基本的作用就是为操作者提供套期保值的手段，控制风险，锁定收益，并且股指期货在价值发现、提高资金使用效率以及放大交易等方面，其作用无疑是十分突出的。在成熟市场中，融资融券与股指期货是证券市场最基础的业务之一，这些业务的开展在推动市场发展、促进交易活跃、吸引大资金入市乃至避免单边股市、稳定行情等方面都起到了积极作用。当然，这些作用发挥的最主要前提之一就是要有很好的风险控制。

二　为何当下入场

鉴于市场发展的实际需要，也鉴于过去的经验教训，虽然融资融券与股指期货多年来一直没有被推进，但有关方面并没有放弃这方面的研究，尤其是注重风险防范与风险控制的研究。客观而言，近几年有关机构在市场制度建设方面，也反反复复地强化了在源头上对风险的控制问题，这在很大程度上为推出融资融券与股指期货打下了基础。而新版《证券法》则删除了股票交易必须“银货两讫”的规定，这也为此类业务的开展扫除了法律障碍。前两年，管理层在市场建设规划中就曾计划推进融资融券与股指期货，并且成立了上海金融期货交易所，只是后来发生了国际金融危机，出于谨慎考虑才放慢了这方面的市场建设步伐。进入 2010 年，中国经济复苏势头强劲，股市平稳发展，金融秩序良好，市场创新意愿强劲，这意味着推出融资融券与股指期货的条件已基本成熟。因此，在新年伊始，融资融券与股指期货被率先推出。

三　扮演的市场角色

长期以来，中国股市没有做空机制，投资者缺少实质性回避风险的手段，在市场操作上也没有相应的杠杆可以使用，金融效率低下，这种局面无疑将因为融资融券与股指期货的推出而发生改变。就市场本身而言，那种小盘股溢价、大盘股折价、个股行情偏离基本面运行的局面，也将因为融资融券与股指期货的推出而逐渐失去存在的条件，此举有利于股市中个股结构的平衡，使得大盘蓝筹股的价值得到合理回升。进一步说，现在市场上机构投资者虽然比较多，但真正有较大操作力度的并不多，这里的一个重要原因在于缺乏回避风险的手段。举个简单的例子，现在上市公司的效益普遍回升，股市的投资价值在提高，但在宏观面与基本面上又存在某种不确定性，人们对退出机制的实施也有一定担心，在这种情况下，不买股票不行，但买股票也有一定的系统性风险，因此在现货上做多，在期货上做空，这样的组合就能够有效地锁定即期收益，控制未来风险。有分析认为，在有了融资融券与股指期货以后，中国资本市场的吸引力会进一步增强，会有更多的长线资金入市，这将极大地推动市场发展，而这也是市场建设取得突破后的重大成果。

当然，并不能说在现有市场规范化程度已经比较高的情况下，推出融资融券与股指期货就不会有太大风险。我们应该看到，无论是管理层还是投资者，对于在规范化条件下开展融资融券与股指期货都比较缺乏经验，尤其是在信息披露方面还存在一定的缺陷，在这种情况下会对开展融资融券与股指期货产生一定干扰。如何在新的条件下抑制内幕交易，恐怕是各方面都需要考虑的问题，而且现在对于参与股指期货设置了较高门槛，大量的中小投资者被阻挡在外，这固然有利于控制风险，但也不可避免地会造成参与者群体偏少，市场基础不够扎实等问题。另外，现在规定证券公司只能以自有资金及股票向客户提供融资融券服务，这个数量是有限的，虽然在试点时期这样做也无可厚非，但毕竟不是长久之计。

所以，要真正发挥好融资融券与股指期货的作用，在相关市场建设方面还应该有更进一步的动作。人们还不能只沉浸在融资融券与股指期货行将推出的喜悦之中，前面还有更多的事情要做，要让融资融券与股指期货业务的积极作用得到很好的发挥，任重而道远。

【讨论与思考】

1. 谈谈国外成熟市场在融资融券和股指期货方面的经验教训。
2. 简述融资融券、股指期货的市场影响和交易原理。请你对我国融资融券和股指期货运行现状及存在问题进行分析。

案例4　中国创业板市场的发展

【教学目的】

通过本案例的学习，了解创业板市场的特点、交易制度以及其设立和运行对完善我国多层次资本市场构建的重要意义；掌握创业板市场最新发展状况与发展趋势，分析创业板自推出以来所出现的问题，并根据现存问题，为创业板的未来发展提出意见与建议。

【案例资料】

我国创业板市场的推出是由来已久的，从1999年中国证监会首次表态要设立创业板至今，2000年的网络股危机，其后股权分置改革，再到后来的次贷危机……诸多原因使创业板市场的推出延迟。即便如此，创业板市场依旧出现在我国资本市场上。

一　创业板国外发展历史

深圳证券交易所综合研究所《海外创业板市场发展状况及趋势研究》显示，从全球范围看，前后有47个创业板市场，最近5年平均每年"诞生"2.6个创业板市场。这些市场覆盖了全球主要经济实体和产业集中地区。目前，全球GDP前10名的国家全部设立了创业板市场。从2002年至2007年的发展情况看，90%以上的创业板市场已经走出了网络股泡沫破裂的阴影，经受住了股市大幅波动的考验，实现了稳步发展。其中，美国纳斯达克、英国AIM、日本佳斯达克、韩国科斯达克的发展最为良好，成为全球发展最为成功的创业板市场。

国外创业板市场大体经历了起步、繁荣、调整和复苏四个阶段，各阶段主要特征为：（1）起步阶段：美国等国家率先设立了有别于主板市场的创业板市场，市场形成具有自发性，市场规模较小，大多从属于主板市场；（2）繁荣阶段：受纳斯达克市场运作成功的影响，较多国家或地区纷纷设立创业板市场，海外创业板市场整体规模迅速扩大；（3）调整阶段：受市场环境和运作机制等因素的共同影响，海外创业板市场出现重大调整，不少市场被迫“关停并转”；（4）复苏阶段：一些创业板市场调整发展战略，海外创业板出现了并购重组和分化发展的格局，市场之间的竞争趋于白热化。

在主板市场运作很长时期并获得了大的发展的同时，海外创业板的异军突起有着深刻的市场背景：（1）资本市场分工为创业板的兴起留下了发展空间；（2）经济结构调整要求相应的市场层次与服务体系；（3）经济增长方式转变为创业板发展注入活力；（4）风险投资偏好推动了创业板市场的发展；（5）成功效应示范加快了创业板的兴起；（6）市场竞争策略促进了创业板的设立。

海外创业板市场的发展趋势主要体现为：（1）海外创业板市场集中度趋于提高，两极分化的格局基本形成并向纵深发展；（2）海外创业板市场公司化运作、内部板块细化和并购重组将更加明显；（3）全球范围内的上市资源争夺将成为各创业板市场竞争的主要策略；（4）海外创业板市场之间的上市公司行业结构差异化将更加明显；（5）市场制度设计将不再是简单照搬，而更立足于各市场的具体现实情况。

从创业板市场发展的经验，特别是部分创业板市场失败的教训看，主要可以概括为四点：一是一些创业板所在地区经济发展停滞，上市资源匮乏；二是市场设立的时机和结构有问题，2000年前后已是网络股泡沫破裂的时候，很多以此为主营的上市公司高开低走；三是上市公司的准入门槛不够合理，监管不够严格，有的门槛设置太低，没有财务指标要求，有的创业板市场出现财务丑闻，影响投资者信心；四是有些市场的退市制度不够严格，好坏公司混在一起，投资者难以分辨。

二　我国创业板的由来及其历史回顾

1999年1月，深圳证券交易所正式向证监会提交了创业板市场立项报告；同年 3 月，中国证监会第一次明确提出了“可以考虑在沪深证券交易所内设立科技企业板块”。2000 年 4 月，周小川表示，中国证监会将会尽快成立二板市场；同年 10 月，深市停发新股，开始筹建创业板。

2001 年初，以纳斯达克市场为代表的全球股票市场出现单边下跌，红极一时的网络股泡沫破灭，引发了股票市场的一度混乱。因此，中央高层认为股市尚未成熟，创业板计划搁置。

2002 年，成思危提出以中小板作为创业板的过渡的创业板“三步走”建议。2003 年 10 月，党的十六届二中全会决议通过，推进风险投资和创业板市场建设。随后，证监会同意深交所设立中小板，并于 2004 年 6 月，深交所恢复新股发行，8 支新股在中小板上市。2006 年，尚福林表示适时推出创业板并于次年 3 月表示要求积极稳妥推进创业板上市。同时，国务院批复了以创业板市场为重点的多层次资本市场体系建设方案，温家宝总理也指出建立创业板市场。

2008 年 3 月，创业板《管理办法》（征求意见稿）发布。2009 年 3 月 31 日，中国证监会发布《首次公开发行股票并在创业板上市管理暂行办法》，并于 2009 年 5 月 1 日起实施。2009 年 7 月 1 日，中国证监会首次发布实施《创业板市场投资者适当性管理暂行规定》，投资者可在 7 月 15 日起办理创业板投资资格。

2009 年 10 月 23 日，我国创业板市场举行开办启动仪式，首批上市的 28 家公司以平均 56.7 倍市盈率于 2009 年 10 月 30 日登陆我国创业板。

三　创业板现状问题分析

创业板从上市以来，可谓喜忧参半。一方面，创业板完善了我国证券市场结构，运行至今总体情况令人满意，也为已经上市的中小企业提供了难得的融资渠道；另一方面，在光鲜外表后隐藏着许多亟待解决的问题，主要表现在以下几个方面。

1. 创业板制度尚不健全

创业板同主板一样，最大的问题在于制度的不健全，这是由我国资本市场起步晚、发展慢的现状所决定的。创业板制度的不健全主要表现在价格的约束机制不完备、公司治理与监管制度不完善、缺乏一些降低风险的金融工具等。不健全的制度可能会引发许多股市的内幕交易、虚假信息、股票投机等不良股市现象。面对当今中国证券市场的现状，不健全的制度在创业板市场上尤为突出。

2. 创业板上市公司治理有待加强

上市公司治理应该是创业板的重中之重，公司的成长性是创业板的基石与未来发展的重要保障。从创业板市场推出至今，许多问题正在逐步显现：高科技的低端化，高增长的低效化，新能源、新经济等资源的错误配置都大大影响创业板的发展。同时，上市公司信息披露不规范，出现虚构、夸大信息，挪用资金用于弥补银行贷款与短期借款，变相减持限售股等现象。种种不良现象都充分说明了在创业板上市公司治理方面仍旧存在着严重的问题。

实体经济是虚拟经济的基础，虚拟经济必须与实体经济相联系。这一点在创业板是尤为重要的，创业板上市公司普遍的情况是上市门槛低，公司成立时间不长，虽然有着好的未来前景，但风险较大。因此，公司治理若得不到有效的监管，必将为创业板的发展埋下一大隐患。

3. 高风险、高市盈率且创业板市场投机氛围愈加浓厚

我国的股票市场一直以来是一个广大股民投机的地方，随着主板市场容量的不断扩大与主板制度的日趋完善，其投机必会渐渐减少。反观创业板，高风险、高市盈率伴随着高收益与高成长同时出现，然而对于广大股民来说，似乎只有收益是其考虑的唯一因素，再高的市盈率也不觉得高，再大的风险也无所谓。这样的心态从创业板市场成立到现在已经愈演愈烈。

同时，创业板投机会引发股价的异常波动，影响广大股民对创业板的信心，对于公司上市融资以及企业未来发展也是极为不

利的。加之，创业板市场暂时没有做空机制，更加增大了创业板的风险。

4. 创业板公司即将分化带来的潜在风险

从国外发达的创业板市场中，可以发现在创业板市场推出一段时间后，上市公司必将发生一定程度的分化，这将给投资者带来巨大的风险。一方面，由于创业板公司本身的特性所致，许多创业板上市公司都是新兴科技、产业公司，前景远大，但在经历了一段时间的经营后，必定有部分公司将由于经营问题或产能问题而走向衰弱；另一方面，由于创业板市场本身制度规定，一旦经营业绩极度不理想，直接退市机制将使得上市公司不复存在，因此，不再存在“壳”公司的价值，投资者所期待的借壳上市或重组等概念也就不存在了。

上市公司分化所带来的另一个负面影响是会影响创业板投资者的整体信心，对业绩优良的公司会有一定的影响，使股价产生剧烈波动，这也必将影响到投资者的整体投资效果。

四　我国创业板市场的发展前景

1. 学习借鉴国外市场，切实加大监管力度

在美国纳斯达克市场取得成功后，20 世纪 90 年代，许多发达国家也相继推出了创业板（二板）市场，希望可以效仿纳斯达克市场取得成功。这其中包括了英国伦敦交易所二板市场、德国“新市场”股指（即二板市场）、日本东京证券交易所创业板“高增长新兴股票市场”和韩国“KOSDAQ”创业板等。但是由于创业板（二板）市场的进入门槛低，上市公司规模小以及创业板监管制度的不完善等弊端，引发了许多问题。无数的经验教训都应该成为我国创业板宝贵的学习借鉴依据。

其中，加大监管力度是核心。一个市场没有好的监管必将走向失败，德国“新市场”股指就曾一度由于监管的不利而不得不被关闭。从我国创业板上市之初可以发现，证监会已经开始加大了监管力度，从 188 家申请上市公司中精心挑选了 28 家优质公司上市，但

这是远远不够的，监管必须是一项持之以恒、永不放弃的责任。

2. 完善制度建设，提高投资者信心

股市的繁荣必须建立在广大投资者信心的基础上，创业板市场作为新兴板块，同样必须赢得投资者的信心。作为一个高风险的小规模市场，在我国当今的证券市场环境下是很难轻松生存的，这不仅有来自主板市场的压力，还有来自创业板上市公司自身未来成长的压力。在这样的情况下，创业板市场制度建设是至关重要的，例如引入做市商机制，改善信息披露效率，建立健全价格约束机制，尽早引入做空机制等。只有这样，广大投资者的利益才能得到保障，广大股民才会提高其对创业板的信心，最终达到股市繁荣的目的。

3. 优化股市参与者结构，倡导绿色投资风气

我国股市从成立之初，就充斥着投机行为，广大的散户投资者成为股市投机中的重要组成部分，这种投机心理及自身不完备的理论知识结构又导致了我国证券市场的不理性。对于创业板而言，远远高于主板市场的风险以及更多更专业的投资技巧是很多散户投资者不能承受和操作的。在这样的情况下，优化创业板参与者结构，不仅有利于创业板风险控制，对于创业板股票的合理定价也有重要作用。

同时，对于参加创业板投资的机构投资者，应倡导绿色的投资风气。创业板市场股票市值小，许多大的机构投资者可以利用自有资金经过一系列的操控股价行为，达到赢利目的。这在一方面增大了股票的不确定性，使股价波动剧烈；另一方面阻碍了创业板市场未来的发展。因此，为保障创业板的健康发展，绿色投资风气是必要的。

【讨论与思考】

1. 请你对国际主要创业板市场交易制度进行比较分析，并谈谈对我国创业板市场发展有何启示。
2. 时至今日，我国创业板市场在短短一年多时间内发展迅速，

结合实际发展现状，你认为，中国创业板有什么值得总结的经验？又有什么地方应该完善？

参考文献

1. 甄炳禧：《美国次贷危机及其影响》，《亚非纵横》2008 年第 2 期。
2. 桂浩明：《突围：融资融券、股指期货进场》，《现代商业银行》2010 年第 2 期。
3. 余波：《中国创业板市场发展的历史回顾与趋势探析》，《商业时代》2010 年第 10 期。
4. 萧琛、艾馨：《从国际经验看中国股指期货的推出与证券市场的演进》，《北京大学学报（哲学社会科学版）》2010 年第 7 期。
5. 李富有等著《国际金融案例》，西安交通大学出版社，2008。

第六章　金融机构

Chapter 6

案例1　国有商业银行改革三十一年历程回顾与反思

【教学目的】

通过本案例的学习，使学生了解国有商业银行改革的社会经济背景及其重要意义，认识国有商业银行改革的实质，分析我国商业银行在新的历史时期如何继续深入改革。

【案例资料】

回首过去的三十一年，按照邓小平同志提出的“要把银行办成真正的银行”要求，国有商业银行进行了一系列卓有成效的改革，从大一统金融格局下，配合国家宏观计划执行信贷发放任务的“财政出纳”机构，逐步转变为符合公司治理规范、按照市场规则运作的现代企业，逐渐成长为真正追求利润和效率的市场主体。

下面依据不同时期改革的不同特征，将三十余年的改革历程划分为三个阶段进行分析。

一　体系重建，开始企业化改革的探索（1978～1993年）

1978年改革之前，在高度集中的计划经济体制下，中国是大一统的国家银行体制。

1979年2月，中央决定恢复中国农业银行。

1979年3月，国务院同意，中国银行从中国人民银行分设出来，专司外汇业务。外汇管理局单列，专职负责外汇管理工作。

1979年8月，国务院批准中国人民建设银行从财政部独立，改称中国建设银行。

1983年9月，国务院决定，工商信贷和储蓄业务将从中央银行分离。

1984年1月，中国工商银行成立，中国人民银行开始专门履行中央银行职能。

这一阶段主要是突破过去高度集中型的金融机构体系，确立了二级银行体制。

1979年2月，国务院批准恢复组建中国农业银行，作为从事农业金融业务的专业银行；1979年3月，专营外汇业务的中国银行从中国人民银行中分离出来，完全独立经营；同年8月，中国人民建设银行也从财政部分设出来，专门从事固定资产贷款和中长期投资业务，后更名为中国建设银行。这些专业银行各有明确的分工，打破了人民银行独家包揽的格局。1983年9月，国务院决定中国人民银行单一行使中央银行职责，同时设立中国工商银行，经营原中国人民银行办理的工商信贷和储蓄等经营性业务。这一步骤标志着我国金融机构体系的重大变革，即中央银行体制的正式建立。至此，传统的人民银行“大一统”金融体制被打破，以中国人民银行为核心、四大专业银行为主体的金融机构体系正式形成，这是我国国有商业银行发展的真正起点。

在明确专业化银行身份之后，国家对银行机构施行了一系列以扩大经营自主权为主的企业化改革措施，重点包括：（1）转变银行信贷资金管理体制和财务管理体制。1979年，银行信贷资金管理体制由“统存统贷”转向实行“差额包干”，1985 年又改为实行“实存实贷”，财务体制也由“统收统支”改为各银行单独核算、利润留成，逐步实行独立核算、自主经营、自负盈亏，1989 年实行了“限额管理，以存定贷”的方针，资产负债管理体制开始逐步建立。（2）开始由机关式管理方式向企业化管理方式过渡的探索。围绕企业化经营方向，建立了各种岗位责任制、目标经营制和单项承包制，同时推行劳动人事制度改革，试行中层干部聘任制、任期目标责任制等。（3）打破专业银行的垄断格局和业务范围限制。在相继成立十余家股份制商业银行的同时，各专业银行之间也出现了业务交叉、相互竞争的局面，为专业银行的企业化转变创造了一定外部条件。

此阶段企业化改革的各项措施确立了银行自主经营的概念，但从实践来看改革的成效并不显著，银行距离真正的企业仍有相当大的差距。四大国有专业银行虽然名义上是按信贷规律办事的独立经济实体，但其全国性银行的地位决定了其必然统揽全国政策性业务，承担执行国家产业政策、保证国家重点建设资金需要的职能；由于金融市场尚不发达，国家难以依靠市场调节经济，专业银行也就成为国家宏观调控的主要传导渠道。从“大一统”金融体系脱胎不久的国有专业银行本身也还带有浓郁的行政色彩，管理体制比照国家机关，过多的行政干预更使其经营自主权无法落实，转变管理方式的改革也难以切实推进。虽然四大国有专业银行在一定程度上拥有了运用信贷资金的自主权力，但前提是必须遵守和完成国家下达的信贷计划。“政企不分”导致“按信贷规律办事”成为一句空话，银行的风险管理、内部控制也就无从谈起。从这一阶段起，国有银行在为经济建设提供金融支持的同时也累积了大量的不良资产，以不良贷款为特征的“历史包袱”从此产生。

二　“商业银行”概念的提出及商业化改革的开始（1993 ~2003 年）

从 1984 年起，四大国有专业银行开始打破严格的专业分工和界限。银行间的初步竞争局面开始有所显现。

1993 年，《国务院关于金融体制改革的决定》指出，要把中国的专业银行办成真正的商业银行，进行企业化改革，实行商业化经营。

1993 年，国家开发银行、中国进出口银行、中国农业发展银行先后成立，四大专业银行的政策性业务正式剥离。

1995 年，《商业银行法》正式颁布实施。

1997 年，在东南亚金融危机背景下，第一次全国金融工作会议指出国有商业银行迫切需要整顿，防范金融风险。

1998 年，财政部发行 2700 亿元特种国债，补充四大国有商业银行资本金，当年的资本充足率达到了 8%。

1999 年，四大资产管理公司相继成立，接收四大国有商业银行 1.4 万亿元不良资产。

1993 年 12 月，党的十四届三中全会提出建设社会主义市场经济体制的目标。同时，国务院《关于金融体制改革的决定》正式提出建立以国有商业银行为主体的金融体系，实施由国家专业银行向国有商业银行的战略性转变。为此，国务院先后批准设立了三家政策性银行，承担原专业银行办理的政策性金融业务，力图解决国有专业银行“一身兼两任”的问题。政策性业务初步分离后，专业银行推行了贷款限额下的资产负债比例管理，实行了统一法人制度，逐步建立健全审慎的会计原则，建立了授权授信制度，推行经营目标责任制，实行审贷分离、内部稽核制等。1995 年 7 月，《中华人民共和国商业银行法》正式颁布实施，从法律上明确了工、农、中、建四家银行是实行“自主经营、自担风险、自负盈亏、自我约束”的国有独资商业银行。

从以上改革举措来看，通过剥离政策性业务创造了商业化经营条件，颁布《人民银行法》、《商业银行法》等法律法规提供了制度支持，深化内部管理体制改革进一步建立了银行自我约束机制和独立经营意识，可见这一阶段的商业化改革进展较快，四大国有银行的制度体系初步具备了商业银行的特征。

这一阶段同时也是国有企业改革的重要时期，由于新旧体制的变革导致多方面权力和利益关系的大调整，国家需要从全局的角度对国民经济进行宏观调控。在当时国家对宏观经济的控制力不足的情况下，国家仍将四大银行看做宏观调控的补充工具，以其作为国家实施产业政策和金融政策的主要载体。虽然《商业银行法》从法律上界定了国有独资银行的商业银行地位，但这里的“商业银行”并非现代意义上的商业银行。国有商业银行仍以国家信用为背景，国家还是不愿意把国有商业银行完全放到市场中去，国家对国有商业银行的干预仍然比较多。在这样的背景下，银行各项商业化改革措施无法深化，市场化经营原则难以真正落实，银行自身的经营机制并未有实质性的改善。而且，由于国有银行与国有企业之间存在事实上的资金供给关系，国企改革成本转嫁给国有银行的问题开始在这一时期得到比较集中的体现。

1997 年亚洲金融危机之后，国有企业大面积陷入经营困境，致使国有商业银行不良资产剧增，银行脆弱的资产质量甚至影响到国家经济和金融体系的安全。1997 年 11 月，为正确估量经济、金融形势，深化金融改革和整顿金融秩序，国家召开了第一次全国金融工作会议，此后实施的主要改革措施包括：（1）成立金融工作委员会，对全国性金融机构组织关系实行垂直领导，改革四家银行干部任免制度，试图解决地方政府干预银行业务问题。（2）补充资本金，剥离不良资产，提高国有独资商业银行的抵御风险能力。中央政府于 1998 年发行 2700 亿元特别国债补充四家国有独资商业银行资本金，1999 年成立四家资产管理公司，剥离国有商业银行不良资产约 1.4 亿元。（3）全面推行资产质量五级分类制度以取代原来的“一逾二呆”分类方法，同时要求商业银行按照审慎会计原则提取贷款损失准备金。（4）国务院向四大银行派驻监事会，强化监督制约机制，这说明国家已经意识到国有商业银行在治理结构方面存在问题，并开始着手改进。

上述的改革措施充实了国有商业银行的资本实力，改善了财务状况，也一定程度上减轻了四家银行的历史包袱。随着宏观经济保持稳步增长势头，四家银行在2000年第四季度出现了不良贷款总额和比例“双降”的良好局面。但是，由于国有商业银行计划经济的烙印太深，历史包袱积重难返，管理体制和经营机制等深层次问题没有得到根本解决，有效的资本金补充、风险管理和内部控制机制没有形成，随着信贷规模的不断扩大，风险资产相应增加，资本充足率进一步下降，不良资产再次反弹。按贷款质量五级分类统计，2002年底四大银行的不良贷款总额达21350亿元，不良贷款率为25.12%。伴随着资产规模的高速扩张，四家银行面对的是赢利水平的低下，2003年平均总资产回报率（ROA）为-0.2%，而国际前100家银行平均水平为1%；平均股本回报率（ROE）为-0.5%，而国际前100家银行平均为12%~14%。在此状况下，1998年充实的资本金已基本消耗殆尽，单独依靠银行自身的经营来化解不良资产、充实资本金几乎没有可能。按照审慎会计原则计算，四家银行2003年底的资本充足率均为负数，最高的中国银行资本充足率也仅为-2.02%，外界因此有中国的国有商业银行早已“技术上破产”这一论断。这样的局面与改革预期存在较大的差距，毋庸讳言，到目前为止的改革难称成功，银行还没有成为真正的银行，进一步的改革势所难免。

简要回顾前述两个阶段的改革历程，可以发现：

首先，前二十来年的改革基本上是沿着两条线索推进的：一是银行外部改革，即通过理顺国有银行与外部的关系，改善国有银行的外部经营环境促进国有银行商业化、现代化的改革思路，具体体现为剥离商业银行政策性业务，消除行政干预，理顺商业银行与中央银行、财政部门的关系，组建股份制商业银行引入竞争等改革措施；二是银行的内部体制改革，如优化内部控制、完善财务制度、改革人事制度、化解不良资产等。概而言之，逐步在经营层面引导国有银行走上市场化、商业化之路。这些改革措施于我国经济转轨的大背景下提出，符合经济体制改革的“渐进性”逻辑，明确了国有银行的发展方向。但从上文的分析来看，由于客观因素所限，这两个阶段改革的局限性也十分明显，国有银行的商业银行身份虽已确立多年，但经营机制尚未真正实现市场化转换，现代商业银行制度也未建立。

其次，从制度特征方面分析，现代企业制度与现代商业银行制度应具有一致性。现代企业制度的基本特征可表述为“产权清晰、权责明确、政企分开、管理科学”，在四者当中“产权清晰”处于更重要的地位，它是实现后三个方面的前提、基础和必要条件。明晰的产权关系所形成的强有力的产权约束机制，能保证企业内部激励机制与约束机制的有效性，从而形成科学的管理制度和管理机制。应该说，产权明晰是商业化的核心，是其他制度改革（如组织制度和管理制度改革）的前提和基础。

最后，从产权制度的角度审视，可以让我们对国有商业银行经营困境产生的原因有更为清楚的认识。国有商业银行的国有独资产权模式名为独资，实际上所有权由谁代表并未明确，从而导致产权关系模糊、资本非人格化以及所有权与经营权难以分离，由此而来的是责权利不明、缺乏有效的自我约束机制、“内部人控制”问题突出和经营效率低下等问题，现代公司治理机制无从建立。在国有独资产权模式下，国有商业银行很难摆脱来自政府部门的干预，再加上债权债务关系不清，即作为债权人的国有商业银行与作为债务人的国有企业最终都为国家所有，从而无法形成真正的借贷关系或金融交易关系，这才是国有商业银行大量不良资产产生的真正内在机理。综观国有商业银行前二十余年的改革实践，单纯围绕着银行经营体制和组织体制着力颇多，深层次的产权制度问题却从未触及。国有商业银行的改革要进一步深入，产权制度改革无疑是一个无法回避的问题。

三　股份制改造启动，产权改革破局（2003 年至今）

1. 历程回顾

2002 年 2 月，第二次全国金融工作会议指出，国有独资商业银行改革是整个金融改革的重点。

2003 年 11 月，中共十六届三中全会明确提出，选择有条件的国有商业银行实行股份制改造，加快处置不良资产，充实资本金，创造条件上市。

2002年7月，中国银行（香港）有限公司在香港联交所成功上市，国有商业银行首次实现海外上市。

2003年12月，中央汇金投资有限责任公司成立。

2004年1月，国务院动用450亿美元外汇储备，通过中央汇金公司补充中国银行和建设银行资本金。

2004年5月，为配合国有银行股改上市，国有商业银行进行了第二次大规模不良资产处置，总共剥离7791亿元坏账至四大资产管理公司。

2004年6月，中央汇金公司负债融资30亿元人民币，注资正在进行财务重组的交通银行。

2004年8月26日，中国银行股份有限公司成立。

2004年9月17日，中国建设银行股份有限公司成立。

2005年4月，中央汇金公司向工商银行注资150亿美元。

2005年6月23日，交通银行在香港上市。

2005年10月27日，建设银行在香港上市。

2005年10月28日，中国工商银行股份有限公司成立。

2006年6月1日，中国银行在香港上市，同年7月5日，在上海证券交易所上市，融资111亿美元。

2006年10月27日，工商银行在上海和香港同时上市，融资219亿美元。

2007年5月15日，交通银行在上海证券交易所上市。

2007年9月25日，建设银行在上海证券交易所上市。

2008年11月6日，汇金公司注资农行1300亿元人民币。

2009年1月16日，中国农业银行股份有限公司挂牌成立。

2010年7月15日及16日，中国农业银行分别在上海A股和香港H股挂牌上市。

2010年8月18日，光大银行（601818.SH）在A股首发上市。自2003年起计划中的国有大型商业银行改革至此基本完成。

前两个阶段的改革并未使国有商业银行从根本上摆脱困境。2001年12月，中国成为WTO正式成员，在约定的过渡期于2006年底结束之后，中国银行业将全面对外开放，国有商业银行将面临更加严峻的经营考验。届时外资银行将不再受业务和地域的约束，其先进的管理、技术和行业经验将对我国国有商业银行形成巨大的挑战。鉴于形势的严峻性，2002年2月，党中央、国务院召开第二次全国金融工作会议，提出要按照“产权清晰、权责明确、政企分开、管理科学”的现代金融企业制度要求，把国有商业银行改造成治理结构完善、运行机制健全、经营目标明确、财务状况良好、具有较强国际竞争力的现代金融企业。其后，国务院成立了国有独资商业银行综合改革专题工作小组，部署人民银行牵头研究国有商业银行改革问题。

改革目标已经提出，但在改革的资源选择上存有争议。一种选择是延续第二轮改革的思路，即中央财政利用财政发债的方式对国有商业银行进行财务重组。但是自1998年实施积极财政政策以来，我国连续几年出现较大财政赤字，国债发行的余地已经很小，财政部门也明确表示国家财力不足以支持国有商业银行的改革。此外在法律程序上，国债发行需获人大批准，在当时的情况下发债的方案不易获得通过。2003年5月19日，人民银行向国务院提出了动用外汇储备向国有商业银行注资的新思路，其背景是我国已积累了较为充裕的外汇储备。这些外汇储备投资于国有商业银行股权，可在人民银行资产负债表中的“其他投资”应用。经多方研究及论证，国家最终选择了运用外汇储备注资的方案。

2003年9月，中央和国务院原则通过了《中国人民银行关于加快国有独资商业银行股份制改革的汇报》，决定选择中国银行、中国建设银行作为试点银行，用450亿美元国家外汇储备和黄金储备补充资本金，进一步加快国有独资商业银行股份制改革进程。

国家根据产权明晰的原则，于2003年12月16日依《公司法》设立了中央汇金公司，由其运用国家外汇储备向试点银行注资，并作为国有资本出资人代表。汇金公司的成立是国有商业银行业改革的一个重大创新，国有商业银行长期存在的产权主体虚位局面由此得到根本性改变。此后，中国银行、建设银行等试点银行的改革工作按照改革总体方案，根据“一行一策”的原则稳步开展。

2. 国有商业银行股份制改革的主要步骤

第一步是财务重组，主要包括核销资产损失、处置不良资产、再注资三个环节。中行、建行将所有者权益、准备金和2003年利润全部转入不良资产拨备，用于核销资产损失，之后将不良资产以市场评估价格剥离给资产管理公司。在工行的财务重组中，财政部创新性地以工行未来的收益冲销工行过去的损失，设立了“特别共管账户”。在核销资产损失、处置不良资产的基础上，2003年12月30日国务院通过中央汇金公司向中行、建行分别注入225亿美元的资本金；2005年4月，中央汇金公司再向中国工商银行注资150亿美元；2008年11月6日，汇金公司以1300亿元人民币等值美元注资农行，注资完成后，汇金公司将持有农行50%的股份，同时，财政部在农行的1300亿元所有者权益将保留，双方并列成为农行第一大股东，各持有50%的股份。通过政府注资，国有商业银行的资本金得到了很大的补充，使国有商业银行轻装上阵，增强了市场竞争力。此外，通过注资引入外部审计，也增大了国有商业银行资产状况的透明度，为广大公众的监督创造了条件。与其他三家国有商业银行明显不同的是，政府注资在农行剥离不良资产时，扮演了更重要的角色。其采取的方式是与财政部建立共管基金以剥离不良资产，基金的偿还来源于财政部作为股东的分红、农行每年的所得税、国有股本减持的溢价收入等，而不再向资产管理公司剥离，从而避免了由资产管理公司廉价甩卖不良资产的阵痛。通过财务重组，四行财务状况得到显著改善，主要财务指标已接近国际大型商业银行的水平。

第二步是在财务重组的基础上实施股份制改造，建立现代公司治理框架。中行、建行、工行、农行相继于2004年8月26日、2004年9月21日、2005年10月28日和2009年1月16日由国有独资改组为股份有限公司。汇金公司分别向三行派出专职董事，代表行使国有资本出资人职能。

第三步是引进战略投资者。国务院在制订改革总体方案时，将“引进国内外战略投资者，改变单一的股权结构，实现投资主体多元化”作为股份制改革的重要一环。中行、建行、工行三行分别引入了美国银行、苏格兰皇家银行、高盛投资团等战略投资者，并确定了战略合作模式。值得一提的是，工、中、建三行在股改时，监管层明确要求引进境外投资者，而此次，农行对股改引进战略投资者方面并没有明确要求，除全国社会保障基金以外，农行上市前不再引入其他战略投资者。通过引进战略投资者，一是使银行的资本金状况得到了很大程度的改善。除了国有四大商业银行，近年来，各家股份制银行也不断通过引入外资，改善资本金状况。据不完全统计，十年时间内，共有浦发银行、交通银行、中信银行、兴业银行等多家股份制商业银行通过引进外资，总计补充资本金逾240亿元人民币。二是有利于改善经营管理。引进资本实力强大、经营管理水平高的战略投资者，有利于银行快速吸收先进的管理技术和经验，特别是在产品的开发、定价、风险管理等核心竞争力的领域中，获得战略伙伴的合作。此外，引进境外战略投资者，是我国商业银行在境外成功上市的重要条件之一，交通银行上市的成功经验有力地证明了这一点——2004年交行引进汇丰银行17.47亿美元资本，汇丰作为国际顶尖的金融集团，在国际资本市场有着良好的声誉，在交行路演过程中，正是“汇丰概念”极大地增强了投资者的投资意愿，开辟了交行成功上市之坦途。

第四步也即改革总体方案的最后一步是境内外公开发行上市。从2005年10月起，四行相继启动首次公开发行工作，均取得了巨大成功，在融资规模、认购倍数、发行价格等方面屡创纪录。截至2010年8月，中、建、工、农四行全部完成A股+H股两地上市。通过公开上市，银行的融资渠道得到进一步扩大，资本金问题得到很大解决。并且随着银行上市和财务状况的逐步改善，还能在证券市场向原股东配售新股以及向新的投资者增发新股，吸引更多的资金参与上市银行的发展和壮大。此外，不仅仅是融资，通过公开上市，我国主要商业银行开始真正成为市场化的主体，通过股份制的公司治理机制和资本市场的运作，提高了经营管理能力和风险防范水平，实现了银行价值的最大化。

3. 股份制改革的评价

这一轮改革经过近八年时间，在主政者的大力支持、主事者的巧妙谋划和参与者的多方配合下，取得了重要阶段性成果。经过注资、重组、股改和上市四部曲洗礼，中国几大国有商业银行不仅实现了财务彻底改善，还同时增加了透明度、风险控制能力，初步建立了相对完善的公司治理结构，实现了可持续的商业化运营。截至2010年11月底，仅四大国有银行市值已超过4万亿元，并全部跻身全球十大市值银行之列。在2010年英国《银行家》杂志发布的世界1000家大银行一级资本排名中，工商银行列第7位，中国银行第14位，建设银行第15位，农业银行第28位，交通银行第49位。

此次改革的溢出效应还包括对中国银行业价值的整体提升，为全国12家股份制商业银行和120余家城市商业银行重组、上市创造了有利条件。更为重要的是，通过改革、重组，中国国有商业银行经受住了这次席卷全球的金融危机的考验，成为中国金融体系稳定的基石，并能够以巨大的资源支持实体经济，使中国经济率先迎来复苏。广而言之，此轮银行业改革不仅是中国金融体制改革的重要组成部分，亦凝聚和体现了中国总体经济体制改革的成功经验。一位亲身经历这次改革的金融机构人士表示："从现实意义看，这次改革怎么评价都不过分。"

毋庸讳言，国有商业银行改革的阶段性收官，仅标志着中国银行业改革近短期目标的实现，其成效依然有待一个大经济周期的严格考验。而如何继续深化改革，将国有商业银行变成真正的市场主体，外厘清与政府的关系，内理顺公司治理架构，并通过大力发展资本市场倒逼国有商业银行积极主动地参与市场竞争，进而提升中国金融的整体竞争力，仍是一个有待各方继续戮力求索的未竟之局。

四　展望未来，把握行业发展方向

成就来之不易，改革任重道远。我们必须清醒地看到，改革虽然取得了很大成就，但与现代化银行要求相比，银行业金融机构公司治理还不完善，内控机制仍不健全，基础管理比较薄弱，风险管理和控制能力有待提高，金融服务水平有待提升。同时，当前世界主要经济实体出现衰退，中国银行业也面临着新的挑战。应对新形势，中国银行业可以从以下方面思考未来银行业发展改革的方向。

第一，由分业经营走向混业经营，是中国市场经济发展的内在需求，也是中国银行业参与国际竞争的必然结果。实行混业经营已经成为国际上银行业界的潮流。一方面，银行、证券、信托、保险等的多样化混合经营形成规模经济和范围经济，降低了成本，在金融业的市场风险急剧加大、金融危机日益频繁的环境下，多元化、多地区经营可以有效分散风险，增强经营稳定性；另一方面，技术革命和金融创新也促进了金融的混业经营。以计算机和互联网为特征的新技术革命，极大地降低了金融数据处理成本和金融信息成本，使金融管理技术和金融信息传播效率大大提高，从而增强了金融机构业务扩张能力。

第二，建立内外均衡的银行业开放格局。对外开放引进了外国资本，引进了新的经营理念，促进了中国银行体系的改革和完善，带来了新的管理方法，加快了中国金融服务市场建设的步伐。对内开放则指对民营资本开放，这有利于优化中国金融结构，完善金融体系；有利于促进市场竞争，推动国有商业银行的改革进程；有利于规范和疏导民间信用组织和地下金融活动，并使中小企业摆脱融资困境。

第三，树立全球视野的国际化经营战略。银行国际化经营主要表现为，通过大规模在海外开设分支机构或建立代理关系，形成全球性的服务网络，在国际范围内从事金融服务，实现以资本国际化为特征的跨国经营。一则中国外汇储备存量巨大，为国内银行“走出去”奠定了坚实的物质基础；二则符合银行国际一体化的必然发展趋势。

第四，加强全面风险管理下的金融创新。金融发展离不开金融创新，它增强了银行业的赢利能力，使银行运用资金能力和筹资能力进一步增强，为银行扩大资产业务规模、增加经营收入、提高赢利能力创造了条件；它也改善了银行业的公司治理，近年来，中国商业银行通过政府注资、股份制改造、引入外资战略投资者、上市等创新，使银行业的治理得到了极大的改善。

但金融创新在促进银行业发展的同时，也会带来新的金融风险，比如由2007年美国金融产品创新造成的次贷危机，给全球银行业乃至整个经济体系带来了深重的灾难。因此，全面风险管理将贯穿金融创新的始终，同时加强对跨境资本的监管，提高风险识别和管理能力，增强我国金融体系的稳定性，做到在全面风险管理防控的基础上，加快金融创新和推进的步伐。

【讨论与思考】

1. 谈谈我国国有商业银行产权改革的重要意义和四大商业银行股改的成效。
2. 结合教材知识，总结我国国有商业银行改革的主要特点。
3. 中国银行业股份制改革的核心、目标是什么？
4. 你认为我国国有银行在未来的改革发展中应着重解决的主要问题是什么？如何解决？

案例2 我国金融控股公司的发展现状

【教学目的】

通过本案例的学习，学生可以在了解金融由“分业”到“混业”的发展趋势背景下，深入了解当前国内外典型的金融

“混业”模式——金融控股公司的运作情况和基本特征，更好地把握金融功能在金融组织演进过程中的逐步强化趋势。

【案例资料】

随着经济全球化、现代信息技术进步、市场竞争加剧以及各国金融监管逐步放开，从20世纪70年代开始，国际金融市场和金融机构发生了巨大变化，主要市场经济国家的金融业开始由分业经营向综合经营转型。以德国为代表的全能银行型，以美、英为代表的金融控股公司型和以日本为代表的产融结合中间型，是各国金融综合经营过程中形成的几种主要组织形式（见表6-1），而其中又以金融控股公司形式更为突出。

表6-1　各国金融综合经营主要组织形式

类型	代表国家和企业	优势	劣势
金融控股公司	美国：花旗 英国：汇丰	1. 主营业务突出，核心能力明显，核心企业发展阻碍少 2. 集团的控制能力较强 3. 业务协同性较好，能较好地为客户提供综合服务	1. 与单一银行相比，不利于进行顺畅的资金调拨和流动 2. 无法提高对同一贷款客户的风险限额，在管理上缺乏灵活性
全能银行型	德国： 德意志银行	1. 业务多元化，能提供一条龙金融服务 2. 银行的控制能力较强，资金调拨方便 3. 拥有稳定、优质的基本客户群，较好地发挥协同效应	1. 金融风险容易在部门之间传递，且难以分散 2. 对管理层要求较高，要熟悉不同金融业务
产融结合中间类型	日本： 瑞穗控股	1. 增加下属子公司的自主性和独立性，提高效率 2. 适于母公司进行购并等资本运营 3. 金融业务多元化，分散经营风险	1. 产融结合，关联交易多 2. 管理成本较高 3. 政府主导，行政干预与腐败现象多

自20世纪90年代以来，金融控股公司成为美、德、日、英等主要市场经济国家金融综合经营的主要组织模式，花旗集团、美国银行集团、摩根大通集团、德意志银行集团、德累斯顿银行集团、瑞穗集团、三菱UF集团、汇丰集团等大型金融控股集团已经饮誉全球。东亚地区的新加坡发展银行集团、新韩金融控股公司和韩国友利金融控股公司等也名声日隆。

由于其效率及稳定性，金融混业及金融控股公司已成为世界各国金融业发展的大势所趋，而绝对的分业经营模式会损害金融机构的整体效率。1999年8月，人民银行与证监会下发了《证券公司进入银行间同业市场管理规定》和《基金管理公司金融银行间同业市场管理规定》，允许符合条件的证券公司与基金公司加入全国银行间同业拆借市场和国债回购市场，表明分业经营的金融政策开始松动，并预示着中国也会像美国一样逐步走向混业经营模式。2001年7月，人民银行发布《商业银行中间业务暂行规定》，商业银行经批准可以开办代理证券业务和财务顾问等投资银行业务，一定程度上预示着我国将逐步走向现代金融混业经营模式。2004年9月，国务院原则上同意商业银行发展基金业务和设立基金公司，保险公司资金则可以直接进入股市。这一系列的改革措施，为金融控股公司的发展奠定了政策和法律基础。近年来，尽管目前我国名正言顺的金融控股集团只有光大集团一家，而实际上已经按照金融控股集团模式运作和正在向金融控股公司战略调整的金融企业逐渐增多。

随着中国光大金融控股集团公司的挂牌，中国现阶段事实上将形成三类金融控股集团。第一类是有名有实的金融控股集团，如光大金融控股集团；第二类是准金融控股集团，如中信集团、平安集团，以及四大国有资产管理公司转型所形成的综合性金融机构等；第三类是次准金融控股集团，如商业银行在境内外以合资或独资形式设立投资银行、保险公司、基金公司、信托公司等非银行金融机构等。各类准金融控股公司又可分为五种模式，如表6-2所示。

表 6-2　我国各类金融控股集团组织模式比较

类型	代表企业	优势	劣势
大银行模式	中行、建行、工行、交行、	1. 可以通过控股非银行金融机构的方式开展综合经营，从而提供更全面的金融服务 2. 核心企业和核心竞争力突出 3. 商业银行占主导，以其实力、网点和规模，实现对集团内其他子公司的控制和影响，有利于发挥资源共享和组织协同效应 4. 不同业务领域的分工，既有风险防火墙效应，又有业务专业化优势	1. 大银行是绝对主导，在体制、观念、文化等方面起支配作用，其他部分过于弱小，尚不能构成内部的协同效应 2. 法人治理结构尚带有传统专业银行的色彩、改革尚未完全到位 3. 大银行以国有产权为主，经营管理非商业化的问题如果沿袭给国有控股的金融控股公司，将增加我国整个金融体系的系统风险
资产管理公司模式	东方 长城 华融 信达	1. 利用银行不具有的权利，通过控股非银行金融机构的方式开展综合经营的探索和实践 2. 以控股的方式扩大经营范围和经营规模 3. 基础好，负担轻，转型快	1. 缺少商业银行作为集团的重要支撑 2. 缺少有规模竞争力的主业 3. 母公司存在巨额债务负担
中信模式	中信控股	1. 可以通过控股非银行金融机构的方式开展综合经营的探索和实践 2. 以控股的方式扩大经营范围和经营规模 3. 子公司的独立法人地位增强了风险防火墙效应	1. 治理结构不到位，控股公司不控股，也不参与实际经营 2. 缺乏协同效应，资源共享难实现 3. 集团公共平台缺乏有效性和权威性 4. 关联交易难以避免
平安模式	平安控股	1. 治理结构较好，集团控制力强 2. 核心企业和核心竞争力突出 3. 以保险业为主，通过信托公司控股证券和银行，组织架构脉络分明 4. 集团平台较为有效，能为子公司提供强大的人力、财务和后勤支持，而不构成子公司的阻碍	1. 随着经营领域的扩大，涉足证券和银行，对管理能力提出挑战 2. 股权过于集中，多样化制衡机制不够

续表

类型	代表企业	优势	劣势
地方金融控股集团模式	上海国际金融集团、天津奉达控股	1. 有地方政府支持，在业务获取和收购兼并上较为方便，资源整合能力强 2. 可以借此梳理和整合地方金融资源，使政府管理更为便利 3. 资本来源较有保障，抵御风险和竞争能力强	1. 集团内各企业整合难度较大 2. 官方色彩浓，政府干预多 3. 国有体制占主导，有可能存在经营管理非商业化及效率较低的问题 4. 关联交易难以避免

第一，中行、工行、建行、交行等大银行，采用综合经营的新概念来规避目前中国法律框架下禁止的混业经营，基本模式为“内部经营 + 母子公司”，通过新设或控股独立的子公司来开展非自己主业的金融业务。多个独立法人、跨行业开展业务可视为外部全能化经营的一种形式。当前几大银行旗下以控股公司形式已拥有证券、保险、基金、信托和金融租赁等多家子公司。

第二，东方、长城、华融、信达四大国有资产管理公司已纷纷转型，开展金融业综合经营。华融资产控股证券、信托、金融租赁等子公司，东方资产控股证券、保险、金融租赁、信用评估等子公司。信达资产更为突出，旗下子公司涵盖证券、保险、基金、期货等主要金融领域，2009 年以来信达资产管理公司已开始以金融控股集团的姿态公开亮相，颇具潜力。

第三，中信控股是在中国中信集团公司整体改制的基础上，通过内部整合，于 2002 年成立的国内第一家金融控股公司。中信控股运作模式特点是专业性的子公司合并在一个控股公司之下来管理。其母公司除了具有战略规划、风险控制、财务审计和信息技术等方面管理和控制子公司的职能外，不从事具体的经营活动。目前中信控股拥有银行、证券、信托、保险、金融咨询、资产管理、融资担保租赁等子公司，是国内目前种类最齐全、最具市场实力的金融类控股公司。

第四，平安集团是当前国内最具市场活力的金融控股集团。从发展历程看，先是平安保险公司的寿险和产险分家，成立平安寿险和平安产险公司，而后平安保险股份有限公司重组为控股公司，控股平安寿险、平安产险和平安信托，接下来子公司平安信托控股平安证券和平安银行。控股公司（上市主体）本身不参与经营任何具体业务，通过控股子公司开展混业经营。成立控股公司，标志着平安保险由“金融机构跨行业投资”模式转变为金融控股公司模式的综合经营。

第五，上海市政府以上海国有金融资产为基础，组建涵盖所有金融业务的金融控股集团，整合工作已经启动。天津则以泰达控股为主，成立金融控股公司，整合天津地方国有资产所属的金融资源。这种地方性金融控股集团在资金、技术方面并不逊色，如果机制理顺可能更具后发优势。

总而论之，我国金融控股公司主要由政府主导和市场扩张两种方式形成。其中平安控股主要是市场扩张形成，其他基本是政府主导。从治理结构上看，大银行模式、资产管理公司模式和平安模式基本上是核心企业主导型，由核心企业对其他子公司施加控制和影响力；中信模式和地方性金融控股公司模式则集团不参与具体经营。

财政部于2009年10月12日公布了《金融控股公司财务管理若干规定》（以下简称《规定》），这是在国家尚无明确立法条件下首个专门针对金融控股公司进行规范的文件。从形式上看，《规定》是从财务管理的角度对金融控股公司的资本、投资、经营、资产管理、风险控制、利润分配和信息披露等若干事项作出了详细规定。实际上，《规定》对金融控股集团的运行体制、股权架构以及业务经营等多方面均提出了明确要求，对金融控股集团的公司治理和公司管理都将产生重大影响。

【讨论与思考】

1. 请简要分析金融控股公司应具备什么样的金融功能，为什么说金融混业是大势所趋？

2. 请收集更多西方国家典型金融控股公司的资料，谈谈西方国家金融控股公司的发展经验以及对我国金融控股公司发展的启示。
3. 结合当前实际，探讨我国金融控股公司的风险及其防范。

案例3 汇丰银行业并购策略及启示

【教学目的】

通过本案例的学习，学生可以了解银行业并购的动因，深化对并购浪潮不断改变着国际银行业竞争格局和走势的认识和理解，探索银行跨国并购中应注意的问题及发展方向。

【案例资料】

一 汇丰银行并购策略

从20世纪50年代末开始，汇丰银行通过十余次收购和兼并，一步步从一家区域性银行发展成为全球性金融企业。能够在短短的几十年内成功推进全球化战略，使业务、利润来源全球分布，主要得益于两大重要支柱：全球并购和全球上市。

1. 全球并购：演绎环球金融

汇丰银行发展史其实就是一部并购史。成功的并购是助其实现“全球本地银行”目标的助推器。“二战”之前，汇丰主要通过在东道国设立分支机构作为其海外扩张方式。1866年汇丰在日本设立第一家分行；1880年在纽约创办了在美国的第一家银行，1888年在泰国创办了第一家银行；19世纪和20世纪之交，在菲律宾、新加坡、伦敦、里昂、汉堡等地相继设立了分支机构。“二战”之后，汇丰开始采用并购方式实施全球化战略，在不同阶段确定不同的重点区域，并注重新业务的拓展。

（1）1959~1980年，重点拓展亚太市场。1959年，汇丰先后收购有利银行和中东英格兰银行；1965 年，收购了香港恒生银行 62% 的股份。此后，通过不断扩展其子公司的业务和经营空间，确立了在亚太地区的优势地位。

（2）1980～2000 年，重点拓展欧美市场。在北美先后收购美国海丰银行、加拿大卑诗银行与英属哥伦比亚银行在加拿大的业务、纽约共和公司（Republic New York Corporation，RNYC）及其在欧洲的私人银行附属公司萨法拉共和控股公司（Safra Repubblic Holdings，SRH）。在欧洲收购英国商人银行 Antony Gibbs、英国米特兰银行、瑞士私人银行 Guyerzeller Bank AG、马耳他的 Mid-Med Bank 以及法国商业信贷银行。在扩张商业银行业务的同时，汇丰通过收购伦敦大型证券经纪商詹金宝（James Capel & Co.）、英国汽车租购服务公司 Swan National Leasing 等非银行金融机构，向混业方向拓展。除了在欧洲与北美的扩张外，还在澳大利亚、马来西亚、巴西、阿根廷、韩国、菲律宾、泰国等地开拓了业务。

（3）新世纪，重点拓展新兴市场。20 世纪后期，汇丰确立了“价值管理”的战略定位，强调在业务发展和利润创造中平衡传统成熟市场和新兴市场的关系。由此，汇丰并购的地域范围扩展到新兴市场，在中国大陆尤为明显。

2. 全球上市：彰显地方智慧

如果说全球并购是国际大银行实施全球化战略共同采用的手段，那么全球上市则是汇丰实施全球化发展战略的独门利器。自 1991 年开始，汇丰银行走出了一条全球上市之路，迄今已在五大交易所上市。

1991 年之前，汇丰的股票仅在香港联交所交易，尽管是当时香港市场最大的上市公司之一，但囿于区域及规模限制，汇丰的影响及总市值与全球其他大银行相比明显偏小。1991 年，汇丰银行通过重组成立汇丰控股有限公司（HSBC HoldingsPlc.），在英国注册，总部设于香港，管理及控制权均在香港，取代了原汇丰的上市地位。1992 年，汇丰与米特兰银行合并，重新在伦敦股票交易所上市。1999 年，收购美国利宝集团并将其改组成美国汇丰，后经过摩根推荐，汇丰的股票以存托凭证（ADR）的形式在纽约交易所上市，奠定了在美国市场的地位。2000 年，在完成了对法国商业银行的收购并将其改组成法国汇丰后，汇丰的股票又在巴黎证交所挂牌交易，有力地提升了汇丰在欧洲本土的影响力。2004 年，收购百慕大银行有限公司后，汇丰的股票又在国际游资集中的离岸金融中心——百慕大证交所交易，极大地巩固了汇丰在全球投资者中的地位。汇丰银行除了以母公司为主的上市模式外，还拥有一些单独上市的子公司，如恒生银行、汇丰加拿大银行等。

全球上市给汇丰银行带来了丰厚收益。汇丰的股票在全球三大洲不同国家的五家证交所同时挂牌，全球 120 多个国家或地区的汇丰股东超过 21 万。这些股东还可能是汇丰的基本客户或潜在客户。全球上市确保了汇丰在规模急剧扩张情况下的资本充足率仍维持在较高水准，一级资本充足率接近 9%，总资本充足率达到 13%。全球上市还降低了汇丰对单一金融市场的依赖性，分散了国家的系统性风险。另外，全球上市很好地稀释了汇丰全球并购的进攻性特征，推动了汇丰本土化战略。作为一家英国银行，汇丰对外国银行的大肆收购，容易引起东道国政府、公众特别是同业的排斥，引发摩擦与冲突。在东道国上市后，汇丰成为一家东道国的当地银行，摩擦和冲突得到减弱甚至消解，这也是汇丰“环球金融，地方智慧”发展战略的实质之所在。

二　汇丰银行并购的经验总结

1. 资产、利润全球配置，风险均衡分散

汇丰在全球化的过程中，始终将资产、利润全球配置，风险均衡分散的理念贯穿于整个发展战略。通过几十年来跨国并购活动，汇丰形成了欧、亚、美均衡发展的战略布局。资产和利润来源于全球布局，能够有效分散国家和地区风险，成为其赢利持续增长和控制金融风险的有效途径。1997 年亚洲金融危机期间，汇丰最大限度地分散了金融危机及香港经济泡沫破灭的影响，并分

享到美、欧经济稳定增长以及其他新兴市场国家经济发展的成果，使得汇丰集团在亚洲的业务遭到挫折时，其他地方的业务平衡了这种损失。在2008年的次贷危机中，汇丰又依靠欧洲、香港及亚太其他地区的利润贡献，弥补了北美市场的损失。

2. 跨国并购紧扣基本发展需要

（1）并购配合集团的发展战略。汇丰董事长葛林认为，只有当公司并购和公司的战略达到契合时，并购才有效果。并购须是整个公司发展战略的一个延伸，而不仅是满足让公司进入新的业务、新的领域。对恒生银行的并购，一举奠定了汇丰在香港银行业的垄断地位，使其在香港及整个亚太地区站稳了脚跟，而恒生银行在后来的发展过程中也为整个汇丰集团源源不断地输入了现金及取得赢利，有力地支持了汇丰的全球扩张。通过收购英国米特兰银行，汇丰实现了进军欧洲市场的战略构想，且成功地帮助汇丰将集团总部从香港迁回到了伦敦。同样，汇丰对美国利宝集团的收购，使其拥有了纽约最大的银行服务网络，2003年并购墨西哥Bital银行也实现了其拓展美洲市场的战略意图。

（2）并购体现明确的业务方向。汇丰银行根据业务发展的需要选择并购对象，而被并购对象或是能使汇丰银行达到某方面业务的领先地位，或是实现业务互补性，或是实现新业务的拓展。如并购法国CCF，就是因为其拥有超过100万的客户，尤其是在法国本土的个人理财服务具有优势，能帮助汇丰在欧洲大陆的零售业务上站稳脚跟，且能够配合汇丰的财富管理、工商及金融机构业务，以及资产管理等服务，便于其在全球推广“增值管理”和“卓越理财”的发展战略。

（3）并购对象具有未来赢利的潜质。汇丰的并购策略十分注重被并购对象的未来赢利前景，包括被并购对象的市场地位和品牌价值，特有的网络、客户、产品优势、服务经验以及发展前景。汇丰前董事长庞约翰曾表示，收购目标必须符合汇丰的业务策略，收购项目必须能在首年增加每股赢利，以及在3～4年内，超越集团所动用的资金成本。

3. 跨国并购战术灵活巧妙

（1）准确把握并购时机。汇丰十分善于捕捉并购机会，能准确把握并购时间，对处于经济萧条期或陷入财务危机的银行进行低成本并购是其并购战略的一个重要特点。1965 年，因香港金融市场泡沫破裂，恒生银行出现挤提风潮，汇丰乘机以 5100 万港元收购其 62% 的股权。20 世纪 90 年代的“墨西哥金融危机”波及整个拉美地区，汇丰乘机收购了濒临倒闭的巴西主要银行 Bamerindus。亚洲金融危机后，汇丰银行把握住了亚洲许多国家推进金融改革、开放金融市场的机会，收购了韩国汉城银行 70% 的股权。在接连遭受了 1994 年“墨西哥金融危机”和 1998 年“俄罗斯金融危机”后，美国利宝集团出现严重亏损，汇丰以 97.36 亿美元收购了利宝集团旗下的纽约共和银行及其子公司 SRH，组成美国第 15 大、纽约州第 3 大银行。2001 年，汇丰银行趁土耳其爆发政治金融危机时收购了 Demirbank TAS 银行。

（2）灵活采用混合并购策略。在并购的出资方式和股权份额上灵活采用混合策略。在出资方式上，汇丰银行主要以股票和现金方式筹集并购资金。由于在多地上市，资金来源相对充裕，汇丰收购其他银行则通过发行股票或证券，而不需要付出全额现金。1992 年汇丰对米特兰银行的总收购价为 36.9 亿英镑，其中，以股票支付 26.88 亿英镑，债券支付 4.13 亿英镑，初始投资的现金支付仅为 5.89 亿英镑。在收购法国 CCF 中，汇丰银行支付的 125 亿美元中，现金仅为 30 多亿美元，其余 80 多亿美元是汇丰的股票。并购利宝集团采用了三种集资方式：一是向市场配股集资 30 亿美元以筹集约 1/3 的资金，二是通过发行债券获取 1/3 的资金，三是以内部现金支付约 1/3 的费用。而收购家庭国际银行，则是通过新发行 13.38% 的股本与其股东换股实现。在并购股权份额上，汇丰有时不是一次性全面收购，而是以逐步“蚕食”的方式，遵循参股、控股直至全面收购的过程。

（3）注重并购后的整合，实现协同效应。在大规模并购以后，汇丰更为关注并购后的整合。如并购米特兰银行，尽管两家业务重叠较少，但汇丰仍对米特兰银行进行了大规模的调整。首先是合并某些重叠的业务和服务，其次是加强各机构之间的合作，再次是加强人员调整，最后是致力于企业文化的融合。整合工作加强了协同效应，减少了冲突。同时，汇丰还注重被并购银行品牌的整合，不断提升品牌价值。

三　汇丰银行并购的启示

1. 并购战略要与整体战略一致

当前，大型商业银行还缺乏清晰的市场定位和明确的发展战略，同质化竞争激烈，规模不小但赢利能力不强等矛盾突出。因此，必须明确自身的市场定位和中长期发展战略，使并购成为服从、服务和推动自身整体战略发展的有效手段，只有这样，才能真正解决在哪里并购、何时并购以及并购谁的问题。

2. 并购目标必须具有潜质，与自身能实现优势互补

要考察并购对象是否符合自身的战略，是否能增强竞争优势，是否能优化价值活动或价值链，是否有足够的增值空间等。要根据自身的发展战略设定并购条件，并根据所需条件主动寻找案源、过滤案源，让战略引导收购，不能等市场上浮现潜在的被并购标的后，才考虑自己究竟可以做多少让步，才考虑有没有出手的必要。

3. 研究和运用不同的并购形式

充分研究、论证和评价，灵活选择整体并购、投资控股并购、交叉持股、换股、股权有偿转让、现金并购、资产置换并购、二级市场并购等多种形式。通过并购建立分支行是打入国际金融市场的最便捷、最有效的途径，可以直接利用被并购银行的市场影响力、信誉、客户基础、营销网络以及长期建立起来的运作制度和人才体系，迅速打开地区市场，减少新投资的经营风险，成长性更快。

4. 重塑新的企业文化

银行并购在顺利实现经营协同效应和财务协同效应的同时，

还应最大限度地实现文化协同效应，以获取更大的竞争优势，顺利完成并购后的整合。为此，在整合中，应保持开放的文化与开放的心态，彼此包容、良性沟通、有机结合，加强对被并购方内部经营、管理、高管以及文化的尊重、吸纳和包容，逐步建立起一种基于共同核心价值观和信念为一体的新的企业文化。

【讨论与思考】

1. 简要分析全球金融业百年并购的历程、变迁及其对全球经济发展产生的影响。
2. 找一两个国内银行并购案例进行分析，探讨我国银行业并购现状与存在的问题。

案例 4　巴林银行的破产

【教学目的】

通过本案例的学习，了解巴林银行破产的过程，分析巴林银行破产的原因，掌握现代商业银行与金融市场之间的联系，认识金融衍生品在商业银行管理中的地位和作用。举一反三分析我国商业银行在金融市场中的表现和存在的问题。

【案例资料】

一　巴林银行倒闭的过程

1995 年 2 月 26 日，金融衍生产品市场突掀巨浪。具有 230 多年历史、在世界 1000 家银行中按照核心资本排名第 489 位的巴林银行，因进行巨额金融期货投机交易，造成 9.16 亿英镑的巨额亏损，在经过国家中央银行——英格兰银行——先前一个周末的拯救失败之后，被迫宣布破产。后经英格兰银行的斡旋，3 月 5 日，荷兰国际集团（INC）以 1 美元的象征价格，宣布完全收购巴林银行。

1763年，弗朗西斯·巴林爵士在伦敦创建了巴林银行，它是世界首家“商业银行”，既为客户提供资金和有关建议，自己也做买卖。当然它也得像其他商人一样承担买卖股票、土地或咖啡的风险，由于经营灵活变通、富于创新，巴林银行很快就在国际金融领域获得了巨大的成功。其业务范围也相当广泛，无论是到刚果提炼铜矿，从澳大利亚贩卖羊毛，还是开掘巴拿马运河，巴林银行都可以为之提供贷款，但巴林银行有别于普通的商业银行，它不开发普通客户存款业务，故其资金来源比较有限，只能靠自身的力量来谋求生存和发展。

1803年，刚刚诞生的美国从法国手中购买南部的路易斯安纳州时，所有资金就出自巴林银行。尽管当时巴林银行有一个强劲的竞争对手——一家犹太人开办的罗斯切尔特银行，但巴林银行还是各国政府、各大公司和许多客户的首选银行。1886年，巴林银行发行“吉尼士”证券，购买者手持申请表如潮水一样涌进银行，后来不得不动用警力来维持，很多人排上几个小时后，买下少量股票，然后伺机抛出。等到第二天抛出的时候，股票价格已经涨了一倍。

20世纪初，巴林银行荣幸地获得了一个特殊客户：英国王室。由于巴林银行的卓越贡献，巴林家族先后获得了五个世袭的爵位。这可算得上是一个世界纪录，从而奠定了巴林银行显赫地位的基础。巴林银行1993年的资产59亿英镑，负债56亿英镑，资本金加储备4.5亿英镑，海内外雇员4000人，赢利1.05亿英镑；1994年税前利润高达1.5亿英镑，该行管理了300亿英镑的基金资产，15亿英镑的非银行存款和10亿英镑的银行存款。

里森于1989年7月10日正式到巴林银行工作。这之前，他是摩根·士丹利银行清算部的一名职员，进入巴林银行后，他很快争取到了印尼分部的工作机会。由于他富有耐心和毅力，善于逻辑推理，能很快地解决以前未能解决的许多问题，使工作有了起色。因此，他被视为期货与期权结算方面的专家，伦敦总部对里森在印尼的工作相当满意，并许可在海外给他安排一个合适的职务。1992 年，巴林总部决定派他到新加坡分行成立期货与期权交易部门，并出任总经理。

无论做什么交易，错误都在所难免，但关键是看你怎么处理这些错误。在期货交易中更是如此，例如有人会将“买进”手势误认为“卖出”手势，有人会在错误的价位购进合同，有人可能不够谨慎，有人可能本该购买六月份期货却买进了三月份期货，等等。一旦失误，就会给银行造成损失，在出现这些错误之后，银行必须迅速妥善处理，如果错误无法挽回，唯一可行的办法，就是将该项错误转入电脑中一个被称为“错误账户”的账户中，然后向银行总部报告。

里森于 1992 年在新加坡任期货交易员时，巴林银行原本有一个账号为“99905”的“错误账号”，专门处理交易过程中因疏忽所造成的错误。这原是一个金融体系运作过程中正常的错误账户。1992 年夏天，伦敦总部全面负责清算工作的哥顿·鲍塞给里森打了一个电话，要求里森另设立一个“错误账户”，记录较小的错误，并自行在新加坡处理，以免麻烦伦敦的工作，于是里森马上找来了负责办公室清算的利塞尔，向她咨询是否可以另立一个档案。很快，利塞尔就在电脑里键入了一些命令，问他需要什么账号，在中国文化里“8”是一个非常吉利的数字，因此里森以此作为他的吉祥数字，由于账号必须是五位数，这样账号为“88888”的“错误账户”便诞生了。

几周之后，伦敦总部又打来电话，总部配置了新的电脑，要求新加坡分行按老规矩行事，所有的错误记录仍由“99905”账户直接向伦敦报告。“88888”错误账户刚刚建立就被搁置不用了，但它成为一个真正的“错误账户”存于电脑之中。而且总部这时已经注意到新加坡分行出现的错误很多，但里森都巧妙地搪塞而过。“88888”这个被人忽略的账户，提供了里森日后制造假账的机会，如果当时取消这一账户，则巴林银行的历史可能就会重写了。

1992 年 7 月 17 日，里森手下一名加入巴林仅一星期的交易员金·王犯了一个错误：当客户（富士银行）要求买进20份日经指数期货合约时，此交易员误为卖出20份，这个错误在里森当天晚上进行清算工作时被发现。欲纠正此项错误，须买回40份合约，这表示按当日的收盘价计算，其损失为2万英镑，并应报告伦敦总公司。但在种种考虑下里森决定利用错误账户“88888”，承接了40份日经指数期货空头合约，以掩盖这个失误。然而，如此一来，里森所进行的交易便成了“业主交易”，使巴林银行在这个账户下，承受巨大风险。数天之后更由于日经指数上升200点，此空头部位的损失便由2万英镑增为6万英镑了（注：里森当时年薪还不到5万英镑）。此时里森更不敢将此失误向上呈报了。

另一个与此同出一辙的错误是里森的好友及委托执行人乔治犯的。乔治与妻子离了婚，整日沉浸在痛苦之中，并开始自暴自弃，里森喜欢他，因为乔治是他最好的朋友，也是最棒的交易员之一。但很快乔治开始出错了。里森示意他卖出的100份九月的期货全被他买进，价值高达800万英镑，而且好几份交易的凭证根本没有填写。

如果乔治的错误泄露出去，里森不得不告别他已很如意的生活。将乔治出现的几次错误记入“88888”账号对里森来说是举手之劳。但至少有三个问题困扰着他：一是如何弥补这些错误；二是将错误记入“88888”账号后如何躲过伦敦总部月底的内部审计；三是SIMEX每天都要他们追加保证金，他们会计算出新加坡分行每天赔进去多少。“88888”账户也可以被显示在SIMEX大屏幕上。为了弥补手下员工的失误，里森将自己赚的佣金转入账户，但其前提当然是这些失误不能太大，所引起的损失金额也不是太大，但乔治造成的错误确实太大了。

为了赚回足够的钱来补偿所有损失，里森承担了越来越大的风险，他当时从事大量跨式部位交易，因为当时日经指数稳定，里森从此交易中赚取期权权利金。若运气不好，日经指数变动剧烈，此交易将使巴林面临极大损失。里森在一段时日内做得极顺手。到1993年7月，他已将“88888”号账户亏损的600万英镑转为略有盈余，当时他的年薪为 5 万英镑，年终奖金则将近 10 万英镑。如果里森就此打住，那么，巴林的历史也会改变。

除了为交易员掩饰错误，另一个严重的失误是为了争取日经市场上最大的客户波尼弗伊。在 1993 年 8 月下旬，接连几天，每天市场价格破纪录地飞涨 1000 多点，用于清算记录的电脑屏幕故障频繁，无数笔的交易入账工作都积压起来。因为系统无法正常工作，交易记录都靠人力，等到发现各种错误时，里森在一天之内的损失已高达近 170 万美元。在无路可走的情况下，里森决定继续隐藏这些失误。

1994 年，里森对损失的金额已经麻木了，“88888”账户的损失，由 2000 万、3000 万英镑，到 7 月已达 5000 万英镑。事实上，里森当时所做的许多交易，是在被市场走势牵着鼻子走，并非出于他对市场的预期。他已成为被其风险部位操作的傀儡。他当时想的是，哪一种方向的市场变动会使他反败为胜，能补足“88888”账户的亏损，便试着影响市场往那个方向变动。

在损失达到 5000 万英镑时，巴林银行曾经派人调查里森的账目。事实上，每天都有一张资产负债表，每天都有明显的记录，可以看出里森的问题，即使是月底，里森为掩盖问题所制造的假账，也极易被发现——如果巴林真有严格的审查制度。里森假造花旗银行有 5000 万英镑存款，但这 5000 万已被挪用来补偿“88888”账户中的损失了。查了一个月的账，却没有人去查花旗银行的账目，以致没有人发现花旗银行账户中并没有 5000 万英镑的存款。

1995 年 1 月 18 日，日本神户大地震，其后数日东京日经指数大幅下跌，里森一方面遭受更大的损失，另一方面购买数量更加庞大的日经指数期货合约，希望日经指数会上涨到理想的价格范围。1 月 30 日，里森以每天 1000 万英镑的速度从伦敦获得资金，已买进了 3 万份日经指数期货，并卖空日本政府债券。2 月 10 日，里森以新加坡期货交易所史上创纪录的数量，已握有 55000 份日经期货及 2 万份日本政府债券合约。

所有这些交易，均进入“88888”账户。账户上的交易，因为自己兼任清查职权可以隐瞒，但追加的保证金是无法隐瞒的。里森以各种借口继续转账。这种松散的程度，实在令人难以置信。2月中旬，巴林银行全部的股份资金只剩下47000万英镑。

1995年2月23日，日经股价指数急剧下挫276.6点，收报17885点，里森持有的头寸合约已达6万余份，由此造成的损失则激增至令人咋舌的86000万英镑，并决定了巴林银行的最终垮台。当天，里森已经意识到无法弥补亏损，2月23日，里森及其在同一公司任职的妻子双双在新加坡消失。

26日晚9点30分，英国中央银行——英格兰银行——在没拿出其他拯救方案的情况下只好宣布对巴林银行进行倒闭清算，寻找买主，承担债务。同时，伦敦清算所表示，经与有关方面协商，将巴林银行作为无力偿还欠款处理。并根据有关法律赋予的权力，将巴林自营未平仓合约平仓，将其代理的未平仓合约转移至其他会员处置。

27日（周一），东京股市日经平均指数急挫664点，又令巴林银行损失增加了2.8亿美元，其全部损失达6亿英镑，约9亿美元，截至当日，里森持有的未平仓合约总值达270亿美元，包括购入70亿美元日经指数期货，沽出200亿美元日本政府证券与欧洲日元。

在英国央行及有关方面协助下，3月2日（周四），在日经指数期货反弹300多点的情况下，巴林银行将所有（不只新加坡的）未平仓合约（包括日经指数及日本国债期货等）分别在新加坡国际金融期货交易所、东京及大阪交易所全部平掉。至此，巴林银行由于金融衍生工具投资失败的亏损高达9.16亿英镑，约合14亿美元。

3月6日，荷兰荷兴集团（International Neder Lander Group，简称ING）与巴林达成协议，愿出资7.65亿英镑，约合12.6亿美元现金，接管其全部资产与负债，使其恢复运作，将其更名为“巴林银行有限公司”。3月9日，此方案获得英格兰银行及其法院批准，ING收购巴林银行的法律程序完成，巴林全部银行业务及部分证券、基金业务恢复运作。至此，巴林银行倒闭风波暂告一段落。令英国人骄傲两个世纪的银行已易其主，可谓百年基业毁于一旦。

此案中，使巴林银行遭受灭顶之灾的尼克·里森于1995年2月23日被迫仓皇逃离新加坡，3月2日凌晨在德国法兰克福机场被捕，11月22日，应新加坡司法当局的要求，德国警方将在逃的里森引渡到新加坡受审，12月2日，新加坡法庭以非法投机并使巴林银行倒闭的财务欺诈罪判处里森有期徒刑6年6个月，同时令其缴付15万新加坡元的诉讼费。1999年4月5日，新加坡司法当局宣布，因其在狱中表现良好，提前于1999年7月3日获释，并将其驱逐出境。7月4日，里森回到伦敦。

二　巴林银行倒闭的原因剖析

1. 外部环境分析

（1）金融衍生产品的产生和迅速发展。一方面，进入20世纪80年代后，以美国为首的工业化国家进行了金融自由化的改革。这一改革主要包括以下几个方面内容：即取消对存款利率的最高限额，逐步实现利率自由化；允许各金融机构业务交叉，鼓励银行业务“综合化”；放松对本国居民和外国居民在投资方面的诸多限制；开放各类金融市场，放宽对资本流动的限制；放松外汇管制、免征税赋、促进证券交易；等等。这样，在利率自由化和金融业竞争日益激烈的影响下，利率波动幅度较80年代以前更大。利率和汇率不仅仅像过去一样随着整个经济周期的变化而波动，而且在短期内，一天或几天都会出现令人意想不到的情况，在这种情况下，市场要求规避风险的工具不仅能够防范周期性的利率或汇率的波动风险，而且能够回避那些猝然而至的变化。

另一方面，进入70年代后，世界发生了新的科学技术革命，即“第四次产业革命”。新的科学技术革命的核心是微电子技术的发展和广泛运用，它彻底改变了金融观念，直接导致了金融创新和金融革命。

由于新技术的运用，信息的传播更加迅速和充分，传统业务领域的竞争更加激烈，交易商得自其中的收益率较低，这促使金融机构设计并追求新的更能满足顾客需要的产品，利用新产品恢复较高的利润水平。先进的计算机技术的应用大大提高了做市商信息处理的能力，使其能够准确、及时地跟踪瞬息万变的市场轨迹，对那些结构比较复杂的新工具连续进行设计与定价。因此，做市商可以不断地进行新工具的交易，跟踪资产组合的风险暴露情况，设计出抵补风险暴露的复杂战略，并及时予以实施。

衍生工具是金融创新的一部分，是提高和巩固金融中心地位的重要因素。各国金融管理当局积极扶持衍生工具的推出，以促进本国金融业的发展，巩固已有的金融中心的地位。如新加坡和香港各自凭借场内和场外衍生工具交易的优势保持了它们的国际金融中心地位。衍生产品的出现，提供了新的风险管理手段，更好地满足了不同投资者的需求，有助于投资者或储蓄者按照各自的风险偏好配置资金。此外，衍生工具的出现增加了市场联系，便利了各种套利行为，从而有利于消除某些市场或金融工具的不正确定价，减缓市场的不完善，加剧市场竞争，缩小金融工具的买卖差价。

但是，衍生工具就其本质来说，是一种很难管制的金融产品。目前对银行和其他金融机构的主要监督和管制的途径是通过对它们的资产平衡表和其他会计报表进行监管实现。在被监督机构成为衍生市场的活跃交易者后，这样的监管方法就显然滞后了。这是因为，衍生交易不仅涉及大量的表外业务，而且有相当部分是通过在极短的时间内完成头寸的改变和对冲来实现的。定期检查金融机构的头寸并不能有助于了解他们真正承担的风险，杠杆系数也并不显示在会计报表中。场外交易市场，管制问题尤为突出。一方面，场外交易市场没有“逐日盯市制”（mark - to - market）市场参与者的财务状况的透明度很低，另一方面，场外交易合约的强制力也是个问题，如果客户的违约造成经纪商的流动性困难，则市场的正常运行就会受到威胁。

而且，衍生产品极大地影响了金融机构的安全性。首先，衍生产品交易是一种“零和游戏”，它只是在微观上降低了风险，而在宏观上却是将风险回避者转移到风险中立者或风险偏好者手中，以新的方式重新组合，金融体系的总体风险并没有因此减少，因此，一方的赢利必然是另一方的亏损。其次，在衍生产品市场上，交易的品种实际上是一种纯粹的“价值符合”的影子，其价格是投资人对未来一定时点上的收益预期，这与股票、债券等基本资产的现货交易完全不同，由此导致在运作和功能上大不相同。它以保证金为筹码，波动10倍乃至20倍的“基本资产”，杠杆比率可达10倍、20倍，因此，它也可使投资者利润或损失相应扩大10倍乃至20倍。最后，衍生工具的发展日新月异，它是一种技术性很强的产品，不是每个交易者都能对它充分的理解。衍生交易潜在的收益和风险不像常规金融业务那样透明，一旦交易者对行情判断失误而风险管理不够完善，都会遭受惨重的损失，影响金融机构的安全性。巴林银行这一案例，充分地说明了这一点。

（2）英格兰银行监管不力。在巴林银行破产事件中，作为英国最高金融监管当局的英格兰银行也难辞其咎。英格兰银行的调查报告指出，英格兰银行负责监督商业银行和联合五国各大银行的高级经理克里斯托弗·汤普曾在1993年允许巴林银行在大阪的股票交易超过25%的限制，对巴林银行的这个让步并没有向英格兰银行的更高一级管理部门汇报，违背了银行部门的指导原则，并且对这个让步未加任何限制的一个结果是，巴林银行把这一步也用到了它在新加坡承受的风险上。英格兰银行的调查报告认为，这个非正式的让步是判断上的错误。新加坡监管当局提供的报告则更明确地指出了英格兰银行在风险监管上的不足。报告指出，巴林银行1994年底在亚洲支付数额很大的保证金，并没有使英格兰银行做出强烈的反应。报告说，巴林银行向英格兰银行提交的截至1994年12月31日的高风险报告虽然由于里森虚报情况而不准确，但它表明巴林银行实际承受的风险已经超过了英格兰银行所规定的25%这一限度。据悉，1995年2月，巴林银行在大阪交易所承受的风险已高达 73%，在新加坡国际金融交易所已达 40% 的水平。

（3）新加坡国际金融交易所管理制度不完善。巴林事件显示出新加坡国际金融交易所管理制度不够完善，监控措施乏力。按新加坡国际金融交易所的风险管理办法，所有保证金账户都是每日逐个结算的，按理说，交易所应该清楚每个账户的持仓情况。但是，新加坡国家金融交易所的疏漏之处在于没有按照会员公司的风险承受能力设置持仓限额，由此导致了两个严重的后果：一是使巴林银行新加坡公司可以轻易地在其手中累计高达 70 亿美元的日经 225 指数期货和期权合约，其累积的风险大大超过了集团的承受能力；二是由于缺乏持仓限额的规定，交易所内部即使具有可以监控会员公司任何巨额持仓量的市场监管部门和系统，也因不存在核定仓位需要而很难随时确切地掌握会员公司的持仓量及承担的风险。据悉，在里森持仓量急剧上升时，新加坡交易所并没有及时察觉，即使后来有所察觉，也没能采取必要措施而防患于未然。交易所管理制度上的这些缺陷为里森投机提供了一个重要的外部条件。新加坡国家金融交易所风险监管制度设计上的宽松及实施上的不力有其深刻的背景。据报道，新加坡一直在雄心勃勃地朝着世界金融中心的目标迈进。为实现这一目标，新加坡金融界积极开发、引进各种金融产品，并竭力推动市场规模扩大，监管环境的宽松便成了新加坡招揽生意的资本。但是，巴林事件实际上使新加坡实现这一目标受到了很大的影响。

2. 内部原因分析

巴林银行是一家商人银行。倒闭前，巴林银行集团主要包括四大部分：一是巴林兄弟公司，其主要业务包括公司融资、银行业务和国际资本交易；二是巴林证券公司，其主要从事证券经纪业务；三是巴林资产管理投资有限公司，该部门事发前管理着全球 400 多亿美元的机构和个人基金，其中包括英国女皇伊丽莎白二世的资产和查尔斯王子的亲王基金；四是控制美国一个投资银行 DILLON READ 47% 的股份。

事发前，巴林银行集团在全球 30 多个国家和地区还设有办事机构，有雇员4300多人，其中海外机构雇员占一半左右；资产超过94亿美元，所管理的资产更是高达460亿美元。其经营规模在英国商人银行中一直位居前列。1994年，巴林银行集团税前利润高达2亿多美元，经营业绩不俗。

然而，这样一个经营业绩优良的银行集团，被一位年仅28岁的交易员在短短几周内推向了破产的深渊。这个表面上经营稳健的世界老牌商人银行为何毁于一旦，人们从各个方面探究其原因。

（1）巴林银行集团管理层的失职。在考虑新加坡国际金融交易所是否称职时，有一点必须弄明白，新加坡国际金融交易所没有管理新加坡巴林期货公司或任何清算会员的事务的责任。新加坡国际金融交易所只是个供清算会员进行交易的交易场所。不过即便如此，新加坡国际金融交易所还是有机会识别并反映其会员有不正当行为的征兆的。

这种机会曾在1994年末和1995年初出现。当时，新加坡国际金融交易所发现新加坡巴林期货交易中存在若干异常，并向巴林银行集团提出了一些关于新加坡巴林期货公司的征询。如果巴林集团的管理层适当检讨并理解新加坡国际金融交易所在致该集团的信中所表示的忧虑，那么倒闭是可以避免的。

（2）松散的内部控制。从巴林破产的整个过程来看，无论是各国金融监管机构还是国际金融市场都普遍认为，金融机构内部管理风险是风险控制核心问题，而巴林的内部控制却非常松散。

据报载，在2月26日悲剧发生之前，巴林银行的证券投资已暴露出极大的风险性，但竟未引起该行高级管理人员的警惕。1月份第一周，里森持有合约3024份，20天后，即持有合约16852份（短短20天内，合约持有额增长4倍）。到2月中旬，里森持有的合约头寸突破20000份，比在同一市场操作的第二大交易商持有的头寸多出8倍，这个信号没有被巴林银行的最高管理层注意到从而做出应有的反应。总之，巴林银行本身的内部控制制度失灵了，预警系统失效，最终导致了悲剧的发生。巴林银行破产后不久，该银行高级主管人员称对里森在新加坡的所为一无所知，因为直到里森离职的那天，即 2 月 23 日，公司的风险报告仍出现交易平衡。可以说，巴林银行的倒闭不是一人所为，而是一个组织结构漏洞百出，内部管理失控的机构所致。

（3）业务交易部门与行政财务管理部门职责不明。在巴林新加坡总部，里森本人就是制度。他分管交易和结算，这与一个小学生给自己改作业、打分没有什么区别，这种做法给了里森许多自己做决定的机会。作为总经理，他除了负责交易外，还集以下四种权力于一身：监督行政财务管理人员签发支票；负责把关新加坡国际货币交易所交易活动的对账调节；以及负责把关银行的对账调节、行政财务管理部门保留各种交易记录并负责付款。虽然公司总部对他的职责非常清楚，却并未采取任何行动，他们生怕因得罪他而失去了这个“星级交易员”。他既负责前台交易又从事行政财务管理，就像一个人既看管仓库又负责收款。由于工作便利，里森的代号为“88888”的错误账号用了 1 年多，直到 1995 年 2 月 23 他辞职时才被发现。

（4）代客交易部门与自营交易部门职责划分不清。以一个公司的资本做交易叫做公司自营交易，除此之外，公司还可以代客交易，当然，第二种情况会向客户收取一定的佣金或交易费。比如说我们大家熟悉的股票交易，公司一般根据客户的要求做交易，当然有时也提供一些建议。由于公司仅仅按照客户的要求代其行使权利，如有损失客户自己负责；由于所得利润归客户，出现维持金不够的情况也由客户自己垫付。

尼克·里森所做的交易也曾受到巴林新加坡期货部同行们的质询，但是他总是说自己是代客户交易。也有人提出里森在对巴林撒谎，因为代客户垫付期货合同的维持金是非常少有的事。在许多公司代客户交易与自营交易的混淆也带来了管理上的困难，只有把两者划分清楚，才能进行有效的风险管理。

（5）奖金结构与风险参数比例失当。许多公司为鼓励员工辛勤工作，采取发放奖金的办法。一般根据员工的职务、工作经验、工作成绩以及其他诸多因素来确定，各个公司规定不一。当然，表彰工作成绩是一回事，而根据交易所得利润支付大笔奖金，不考虑公司的风险参数或公司的长期策略，则是另一回事。巴林一度将公司50%的毛利作为奖金发给雇员。这个百分数比绝大多数公司的高。奖金时常是根据一个小组或个人在前一年所赚利润决定的。这种把交易员的收入与他的交易利润挂钩的奖励制度，最大的弊端是刺激了交易员的贪利投机，高额的奖金使雇员急于赚钱而很少考虑公司所承担的风险。

（6）缺乏全球性的信息沟通与协调。虽然金融市场特别是衍生产品市场已经越来越全球化了，但是法规大多仍由各个国家自己制定，而且实施范围也不超出本国国界。巴林破产案中，巴林总部由英格兰银行及证券期货管理局管理，巴林新加坡期货部则受制于新加坡国际货币交易所（新加坡国际货币交易所的上级为新加坡货币局）。而东京股票交易所、大阪股票交易所及东京国际金融期货交易中心却受制于日本银行（中央银行）。这三个国家的管理者并没有义务去沟通管理信息，而其中的一些组织如新加坡国际货币交易所和大阪股票交易所在日经指数衍生产品方面又一直是竞争对手。显然，缺乏全球性的协调及信息互不沟通也是未能阻止巴林破产的又一主要原因。

三 借鉴与对策

1. 加强内部管理

随着国际金融业的迅速发展，金融衍生产品日益成为银行、金融机构及证券公司投资组合中的重要组成部分。因此，凡从事金融衍生产品业务的银行应对其交易活动制定一套完善的内部管理措施，包括交易头寸（指银行和金融机构可动用的款项）的限额，止损的限制，内部监督与稽核。

2. 必须加强对金融机构，特别是跨国金融机构的监管

巴林银行已经有200多年的经营历史，理应有一套完善的内部管理制度，个别职员在职权范围内违反操作规程是不可能发生的，但一名交易员能够违反制度，擅自越权操作，将相当于其母行资

本几倍的资金作赌注，而且能够掩藏几周不为监管部门所知晓，可见巴林银行内部的监管漏洞很多。本来巴林银行后台结算部门应该履行监察职责，但是这个警报系统并没有发挥作用，这抑或是里森与结算部门的人同谋，来欺骗管理层；或许是既让里森负责前台交易又让他掌管后台结算这种做法的严重恶果。

除了巴林银行内部存在的原因外，新加坡国际金融交易所、新加坡金融监管当局，英国金融监管当局都负有不可推卸的责任。新加坡曾被认为是金融监管很完善的国家，但是巴林事件的发生使人们对新加坡监管体系产生了疑问。现在新加坡期货交易所已将每份合约保证金由62.5万日元提高到135万日元，且把保证余额由50万日元提高到108万日元，新加坡还将加强制度方面的监管。有关人士还提出了将交易合约数量与投资者的资金实力相挂钩，虽然这样可能使市场成交量受到影响，但市场的健康发展可能会吸引更多的投资者。

巴林银行倒闭事件凸显了对从事跨国业务的金融机构施以更加严密监管的必要性。

3. 我国金融监管机构也应进一步加强对金融衍生工具的监管

特别是应重视表外业务的管理，防止金融机构由于缺乏内部的风险管理机制而造成损失，进而影响金融体系的稳定性。

巴林银行的沉浮表明，必须建立衍生金融工具交易的严密的内部监管制度。从理论分析再到实践经验，衍生工具一旦脱离了套期保值的初衷而成为投机手段时，风险是极大的，尤其是当交易员孤注一掷时，可能会招致无法挽回的损失。银行管理层应当建立起严密的风险防范机制，经常审查资产负债表中的表内及表外业务，及早发现问题，堵塞漏洞。从巴林银行事件来看，即使是里森用开立虚假户头进行衍生工具交易，造成代客买卖的假象，但作为巴林银行管理层应该从或有资产的不正常增加中发现问题，这时应该核实该客户的身份、财力等。有鉴于此，金融机构在制定有关从事衍生金融商品交易的内控制度时，应该考虑自身从事该类交易的目的、对象、合约类别、交易数量等。较完善的内控制度应包含交易的目标价、交易流程、坐盘限额、权责划分、预立止蚀点、报告制度等。

需要指出的是，巴林银行倒闭，并不能否定衍生金融工具本身，衍生工具是金融业不断发展的产物，只要加强金融机构内部和外部监管，衍生工具会成为投资者良好的融资和风险防范手段。

4. 必须加强对金融机构高级管理人员和重要岗位业务人员的资格审查和监督管理

由于里森业务熟练，所以被委以重任，但疏于对他进行考核管理，甚至问题初露时，管理当局也未予以足够重视，使事态逐步扩大，最终导致银行倒闭。

【讨论与思考】

1. 通过巴林银行倒闭事件，我们应怎样看待衍生金融工具？
2. 新加坡在1995年10月17日公布的有关巴林银行破产的报告及里森自传中的一个感慨，最能表达我们对巴林事件的遗憾。报告结论中的一段："巴林集团如果在1995年2月之前能够及时采取行动，那么他们还有可能避免崩溃。截至1995年1月底，即使已发生重大损失，这些损失毕竟也只是最终损失的1/4。如果说巴林的管理阶层直到破产之前仍然对'88888'账户的事一无所知，我们只能说他们一直在逃避事实。"里森说："有一群人本来可以揭穿并阻止我的把戏，但他们没有这么做。我不知道他们的疏忽与犯罪级的疏忽之间界限何在，也不清楚他们是否对我负有什么责任。但如果是在任何其他一家银行，我是不会有机会开始这项犯罪的。"里森说的这番话有何意义？应从中吸取什么教训？
3. 你认为导致巴林银行倒闭的最根本原因是什么？
4. 一个如此荣耀悠久的金融集团，是如何被一点一点蚕食的？银行的管理制度是否让里森钻了空子？为什么巴林银行对里森的行为一无所觉？

案例5　失落的投资银行

【教学目的】

通过本案例的学习，使学生了解投资银行在金融体系中的地位和作用，投资银行的主要业务和赢利模式，分析我国投资银行的发展前景和出路。

【案例资料】

金融危机使华尔街大型投资银行破产的破产、转型的转型，曾经引以为傲的华尔街投资银行模式似乎走向终结。五大投行中，贝尔斯登、雷曼兄弟倒闭，摩根士丹利、高盛自动转为银行控股公司，美林被美洲银行所购并，华尔街投行转瞬消失了，昔日的华尔街投行神话由此破灭。一夜之间，投资银行风光不再，究竟是什么原因导致风光无限的投资银行沦落到如此地步？投资银行业真的走到尽头了吗？

一　金融风暴对美国投资银行制度的沉重打击

在华尔街金融危机中，美国的金融机构受到巨大的打击，其中，华尔街的投资银行巨头按照规模的大小顺序，像多米诺骨牌一样不断倒下，遭到了“灭顶之灾”。

1. “一夜之间”倒闭的第五大投资银行贝尔斯登

华尔街投行巨头中，首先是名列第五大投资银行、有着85年历史的贝尔斯登（Bear Steams）的崩溃。由于市场对其经营状况忧虑造成的恐慌，在两天的48小时之内，其客户和交易对手因为对它的履约能力产生怀疑而一下提走了170亿美元的现金，导致其流动性枯竭。贝尔斯登几乎是在“一夜之间”走向了崩溃。2008年3月16日，摩根大通银行（J. P. Morgan Chase&Co.）以2.4亿美元收购了贝尔斯登。在美国政府的帮助下，摩根大通仅用两亿多美元就将这家拥有85年历史、在2007年市值曾经达到200亿美元、在美国排名第五的投资银行收购了，其中包括价值 12 亿美元的贝尔斯登总部大楼。为了免除摩根大通的后顾之忧，美联储承诺 300 亿美元的担保，承担了主要风险。

2. “无人问津”的第四大投资银行雷曼破产

雷曼兄弟控股公司（Lehman Brothers Holding Inc.）成立于 1850 年，是世界主要的证券发行人，在世界金融产业中占据重要地位。自从贝尔斯登被收购以后，雷曼也面临同样的信用危机。股票被大量抛售，资产大幅缩水，流动性短缺。最终，雷曼不得不寻求出售资产。但是，由于美国政府拒绝给予支持，美国银行（Bank of America Corp.）和英国巴克莱银行（Barclays PLC）均放弃收购雷曼。当地时间 2008 年 9 月 14 日，有着 158 年历史的雷曼公司宣布破产，这是美国历史上最大的一项破产案。雷曼的总资产超过 6300 亿美元，远远超过了 2002 年电信巨头 WorldCom 申请破产时 1040 亿美元的资产。

3. “闪电”出售的第三大投资银行美林公司

拥有 94 年历史的美林公司（Merrill Lynch & co.）是美国最大的券商之一，在国际金融产业占据极为重要的地位。为了能够在这场金融危机中保全自己，美林公司采取了比其他美国金融业巨头更多的措施。美林曾筹集了巨额资本，清除了“问题”资产，出售了所持的大笔股权资产，包括金融信息巨头彭博资讯（Bloomberg）的股份。

然而，在采取了这么多措施的情况下，美林仍然难以摆脱困境。为了渡过眼下这场席卷美国金融界的风暴，避免重蹈雷曼兄弟的覆辙，2008 年 9 月 14 日雷曼公司宣布破产的当晚，美林公司闪电般地同意以 500 亿美元的价格将自己出售给美国银行。美林的出售完全出乎人们的预料。因为，两天前，美国银行还在积极调查雷曼的账目，致力推动与雷曼的收购交易。仅仅 48 小时之后，在美林的请求下，美国银行就转向了美林，谈判收购并一举成交。美林之所以要迅速出售，其原因是为了“在公司还值钱的时候，卖个好价钱”，以免重蹈贝尔斯登低价出售或雷曼破产的覆辙。同时，也是因为雷曼垮台发出了一个明确的信号：政府不是任何时候都会出手救助的。闪电出售确实避免了市场更大的动荡。

4. “迫不得已”转型的第一、第二大投资银行高盛、摩根士丹利

世界投行巨擘，第一大投资银行高盛集团（Goldman Sachs Group）和第二大投资银行摩根士丹利（Morgan Stanley）一直是美国投行领域的佼佼者，也是华尔街的中流砥柱，高盛已经有139年的券商历史。与其他投行相比，高盛和摩根士丹利在这次信贷危机中表现比较稳定。在雷曼破产以前，这两家公司还认为，它们能渡过危机，而不必作出巨变。但是，由于雷曼的破产、美林公司的被收购，一日之间，两大投资银行在顷刻之间轰然坍塌，引起了市场的极度恐慌。

雷曼破产后，高盛和摩根士丹利立即面临市场的冲击。虽然两家公司2008年9月16日都公布了良好的收益报告，但是，市场担心，雷曼兄弟的破产和美国国际集团（AIG）的崩溃会产生连锁效应，牵连高盛和摩根士丹利。因此，摩根士丹利和高盛的信用迅速下降。雷曼破产的第二天，它们的股价就双双下跌。摩根士丹利股价下跌了24%，因为投资者认为该公司将沦为雷曼兄弟破产之后的下一个牺牲品。而市值最高的高盛股价也下跌了14%。虽然高盛和摩根士丹利还没有出现资金危机，在信贷危机中的表现也比其他同行好得多，但它们也看到，虽然雷曼等公司极力采取了各种融资措施来解决问题，但是，在市场的打击下，迅速败落，无法生存。2008年9月22日，美联储发表声明宣布，9月21日批准高盛和摩根士丹利成为银行控股公司的申请，并向包括美林在内的投行巨头提供更多的流动性支持。

二　美国投资银行制度遭遇重创的原因剖析

美国投资银行制度一直是我们学习的榜样，可是为什么会破产或者转变为银行控股公司呢？此次金融危机暴露了投资银行的致命缺陷。

(1) 美国独立投行制度的最大问题是没有存款来源，即没有流动性支撑，一旦出现信用危机，持有债券的人要求提前支付，就会出现连锁反应。这就是为什么三大投行相继破产、美国政府用7000亿美元救市的原因。7000亿美元将主要用来购买受困于抵押贷款危机的金融机构的不良债务，以防止信用危机进一步加深，动摇美国经济。

(2) 杠杆经营使得风险性加大。投资银行为了实现更高的收益不惜承担更高的风险。它协助发行体发行债券抵押证券，首先需要协助其设计证券，这就需要进行全面、深入的研究、分析。事实上，研究、分析能力，而不是资金、销售实力，才是投资银行的核心竞争力之所在。然后向投资者销售上述证券。当然，资金、销售实力同债券抵押证券上述创新的一个共同特点就是杠杆经营，通俗地说就是"以小博大"。它们成倍地放大了收益，同时成倍地放大了风险。在这次金融风暴中，五大投行之所以陷入困境，固然有各种各样的原因，就其自身而言，风险性太大则是其直接原因。

(3) 缺乏透明度。金融系统存在的问题是，投资银行对债券抵押证券产品进行交易，因为在没有透明度的情况下，这种交易有巨大的利润。如果能够把交易链上的种种机制去掉，可以强迫它们在整个交易的过程中有更高的透明度。在基金账目上，一级资产和二级资产、三级资产有对应的比例。一级资产是市场外的资产，如果你有IBM的股票，当市场闭市时，你就知道股票的价值，二级资产是市场模型的资产，就是选择一些与一级资产类似的资产，三级资产是只能估计的资产，这些投资银行经纪的75%到80%的资产是二级和三级资产，不能马上在市场上标价。如果这些资产有更高的透明度会更健康一些。

(4) 缺乏良好的监管。正如美国一位经济学家总结的："我觉得根本的原因是金融系统缺乏良好的监管，这导致了房地产市场的失控和金融市场的危机。在问题出现之前，美联储没有及时提升利率，政府在加强信贷监管上也太过柔和。"银行通常关注市场风险，虽然此次加强了对理财产品的监管，但是没有充分注意发行人的风险，其区别在于，以往投资银行作为担保人或者发行人风险有限，但是随着次级债券危机的爆发，投行作为发行人或者担保人，变成风险最高的一环。

（5）不合理的薪酬制度。华尔街的薪酬体系中，高管的报酬包括基本年薪、分红、股票奖励以及股票期权，其中主要来自分红、股票奖励与期权。报酬的多少取决于公司的股价与上一年的公司业绩。这些全球顶级的公司从下到上都有一种从事高风险高回报业务的冲动。

三 中国投资银行的前景和出路

雷曼倒闭，高盛、摩根改组，美林被收购，次贷危机以摧枯拉朽之势扫荡了整个华尔街，不仅将曾经显赫的大投行纷纷击溃，同时也将整个世界的投行业拖入了寒冬。我国作为世界经济体的重要组成部分自然也未能幸免，不少证券公司业务锐减，收入直线下降，甚至通过裁员、降薪等方式缓解压力。

此次危机来势凶猛，出人意料，使得人们不得不重新审视中国刚起步的投行业的未来——是从此步入暗淡前途，还是可以趁世界投行业大洗牌之机后来居上？

1. 中国经济成就助推投行业发展

中国经济的巨大发展潜力和不断膨胀的市场规模，无疑是推动投资银行业发展的最基本因素。作为最大的发展中国家，中国经济建设在过去的几十年中取得了巨大的成就。经济的高速发展，人民生活水平的提高，必然带动一大批企业的兴起，企业的兴起会加大资金需求，从而促使中国从以银行为主导的金融体系向更为均衡的直接融资、间接融资协调发展的金融体系转变。在这一过程中，资本市场将逐渐完善，而作为其重要组成部分的投资银行也必将取得长足的发展。中国有着 13 亿人口，随着生活水平的提高，越来越多的民众会将多余的现金投入资本市场，必然引起对理财顾问的巨大需求，这同样也会刺激中国投行业的发展。

改革开放30多年以来，我国市场经济体制不断完善，将为投资银行的发展提供更有利的条件。投资银行是资本市场的一部分，其直接融资功能只有在市场经济中才能充分发挥出来。在过去的几十年中，我国政府不断加大改革开放的力度，不断完善中国特色的社会主义市场经济体制，初步建立了产权明晰的现代公司制度和完善了一系列相应的法律法规，为投资银行的发展建立了宏观和微观上的基础。而投资银行业的不断发展也必将进一步推动我国市场经济体制的不断完善。

2. 全球金融体系重新洗牌为中国投行业创造了机遇

所谓不破不立，危机的爆发在给世界金融体系造成冲击的同时，必然会将现行金融体系的缺点和脆弱性充分暴露出来，世界金融体系在被重新洗牌的同时也将得到全方位的重新审视。

一方面，危机中暴露的缺点将被用来指导建立更好更完善的监管体制，各种潜在危害金融市场的行为将得到更有效的控制，由此将催生更具活力的金融体系。20世纪30年代的大萧条就是最好的例证。大萧条重创了早已充满弊端的投行业，使得西方国家充分认识到当时金融体制的脆弱和缺陷，纷纷加强立法以完善该行业的法制建设，并加大对违法行为的监管和打击力度，从而使得投行业在大萧条后获得了强劲的发展动力，并最终成就了摩根、高盛的神话。显然在过去的多年发展中，世界投行业在迅猛发展的同时积累和隐藏了太多的弊端，而这次危机无疑将再次为各国的金融决策者们提供更多启示。

不可否认，我国投行业刚刚起步，无论是立法还是体系设置方面都不完善，也缺乏相应经验，但通过这次危机，我们可以深刻认识西方现行金融体系的缺陷，在相应的法规建设方面将会少走不少弯路和错路——这一切将极大地促进我国投行业的发展。

另一方面，世界金融体系的重新洗牌，表明以前美国投行一枝独大的局面将得以改变，这无疑给其他国家的投资银行提供了机会。投行可以被重创，但作为资本市场上的重要组成部分，其经济功能是整个社会不可或缺的，因而不可能消亡，在其他投资银行中必然还会产生诸如高盛、摩根之类的“业内霸主”。这意味着，在新“霸主”形成以前，各个投行都有机会凭借自身的优势，在竞争中脱颖而出。这对中国的投行业而言，是个极好的机会，可以进一步帮助本土投行抢占国内市场，增强自身实力，并最终走向世界。另外，大投行的倒闭，使得华尔街不少精英失业，国内投行正好可以借此机会招聘到合适的人才，利用他们多年来在华尔街打拼的经验，指导国内投行的运作。

3. 中国投行：怎样迎接自己的黄金时代

基于上述分析，我们有足够的理由认为：此次金融危机会对我国投行业的短期发展造成负面影响，但从长远来看，我国投行业必将迎来发展的黄金时期，为我国经济的发展提供强劲动力。然而，要实现从起步到辉煌的跨越，还要努力解决业务单一、规模偏小、人才匮乏、国际化程度低等问题。

（1）积极发展创新业务。目前我国投资银行业务单一、创新能力不足，主要业务局限于承销和经纪业务，而对新型投资业务，如基金发起、项目融资、财务顾问、战略咨询及金融创新等带来的新型金融业务（如期权、掉期、资产证券化等）涉足很少。业务单一使得一级市场的争夺加剧，竞争环境恶化并进一步弱化了投资银行在其他业务方面的发展。创新能力的不足使得投资银行应有的功能未能充分发挥出来，难以引导资金的正确流向。在现阶段，应积极开展企业并购重组、资产证券化、项目融资等各项安全性较高的创新业务，在防范风险的前提下，推进投行业务的多元化发展，最大限度地发挥投资银行在资本市场上的功能。

（2）多渠道扩充资本金，提高资产规模。经过十几年的发展，中国投行业已经取得了长足进步，涌现出了如中金、中信等一批业内的佼佼者，但资本规模小无疑是我国投行业长期面临的突出问题。据中国证券业协会统计，截至2007年底，总资产排名前三的证券公司为国泰君安、中信和海通，分别约为1053亿、986.9亿和945.7亿元，折合美元约为154.4亿、144.7亿和138.6亿，而被收购前的美林总资产为8757.8亿美元、改组之前的高盛总资产为10817.7亿美元。投行业是一个典型的规模经济行业，资金数量对业务空间有相当大的影响。比如在企业并购重组业务过程中，往往需要投资银行提供过桥贷款（或融资），如果投资银行自身没有充足的资本将很难开展这类业务。在其他创新型和延伸型业务中也要求投资银行具有雄厚的资金实力。

从目前的情况来看，投资银行可以通过各种途径充实资本金，扩大规模。第一，推进证券公司之间并购重组。我国证券公司数量众多，但规模大小不一，资本金相对分散，行业集中度过低，不仅加剧投行的本土竞争，而且直接影响与国际投行竞争，不利于资源优化配置。而通过优势互补和强强联合等方式能够在较短时间内扩大投行规模。第二，推进证券公司上市融资。上市是一条相当有效的融资途径，摩根、美林、高盛这些曾经的骄子都是上市公司，我国也有不少证券公司通过上市融资，如中信、国泰君安等，但上市的力度和广度还远远不够。

（3）培养和吸引高端专业人才。投资银行是典型的知识密集型产业，在经济全球化的大背景下，不仅要求从业人员尤其是管理者具备金融、财务、法律、统计、会计等方面的知识，还要求其思维敏捷、富有挑战精神、有丰富的行业经验、有强烈成功欲望。国际顶级投行巨头往往都拥有高素质的投行家，他们思想活跃，经验丰富，且勇于创新，正是在这些精英的领导之下，才成就了美林、高盛、摩根这些曾经显赫的业内霸主。虽然这些野心勃勃的投行家不顾风险地追求高收益的行为被认为是导致这场金融海啸的罪魁祸首，但我们仍然不能否认正是他们的专业才能给我们上演了投行界一幕又一幕的精彩好戏，并成就了华尔街一个又一个传奇。与此相反，我国投资银行业处于起步阶段，相关的储备人才少，缺乏类似的投行精英，严重阻碍了我国投资银行业发展。

随着全球经济一体化，越来越多的国际投行将进入中国，而越来越多的中国本土投行也将走向世界，人才竞争也越发显得重要。一方面，我们要吸收先进的激励体制，通过晋升、高福利、股权激励等方式吸引高素质的人才，另一方面要不断加大对员工的在职培训，还可以通过与高校建立合作关系培养大量的储备人才。

（4）谨慎推进国际化。在经济全球化大背景下，中国企业不可避免地要“走出去”，由此必然引起国内投行业务的国际化。然而在现阶段，我国投行业在这一方面还相当薄弱。近年来，随着我国企业在国外证券市场的融资行为逐渐增加，国内投资银行也积极拓展了一些国际业务，如中国国际金融有限公司、中银国际控股有限公司都参与了一些大型国企的海外上市业务。但相对于美林、高盛这些昔日霸主几乎遍布全球的业务而言，中国投行业的国际化的确还有很长一段路要走。

然而，国际化本身不仅有风险，对自身资源的要求也很高，因此，中国投资银行不必、也不应该盲目追求快速国际化，而应立足国内，将国内市场作为业务发展的重点，谨慎推进国际化进程。从目前来看，可以通过加强与外资机构的合作逐步参与国际市场竞争。

（5）加强证券市场法制建设。我国社会主义经济建设是“摸着石头过河”，没有现成的模式和经验可以借鉴，我国证券市场的法制建设同样如此。经过十几年的发展，我国在该领域的建设已经取得了可喜的成绩，但问题依然很多。中国复杂的国情和独特的经济体制决定了证券市场法制建设不会一帆风顺，需要长时期的摸索。在经济全球化的趋势下，其任务更加迫切。我们不仅要完善已设立的法规，还要及时面对因全球化和世界金融法规趋同对本国证券市场法制的冲击。因此，我们要加快完善相应的法制建设，为我国投行业的发展铺平道路。

很显然，解决我国投行业面临的一系列问题并非朝夕之功，但是我们有理由相信，在经济全球化的大背景下，随着我国市场经济体制和相应法规的不断完善，我国投行业将迎来快速发展的黄金时期，同时我们也期待着中国“摩根”、“高盛”的出现。

【讨论与思考】

1. 在此次金融危机过程中，华尔街五大投行或破产或转型或被并购，这对正处于快速发展期的我国投行业来说，有何启示？
2. 华尔街一些投行的倒闭和转型，引发了各界对于投行模式的质疑，甚至一度猜疑美国投行模式是否走到了尽头，你对这些观点有何看法？

参考文献

1. 郭田勇：《大型国有银行上市回顾与展望》，《中国金融》2010 年第 14 期。
2. 张宇昊：《中外金融控股集团公司经营模式比较研究》，《现代商贸工业》2009 年第 12 期。
3. 谷澍、张红军：《汇丰全球化的经验及对中资银行推进全球化战略的启示》，《金融论坛》2009 年第 10 期。
4. 冯晶：《次贷危机中投资银行巨亏的根源》，《西南金融》2008 年第 10 期。

第七章　金融业务

Chapter 7

案例1　降低贷款风险的五级分类制度

【教学目的】

通过本案例的学习，学生能够了解、熟悉银行中一般贷款业务的基本过程及其核心内容。特别是可以了解银行如何对贷款客户的潜在风险进行识别分析，以及如何运用五级分类方法对贷款进行后续处理，能够深刻体会到银行机构对业务风险控制的重要性和特殊性。

【案例资料】

1998年开始，我国商业银行开始试行贷款的五级分类制度。根据中国人民银行的要求对信贷资产进行有效的分类是商业银行必须认真做到的，本案例就是甲银行对其发放的一笔贷款进行分类的情况介绍。

一　客户及贷款背景材料

基本情况：

客户名称某专业工程承包公司　注册地址　某市胜利区

法定代表人　张某某　国籍　中国　财务主管人　光华　国籍　中国

营业执照号码　2000000—3

行业类型　建筑　客户性质　国有　客户信用评级　AAA

评级机构　甲银行

主营业务　工程承包　兼营业务　建材批发、商品混凝土

基本账户行　甲银行　贷款证号码　455554444

信贷专管员　李某某　分类截止日期　2007 年 12 月 31 日

某专业工程承包公司是主要从事专业工程承包的大型施工企业。公司为甲行传统基本客户，银企关系一直十分紧密，连续多年被甲行评为 AAA 级客户。公司注册地址为某市胜利区，法人代表为张某某，注册资本 7000 万元，公司现有人员 3000 余人。公司 2006 年、2007 年和 2008 年一季度生产经营情况如下：销售收入分别为 37226 万元、33927 万元、7508 万元，税后利润分别为 971 万元、1313 万元、-639.12 万元。在建筑行业中，该公司施工装备水平较高，技术力量比较强，全员劳动生产率在同业中处于领先地位，具有较高的知名度。其施工项目共四项先后获得国家建筑业质量最高奖——“鲁班奖”。近几年受宏观经济环境影响，国内建筑业全行业不景气，施工任务不饱满，而且竞争日益激烈，该公司工程结算量呈逐年下降趋势。2006 年开始，该公司除继续积极承接国内工程外，重点拓展了东南亚海外建筑承包市场，签订的建筑施工承揽合同达 7 亿元人民币。2008 年东南亚地区爆发严重金融危机，工程业主普遍难以及时支付工程款，大量工程被迫暂停施工，已完工程的结算收入也难以收回。该公司年末应收账款量累计达 41560 万元，比年初增加 12000 多万元。其中有些工程是公司为避免造成更大损失单方面自行暂停施工，业主以违约为

名扣留了公司的主要施工设备。

2007 年初，为在国内购买建筑材料及部分施工机具用于东南亚工程施工周转需要，该公司向甲行申请流动资金贷款 2 亿元，甲行分别于 2007 年 4 月 30 日发放贷款 1 亿元、6 月 30 日发放贷款 5000 万元、7 月 31 日发放贷款 5000 万元，贷款期限均为一年。到目前为止，客户能按期付息，其中 1 亿元贷款已经按期归还，其资金来源是 2007 年底收回的与某公司的换地收入 9980 万元。另外两笔因受前述东南亚金融危机影响，造成客户资金周转极为困难，到期肯定难以归还，客户已向甲行提出展期申请。该公司 2006 ~ 2007 年财务状况见表 7 - 1。

表 7 - 1　借款人财务资料

单位：万元

<table>
<tr><th colspan="2">报告日期</th><th>上两期
财务状况
2005. 12. 31</th><th>上一期
财务状况
2006. 12. 31</th><th>当期
财务状况
2007. 12. 31</th><th>预测
财务状况</th></tr>
<tr><td colspan="2">销售收入</td><td>37266</td><td>33927</td><td>7508</td><td rowspan="13">东南亚金融危机对借款人在该地区经营的影响短期内难以消除，预计财务状况难有很大改善，利润额将会下降</td></tr>
<tr><td colspan="2">利润总额</td><td>1561</td><td>1941</td><td>- 610. 41</td></tr>
<tr><td colspan="2">净利润</td><td>971</td><td>1313</td><td>- 610. 41</td></tr>
<tr><td rowspan="4">净现金流量</td><td>经营现金净流量</td><td>4915</td><td>- 9484</td><td>- 2497. 6</td></tr>
<tr><td>投资现金净流量</td><td>- 3321</td><td>3894</td><td>1194. 4</td></tr>
<tr><td>筹资现金净流量</td><td>5707</td><td>15948</td><td>- 1639. 1</td></tr>
<tr><td>合　计</td><td>7301</td><td>10358</td><td>- 2052. 9</td></tr>
<tr><td colspan="2">应付账款</td><td>4444</td><td>2873. 70</td><td>2121. 05</td></tr>
<tr><td colspan="2">短期借款</td><td>4875</td><td>25125</td><td>24125</td></tr>
<tr><td colspan="2">长期借款</td><td>44506</td><td>42471. 61</td><td>42471. 61</td></tr>
<tr><td colspan="2">总资产</td><td>88863</td><td>112111. 69</td><td>110728. 29</td></tr>
<tr><td colspan="2">总负债</td><td>76393</td><td>98770. 44</td><td>97429. 76</td></tr>
<tr><td colspan="2">流动资产</td><td>43294</td><td>67424. 89</td><td>67847. 59</td></tr>
</table>

续表

报告日期	上两期 财务状况 2005. 12. 31	上一期 财务状况 2006. 12. 31	当期 财务状况 2007. 12. 31	预测 财务状况
流动负债	29892	56571. 71	55118. 81	东南亚金融危机对借款人在该地区经营的影响短期内难以消除，预计财务状况难有很大改善，利润额将会下降
净资产	12470	13431	13298. 53	
资产负债率	85. 93%	88. 10%	87. 99%	
流动比率	144. 83%	119. 18%	123. 09%	
应收账款	14410	18549. 68	17235. 22	
应收账款周转率	263. 39%	205. 87%	41. 96%	
存货	4787	6980. 57	7649. 57	
存货周转率	500. 63%	384. 12%	76. 90%	
净资产利润率	9. 55%	14. 55%	-4. 59%	
销售利润率	4. 19%	5. 72%	-8. 13%	
或有负债总额			400	

二　甲银行对该笔贷款的分类分析及结论

其一，我行授信余额（不含利息）20000 万元，其中贷款本金20000 万元。

其二，影响贷款偿还的有利因素（需从财务、现金流量、非财务因素、还款意愿等多方面分析）：

客户在本行业具备一定的技术优势和较高的商业信誉，虽然暂时陷入了经营困难，但主要是市场原因，其经营能力和管理能力具备较好的基础。一旦市场形势好转，该公司的经营业绩将会有很大起色。

该公司具备较好的还款意愿和还款信用记录。以往我行贷款基本能够按期归还，4 月到期的贷款 1 亿元已经用换地收入偿还。尽管目前公司资金周转困难，但贷款利息一直及时足额归还。

其三，影响贷款偿还的不利因素（分析方法同上）：

（1）该公司成本费用核算不实，个别会计科目使用不当。2007 年财务报表中，长期借款中应计利息 1980 万元未计入成本费用。当年三年以上应收账款 480 万元未作坏账损失计入成本。将应计入应收账款的 23010 万元收入在其他应收款户核算。据此调整，2007 年利润总额为 -1769 万元，实际应收账款额为 41560 万元，应收账款周转率为 78.63%。

（2）该公司资产负债率偏高，流动比率较低，企业营运资金少，主要依靠银行借款维持生产周转需要。一旦银行收回贷款，该公司经营活动将无法维持。主营业务收入（工程结算收入）呈逐年下降趋势，2007 年比 2006 年下降 8.96%，2008 年预计比上年下降超过 10%。2007 年实际已开始出现较大的亏损，进入 2008 年该公司市场情况未见好转。1～3 月份，该公司完成施工量和建材、混凝土销售收入仅占上年同期的 75%，亏损 610.41 万元。

（3）客户正常生产经营无法产生足够的现金流量来满足偿还短期负债的需要。2007 年虽然净现金流量达 10358 万元，但主要来自 2007 年融资活动和投资活动现金净流量（当年增加短期贷款 20250 万元，获得换地收入 9980 万元），而经营现金净流量为 -9484万元，主要原因是应收款项大量增加。2008 年偿还我行 1 亿元短期借款后，客户现金流量状况更趋恶化。从目前情况看，客户不可能会再有大的投资活动产生现金流入，筹资活动现金净流入也难以为继。由于目前东南亚金融危机仍在加深，对当地经济造成了致命打击，相当长的时期内难以好转，该公司应收账款又大量集中在这些地区，短期内不可能收回。而且，该公司主要专业施工机械设备因涉及合同纠纷仍被扣留海外，国内一时难以承接新的工程，2008 年尚未签订大的工程承包合同。

上述风险因素短期内难以消除，继续发展下去经营和财务状况将更趋恶化，严重制约企业还款能力的足额收回。

甲银行对该笔贷款分类认定情况见表 7-2。

表 7－2　分类结果及审批认定记录

<table>
<tr><th>审批层次</th><th>分类人员</th><th colspan="2">分类情况</th></tr>
<tr><td rowspan="9">经办行</td><td rowspan="3">直接分类人</td><td>分类类别：正常□关注□次级□可疑□损失□</td><td>可疑类预期损失比率：</td></tr>
<tr><td>预计表内应收利息损失金额：</td><td>预计表外应收利息损失金额：</td></tr>
<tr><td colspan="2">分类理由：
已归还的贷款10000万元列为正常类。未归还的两笔贷款各5000万元分为次级
客户已无法靠正常生产经营收入及时、足额归还10000万元贷款本金。贷款风险因企业经营陷入困境、财务状况日益恶化而逐渐增大。贷款有损失的可能，预期损失比率不超过10%
直接分类人（签字）　王某　日期　2008年6月5日</td></tr>
<tr><td rowspan="3">信贷主管</td><td>分类类别：正常□关注□次级□可疑□损失□</td><td>可疑类预期损失比率：</td></tr>
<tr><td>预计表内应收利息损失金额：</td><td>预计表外应收利息损失金额：</td></tr>
<tr><td colspan="2">分类意见：
已归还的贷款10000万元列为正常类。未归还的两笔贷款各5000万元分为关注
不同意直接分类人的意见。该客户是当地的大客户，与我行关系密切，贷款偿还记录良好。分类定为关注
主管（签字）　张某　日期　2008年6月7日</td></tr>
<tr><td rowspan="3">集体审批认定结论</td><td>分类类别：正常□关注□次级□可疑□损失□</td><td>可疑类预期损失比率：</td></tr>
<tr><td>预计表内应收利息损失金额：</td><td>预计表外应收利息损失金额：</td></tr>
<tr><td colspan="2">分类意见：
已归还的贷款10000万元列为正常类。未归还的两笔贷款各5000万元均分为关注
同意信贷主管意见，该客户与我行关系较好，贷款分为关注
负责人（签字）　李某　日期　2008年6月9日</td></tr>
<tr><td rowspan="3">二级分行</td><td rowspan="3">集体审批认定结论</td><td>分类类别：正常□关注□次级□可疑□损失□</td><td>可疑类预期损失比率：</td></tr>
<tr><td>预计表内应收利息损失金额：</td><td>预计表外应收利息损失金额：</td></tr>
<tr><td colspan="2">分类意见：
已归还的贷款10000万元列为正常类。未归还的两笔贷款各5000万元均分为关注
客户是当地大企业，是我行的基本客户，企业领导已向我行说明展期原因，未还贷款分为关注
负责人（签字）　赵某　日期　2008年6月12日</td></tr>
</table>

续表

<table>
<tr><th>审批层次</th><th>分类人员</th><th colspan="2">分类情况</th></tr>
<tr><td rowspan="3">一级分行</td><td rowspan="3">集体审批认定结论</td><td>分类类别：正常□关注□次级□可疑□损失□</td><td>可疑类预期损失比率：</td></tr>
<tr><td>预计表内应收利息损失金额：</td><td>预计表外应收利息损失金额：</td></tr>
<tr><td colspan="2">分类意见：
已归还的贷款10000万元列为正常类。未归还的两笔贷款各5000万元分为次级
1. 贷款分类必须客观、动态、连续地反映贷款的风险，客户与我行的关系、规模和过去的信用记录只是分类考虑的因素之一，分类考虑的核心因素是借款人的还款能力。由于目前该企业经营已陷入困境，还款能力受到损害，短期内依靠正常经营收入已明显无法及时、足额收回贷款。同意直接分类人的意见，该笔贷款分为次级
2. 分类理由不能过于简单，分析时要抓住关键
3. 密切注意对贷款的分析监控，根据企业经营和财务状况的变动趋势确定下一步对该客户的信贷政策
负责人（签字）刘某　日期　2008年6月18日</td></tr>
</table>

注：可疑类贷款必须填写具体的预期损失比率。

由此可见，贷款风险分类是银行信贷管理的重要组成部分，它是银行的信贷分析和管理人员，或监管当局的检查人员，根据审慎的原则和风险管理的需要，综合获得的全部信息，并运用最佳判断，根据贷款的风险程度对贷款质量做出评价。贷款风险分类有利于银行全面评估信贷资产，有利于银行对信贷资产进行全面、严格、适时的控制与管理，确保信贷资产的安全。

1998年，中国人民银行在比较研究各国信贷资产分类方面做法的基础上，结合我国国情，制定了《贷款风险分类指导原则》。指导原则规定，按风险程度即贷款偿还的可能性将贷款分为五类，即正常、关注、次级、可疑、损失。

正常类：借款人能够履行合同，有充分把握按时足额偿还本息；

关注类：尽管借款人目前有能力偿还贷款本息，但是存在可能对偿还产生不利影响的因素；

次级类：借款人的还款能力出现明显问题，依靠其正常经营收入已无法保证足额偿还本息；

可疑类：借款人无法足额偿还本息，即使执行抵押或担保，也肯定要造成一部分损失；

损失类：在采取所有可能的措施和一切必要的法律程序之后，本息仍然无法收回，或只能收回极少部分。

【讨论与思考】

1. 谈谈信贷资产的清理、分类工作对商业银行经营管理有何重要意义。
2. 讨论银行贷款业务中的“三查”制度，关键的风险控制是在哪一环节。
3. 请你结合教材知识，谈谈银行贷款业务中的“逆向选择”和“道德风险”问题。

案例2　我国小额贷款发展历程和制度演变

【教学目的】

通过本案例的阅读与学习，掌握小额贷款的概念、特点，全面了解小额贷款的发展历史以及它的制度、模式的演变进程，加深对农村小额贷款作用与地位的认识，并借鉴国际小额信贷的发展经验，探索适合我国国情的小额信贷持续发展模式。

【案例资料】

主要面向农村的小额贷款是一种为引导资金流向农村和欠发达地区，改善农村地区金融服务，促进农业、农民和农村经济发展，支持社会主义新农村建设的信贷服务方式。它既是一种重要的扶贫方式，更是一种金融服务的创新。小额贷款是基于生产目的而不是基于消费目的为低收入阶层提供的金融服务，具有小额度、短期和分期还款特征。小额信贷与传统金融产品不同，其目标是传统金融业务不能覆盖但有强烈金融服务需求的低收入群体，目的在于使该群体摆脱贫困，具有贷款金额小，手续简便，实用性强的特点。

我国小额信贷的发展历程，可以从1981年联合国国际农业发展基金（IFAD）在内蒙古8旗（县）开展的北方草原与畜牧发展项目开始算起，不过直到1993年以前，我国的小额信贷项目，基本上都只是国际援华扶贫项目的一个组成部分或者一种特殊的资金使用方式而已。我国具有真正意义的小额信贷最早出现在1993年底，中国社会科学院农村发展研究所在孟加拉乡村银行信托投资公司和福特基金会的资金、技术支持下，在河北易县组建了我国第一个由非政府组织操作的专业化小额信贷机构"易县信贷扶贫合作社"（简称"扶贫社"，FPC），这是我国小额信贷发展的开端，在此后的10多年中，我国小额信贷经历了四个阶段的发展。

一　第一阶段（1993年底~1996年10月）：小额贷款的扶贫理念的传入

1. 主要演变进程

在这个阶段，小额信贷作为一种扶贫理念和独特的信贷技术逐渐传入我国，主要在国际资金（附有优惠条款的软贷款或者捐赠资金）和技术援助下，由国内的非（半）政府组织（简称"NGO"）操作运行。这些NGO小额信贷，在技术上绝大多数借鉴孟加拉乡村银行传统模式下的"团体联保贷款"形式（Group Lending），后来也有少数项目采用村银行模式（Village Banking）和个人贷款模式（Individual Lending）。在河北"易县信贷扶贫合作社"成立之后的两年中，中国社科院农村发展研究所又在河南和陕西的虞城、南召和丹凤先后成立了类似"扶贫社"的组织。社科院"扶贫社"的经验，为后来其他小额信贷机构和项目的开展起到了重要的示范作用。在"扶贫社"之外，另一个有代表性的NGO小额信贷项目，由联合国计划开发署（UNDP）援助，并由我国商务部国际经济技术交流中心（CICETE）4 项目办公室从 1995 年开始运行。该项目已先后在我国 16 个省（区）的 48 个县（市）推行，后来还推广到天津和河南的部分城市地区开展针对下岗职工的微型融资服务。UNDP/CICETE 项目在技术上仍然借鉴孟加拉乡村银行的团体贷款模式，但组织结构则适应我国政府组织系统，通过与不同的地方政府部门合作成立专门的“乡村发展协会”来管理和实施。

从 1993 年社科院“扶贫社”试点开始以后的 10 多年中，我国 NGO 小额信贷组织（项目）还有过许多有益的尝试，如澳大利亚国际开发署（AusAID）援助的青海海东农行小额信贷项目，澳方政府提供小额信贷资本金 167 万美元，信贷投放由海东地区农业银行通过其乡镇营业所人员以及在当地乡村聘请的“协理员”来分别负责贷款的发放和回收。由国际鹤类基金会、渐进组织和贵州省政府提供资金，1994 年开始的“草海村寨信用基金”，引起理论界对独特的技术管理模式的广泛关注。汪三贵指出，草海项目的最大特征是村基金由村民选举的“村寨基金管理委员会”进行管理，其管理模式和国际经验中的“村银行”（Village Banking）模式类似。另外，中国扶贫基金会承办的世界银行小额信贷扶贫项目，于 1997 年开始在陕西安康和四川阆中开展试点工作。

2. 主要特征

在这一阶段，小额信贷试点是由社会团体或非政府组织主要利用国外和自筹资金进行小范围试验。这一阶段的明显特征是：在资金来源方面，主要依靠国际捐助和软贷款，基本上没有政府资金的介入；在管理运作模式方面，人们重点探索的是孟加拉“乡村银行”（Grameen Bank）式小额信贷项目在中国的可行性；运营单位是以民间机构为依托，注重项目运作的规范化。在这一阶段，没有相关的政府政策和法律依据针对小额信贷，仅有国家整体的扶贫政策和扶贫任务以及某些项目与国际捐助机构签订的扶贫项目协议作为参考。

3. 成效与局限

以非政府组织推进的“扶贫社”形式的小额贷款组织的出现，彰显了国家和社会对社会公平发展和平等生存等民生问题的重视与关注，宣传了党和国家扶贫救助的决心；同时，国家的扶贫理念开始从“输血型救助”向“造血型帮扶”转变，也为创新扶贫救助形式积累了宝贵经验。

但是，以非政府组织的形式开始试点运作，也反映了政府的谨慎态度，对这种模式的情景不乐观，这也直接降低了小额贷款项目和组织在社会中的影响，特别是无法调动地方政府跟进参与的积极性。同时，在国家政策层面，禁止这些机构吸收公共存款，中央银行也禁止商业银行向登记为“社会团体法人”的小额信贷机构提供融资支持。所以从总体上看，NGO 小额信贷受到的政策限制较多，发展的空间较小。1996 年以后，随着政府小额信贷和金融机构开展的小额信贷项目陆续开始运行，从数量和额度的比重上看，NGO 类型的小额信贷就显得更加微不足道了。

二　第二阶段（1996 年 10 月 ~2000 年）：政府政策参与下民间小额贷款项目扩大阶段

1. 主要演变进程

在这一阶段，主要是由社会团体或非政府组织利用国外资金继续进行试验，以及由政府和指定银行（农发行/农行）操作，以国内扶贫资金为主，在贫困地区较大范围内推广，两大类型的项目并行发展。由于 NGO 小额信贷项目试点成效明显，推广经验逐渐得到中央政府的认可。为实现千年扶贫攻坚计划和新世纪扶贫任务，中央开始借鉴 NGO 小额信贷的技术和经验，利用中国农业银行、中国农业发展银行以及各地农村信用社等金融机构网络，向广大农户、农村企业发放免息、贴息小额贷款，加快了扶贫工程的推进，从而推动了小额贷款项目的迅速发展。

随着国家扶贫政策的演进，“政策性小额信贷扶贫项目”在一些有 NGO 小额信贷经验的省份如山西、四川、云南、河北、广西、贵州等地区迅速发展起来，国务院扶贫办系统、民政部门、社会保障部门、残疾人联合会、妇联和工会等先后参与其中。这些政策性小额信贷项目，大多数分布在农村地区。但随着国有企业改革提速和城镇中下岗再就业任务日益繁重，依托政府再就业基金、工会“送温暖基金”和妇联网络，由政府部门自行设计和执行，面向下岗失业人员和城镇低收入人口的一些城市小额信贷项目，也在这一时期开始运行。1998～1999年前后，占我国扶贫资金大部分的扶贫信贷资金，由中国农业发展银行管理、各地扶贫社代理发放，重新划归农业银行管理并直接发放。扶贫贴息贷款直接发放到户，也是我国政策性小额信贷的重要组成部分。

2. 主要特征

这一阶段最明显的特征是政府从资金、人力和组织方面积极推动，并借助小额信贷这一金融工具来实现“八七扶贫攻坚计划”的目标。同时，在资金来源上主要是以国家财政资金和扶贫贴息贷款为资金来源；在运营方式上主要还是采用孟加拉乡村银行（GB）的传统小组联保模式；组织形式上以我国政府机构和农业银行（中国农业发展银行）为依托，主导发展“政策性小额信贷扶贫项目”。

3. 成效与局限

随着小额贷款项目的推进，社会对这种形式的公益性、开发性的扶贫活动有了较为全面的了解认识，引起社会许多爱心人士和企业纷纷捐款，成立了很多基金会，参与社会公益事业，对社会环境优化建设起到积极作用。但是，社会也开始广泛关注社会的不公平，认为政府在扶贫开发方面还应该更有作为，推进力度应该更大，经济学、社会学以及理论界纷纷呼吁国家应加强关注“三农”，通过规范化的制度建设从根本上帮助弱势群体，从而推动小额贷款向一个新的阶段迈进。

三 第三阶段（2000 年 ~2005 年 6 月）：国家主流金融机构积极参与助推小额贷款进入制度化建设阶段

1. 主要发展进程

在促进“农业、农村、农民”发展的战略背景下，为了解决“农户贷款难”问题，我国农村合作金融机构（农村信用社、农村商业银行和农村合作银行）在中央银行支农再贷款的支持下，开始发放“小额信用贷款”和“农户联保贷款”。这标志着我国正规农村金融机构开始大规模介入小额信贷领域，而小额信贷的目标，也从“扶贫”领域扩展到“为一般农户以及微小企业服务”的广阔空间。此外，针对下岗失业低收入群体的城市小额信贷试验也开始起步。这一阶段的制度化建设进程主要体现在中央政府下发了一系列法规政策文件。进入 2000 年后，中央先后发布《农村信用合作社农户小额信用贷款管理暂行办法》和《农村信用合作社农户联保贷款管理指导意见》，各省市纷纷出台《下岗失业人员小额担保贷款实施办法》，制定实施《扶贫贴息贷款管理实施办法》。为贯彻落实《中共中央、国务院关于进一步做好下岗失业人员再就业工作的通知》（中发〔2002〕12 号）的精神，中国人民银行下发了《下岗失业人员小额担保贷款管理办法》、《农村信用合作社农户小额信用贷款管理指导意见》，同时发布《中国人民银行办公厅关于增加对农村信用社再贷款的通知》、《中国人民银行关于进一步做好农户小额贷款发放和改进支农服务工作的通知》，加强对农村信用合作社开展小额贷款的指导，规范小额贷款发放，保障小额贷款资金来源充足。

2. 主要特征

这一阶段显著特征主要表现在两大方面：

宏观上的显著特征，一是国家开始注重规范化制度建设，制定出台了一系列政策文件和指导性纲要文件；二是以农村信用社为主体的正规金融机构开始试行并推广小额贷款，并以主力军的身份出现在小额信贷舞台，小额贷款进入可持续的商业运作发展阶段。

微观上的显著特征，体现在我国农村合作金融机构发放小额信贷的风险管理技术与NGO和政策性小额信贷广泛采用的孟加拉乡村银行传统模式不同，尤其是“小额信用贷款”：一是农户小额信用贷款，它是以农户信誉为保证，使用一户一份的农户贷款证，按照“一次核定，随用随贷，余额控制，周转使用”的管理办法进行，贷款期限一般为1年。随着农户信用的积累，农村信用社根据不同村镇农户的守信程度，对村镇进行信用分级，对小额贷款实行分类管理。二是在对孟加拉乡村银行传统模式改进完善的基础上实行农户联保贷款制度，它是按照“多户联保，按期存款，分期还款”的原则发放贷款。

3. 成效和局限

农村信用社作为农村正规金融机构逐步介入和快速扩展小额信贷，其支持力度大、推广面广，对广大农民和城市下岗职工来说是一场及时雨，为下岗职工和农民提供解决生存和发展所必需的启动资金，有效缓解了当时社会的困境和矛盾，使人民对政府又寄予了希望，经济效益和社会效益都非常明显。

但是，在一些具体做法上还不能得到广大农民的认可，如贷款人不仅需要有良好的信用评价，还需要有一定的抵押物或现金，借款人在贷款前须先向农村信用社存入不低于贷款额5%的活期存款，这对于严重缺乏现金的农民和下岗职工来讲是一个不小的问题。此外，单次贷款额度原则上不超过当地农户的年平均收入，期限不超过一年。这项规定也不够贴近实际，假设有2个家庭经济情况一样的农民，1个住在相对富裕的村，1个住在相对贫困的村，在两个村的信用层级一样的情况下，这2个家庭得到的小额贷款额可能是完全不一样的。这种对农户小额信用贷款采取的“贷款证+信用村（镇）”和“信用+现金质押”管理模式的作用机制，还缺乏严谨的经济学分析和研究文献，一定程度上影响了小额贷款在农村市场的发展。

四 第四阶段（2005 年 6 月至今）：我国小额信贷进入探索“商业性小额信贷”的全新阶段

1. 主要发展进程

在农村金融总体改革框架之下，为适应农村金融市场开放的政策取向，由私人资本投资的商业性小额信贷机构开始在试点地区出现。同时，在促进小企业发展和增加就业的背景下，许多商业银行开始通过专门的信贷窗口推进小企业贷款。

在组建商业性小额信贷机构方面，国家一系列重要文件为农村金融改革提前铺路。2004 年的中央 1 号文件要求“继续扩大农户小额信用贷款和农户联保贷款……通过吸引社会资本和外资，积极兴办直接为‘三农’服务的多种所有制的金融组织”；2005 年中央 1 号文件明确“有条件的地方，可以探索建立更加贴近农民和农村需要、由自然人或企业发起的小额信贷组织”；而 2006 年中央 1 号文件则进一步指出“鼓励在县域内设立多种所有制的社区金融机构，允许私有资本、外资等参股。大力培育由自然人、企业法人或社团法人发起的小额贷款组织……”。连续三年的 1 号文件，都要求开放农村金融市场，鼓励制度创新，而近两年则进一步明确小额信贷作为一种适当的金融创新应该予以大力发展（吴晓灵，2006）。在这种背景下，从 2005 年起由中国人民银行、中国银行业监督管理委员会会同各试点地区地方政府推动“商业性小额贷款公司试点”工作，到 2008 年中国银行业监督管理委员会、中国人民银行发布《关于小额贷款公司试点的指导意见》（银监发〔2008〕23 号），开始了以《公司法》为依据，以经营小额贷款等金融服务为内容的商业性小额贷款的探索之路。

在商业银行开展小企业贷款方面，制度、管理日趋规范。中国银监会 2005 年 7 月发布了《银行开展小企业贷款业务指导意见》，通过引导银行业金融机构建立利率风险定价机制、有效的激励约束机制和违约信息通报机制等“六项机制”来推进小企业金融服务。中国银监会接连发布《关于印发〈农村信用社小企业信用贷款和联保贷款指引〉的通知》(银监发〔2006〕7号)、《关于印发〈村镇银行管理暂行规定〉的通知》(银监发〔2007〕5号)、《关于印发〈贷款公司管理暂行规定〉的通知》(银监发〔2007〕6号)、《关于银行业金融机构大力发展农村小额贷款业务的指导意见》(银监发〔2007〕67号)、《关于印发〈小额贷款公司改制设立村镇银行暂行规定〉的通知》(银监发〔2009〕48号)等一系列文件法规，全面推动了主体金融体系开展小额贷款业务的发展。在此之后，许多银行先后成立了专门的小企业贷款管理部门。比如工商银行和农业银行在试点地区设立小企业信贷专业部门，浦东发展银行、民生银行和光大银行专门组建中小客户部或中小企业服务中心，一些城市商业银行和农村商业银行也成立了小额贷款专业部门。此外，国家开发银行也以特殊方式参与其中，已和台州市商业银行签署了关于微小企业贷款试点工作的战略合作协议。

2. 主要特征

这一阶段小额信贷发展的突出特点是：由国家金融管理部门(央行或者银监会)推动，由商业性资金或者正规商业银行投入和经营，我国小额信贷试图在“政策性目标和商业性资本”之间，走出一条新路，最终能够在业务覆盖面和机构可持续性两个方面同时获得进展。其中，以“工商企业”性质的小额贷款公司为载体的小额贷款业务的制度安排，存在四个方面的明显特征：一是小额贷款公司的主管部门是各省级政府相关主管部门，而不是央行和银监会；二是小额贷款公司的企业性质是工商类企业，而非金融类机构，所依据的法律是《公司法》，而非《商业银行法》；三是资金运营模式为“只存不贷”，向金融机构融资不得超过资本净额的50%；四是经营上不能异地经营，60%以上的贷款资金需投向“三农和微型企业”。

3. 成效与局限

小额贷款作为农村金融的创新发展道路，也遵循着我国经济体制改革的一贯经验，先试点后全面推广，目前，已经从 2005 年 5 个试点省份推广到全国范围，全国每一个县级市以上城市至少有了 1 家按照《公司法》组建起来的小额贷款公司，以小额贷款公司为支点的农村金融创新体系正在逐步建立起来，这将极大地改善中小企业融资困难、农民创业发展资金紧缺等困扰国家微观经济发展的基层金融环境。虽然小额贷款依托国家金融政策松绑得到迅猛发展，但是，国家在设计小额贷款公司发展的制度安排上存在缺陷，而且这些缺陷将直接影响小额贷款公司集约发展和长远发展前景。这些缺陷主要表现在：

（1）“只贷不存”的资金运营模式，造成小额贷款公司资金来源只能依靠股东增资扩股，渠道非常单一。小额贷款公司资金补充机制的缺失将是制约其可持续健康发展的关键问题。

（2）对村镇银行的主发起机构的相关要求，使小额贷款公司失去前进的动力。银监会先后发布《村镇银行管理暂行规定》和《小额贷款公司改制设立村镇银行暂行规定》两个重要文件，对小额贷款公司从一般性的“工商企业”改制成为“银行金融机构”的村镇银行进行规范和规定，其中，规定成立村镇银行的主发起人或出资人中应至少有 1 家银行业金融机构，而且规定村镇银行的最大股东必须是银行业金融机构，最大银行业金融机构股东持股比例不得低于村镇银行股本总额的 20%，单一非银行金融机构或单一非金融机构企业法人及其关联方持股比例不得超过村镇银行股本总额的 10%。这些规定无疑极大地打击了以民营资本建立起来的小额贷款公司发展壮大的积极性。

【讨论与思考】

1. 比较国外主要小额信贷模式，并借鉴各国成功的经验，谈谈如何设计适合我国市场经济发展现行阶段要求的小额信贷模式。
2. 通过以上对我国小额贷款业务的发展历程的梳理，你对小额贷款又有了哪些新的认识？

案例3　银行中间业务成利润增长极，服务收费频遭质疑

【教学目的】

通过本案例的学习，全面认识中间业务作为商业银行三大支柱业务之一的重要意义，积极探索如何进一步拓宽银行中间业务服务领域，提高银行中间业务服务水平，使其朝经营品种多样化、赢利结构综合化的方向发展，并对我国金融机构服务收费问题提出自己的见解。

【案例资料】

一　银行中间业务成利润增长极

截至2010年8月28日，已有包括中行、农行、工行、建行在内的12家上市银行公布中期业绩，相较上年同期，可谓高歌猛进，总体形势喜人，其中，中行、农行、工行、建行四大国有商业银行上半年净利润同比增长分别达到25.77%、40.2%、27.3%和26.75%。

这其中，各家银行中间业务利润的快速增长尤为引人注目。据初步观察，12家上市银行中间业务收入增速超过传统息差收入较为普遍。以四大国有商业银行为例，除农业银行外，中行、建行、工行相关业务同比增速均超过传统息差收入，其中，建设银行手续费及佣金收入同比增速达到43.63%，远远超过息差收入增速的14.96%。

“中间业务正在日益成为银行利润重要增长极。”西南证券首席银行业研究员付立春在接受记者采访时表示，其突出表现在：一方面，中间业务普遍呈现出高于利息收入增长的速度；另一方面，则是中间业务收入占银行营业收入的比重逐步提高。

据初步统计，四大国有商业银行中间业务收入占比均有不同

程度提高，中行、建行、工行手续费及佣金收入占比分别达到21.28%、21.94%、21.1%，其中，建设银行占比较上年同期增长超过4个百分点。据了解，我国四大银行2001年中间业务占其全部收益比重分别为：中国银行约17%、中国建设银行约8%、中国工商银行约5%、中国农业银行约4%。再以中国建设银行为例，2002年实现中间业务收入75.06亿元，仅占全行收入总额的6.7%，中间业务净收入44.75亿元，比上年增长了35%，但也仅占净利息收入的6.9%。

“与传统的息差业务相比，银行中间业务基数小，发展潜力大。”宏源证券高级研究员何一峰说，多数银行在中间业务上的开拓力度大，增速快，已是银行利润重要增长点。

付立春分析说，受资本市场趋于活跃、银行加大拓展力度、债券发行量增大以及银行理财产品快速增长等多种因素影响，银行中间业务快速增长已逐渐成为趋势，事实上，“去年下半年，在利息收入增长较弱时，银行中间业务就已开始出现趋势性增长迹象”。

二　相关业务频遭质疑　银行收费争议案例大集锦

与中间业务收入快速增长相对应的，却是近来银行相关业务频频引发社会质疑，甚至导致监管层发文予以规范，这其中，银行服务性收费问题以及银行理财产品亏损、夸大宣传等问题尤为引人关注，所引发的社会质疑也最为集中。这些问题不仅关系着银行赢利水平和竞争能力的高低，还关系着和谐社会的打造。

（一）银行收费争议案例大集锦

银行名目繁多的服务性收费是近期社会最为关注的问题。央视《每周质量报告》报道称，目前银行提供的服务项目从2003年的300多种发展到目前的3000多种，其中大大小小的收费项目，竟然已经超过750种，大致分为手续费、管理费和服务费三种。手续费主要有挂失费、密码重置费、ATM机同城跨行取款费；管理费主要有银行卡年费、开卡换卡费、小额账户管理费；服务费种类最多，主要有网上银行、手机银行、短信提示、网银贵宾等，还有我们所熟知的零钞清点费，也就是通常所说的“数钱费”。

近年来，银行服务从免费到收费、从低收费到高收费，翻越了若干个“分水岭”。随着各种服务费用上涨，包括银行卡手续费在内的手续费收入已成为银行业最大利润增长点。四大行年报显示，截至2009年底，工、农、中、建四大行中间业务收入中手续费及佣金净收入共计1800多亿元，其中工行位列第一，收入551.47亿元，比上年增长25.3%，占营业总收入的比重达17.82%。中国银监会2010年6月15日发布的《银监会2009年报》显示，2009年中国银行业金融机构实现税后利润6684亿元。而截至目前，全国累计发行21.4亿张银行卡，其中借记卡接近20亿张，信用卡为1.7亿张。2009年以来，各大银行中间业务年收入平均增幅接近30%。

由于银行对收费项目和标准提示力度不够，导致消费者莫名“被扣费”的现象很严重。服务收费问题已经日益成为评价银行服务质量、影响银行形象、关系银行市场竞争力和赢利水平的重要因素。

那么，哪些银行收费项目存在争议呢？

1. 小额账户管理费——“银行凭啥嫌贫爱富”

中国人有“积谷防饥”的传统，所以大多数老百姓习惯把钱存进银行，因为他们认为“钱放到银行，不会丢，还有利息，也不会贬值”。

案例：北京市民齐先生2009年到银行去取钱，发现9年前存的100元，被银行扣得只剩了60多元。

争议：消费者认为，从技术上说，银行管理100元的账户和管理100万元的账户的工作量是一样的，为什么没听说要清理存款100万的账户呢？银行的这种行为是对小额储户的歧视，是典型的嫌贫爱富。银行在收小额账户管理费之前，没有提醒储户余额不足就直接通过系统扣款，等到储户发现之后，钱都已经被划走了。如果说是为了提升客户理财意识，银行就应该主动提醒，而不是直接“抢钱”。

银行认为，不少客户常常在不同银行间开立多个账户，形成很多闲置几年不动的“睡眠账户”，对金融账户资源形成了巨大浪费。银行希望通过收取账户管理费，使得有闲置账户的客户能够对名下银行账户进行有效合并，提升个人客户的金融理财意识。

收费情况：以北京市为例，工行、深发行低于300元，建行、农行、北京农村商业银行低于500元的小额账户管理费为每年12元；中行和民生银行、华夏银行、兴业银行、中信银行、光大银行、广发行、北京银行免收小额账户管理费；招行低于10000元的小额账户管理费为每年36元。

2. 密码重置费——“想不通，真的想不通”

如果你忘了银行卡或存折的密码怎么办？很简单，到银行重新置换一个就好了，但银行要收你密码重置费，而且价格还不便宜。

案例：北京储户王女士由于忘了银行卡密码只好去银行网点柜台上重新办一个，没想到就是这么简单的业务，银行竟然也要开口收取10元的密码重置费。

争议：消费者认为，自己随身带着身份证等证件，足以证明这张卡是自己的，但银行方面坚称这是规定，必须付费。银行重置密码作为一项举手之劳的服务业务，应该不必再向客户收取额外费用，但没想到银行还是“狮子大开口”，这令客户实在难以接受。有业内人士称，银行卡密码重置业务对银行来说成本几乎为零，只需短短几秒钟就可以完成。

银行则认为，持卡人忘记密码后，需先办理挂失，再设置新密码。跟存折和银行卡挂失一样，密码忘记了也需要挂失，这笔钱实际上是密码挂失费。而银行在为客户办理密码挂失时，付出了一定的人力、物力，银行只是“按劳收费”。

收费情况：中行、建行、农行、工行、交行、招行、民生银行、兴业银行、北京银行、浦发银行密码重置费一律10元。

3. 转账失败手续费——“没干‘活’还收钱”

当你进行跨行转账时，银行是要收取手续费的，这点早已司空见惯，但是当转账没有成功银行仍然要向你收手续费时，你怎么办？

案例：北京市民张女士前不久去某银行网点向朋友的账户汇了一笔钱，并被告知提交成功。按照银行的规定，她支付了50元手续费。一天后，张女士接到朋友的电话，对方称并没有收到这笔钱。她去银行一查才知道，转账没有成功，汇出去的钱又被退回了她的账户。但让她有些想不通的是，银行不给退50元手续费。

争议：消费者认为，这是银行系统自身原因造成的，并非自己的原因。对没干“活”还收钱的做法接受不了。对银行的这种扣费不能接受，认为是典型的“霸王条款”。

银行认为，银行在受理跨行转账业务时，无法核实到收款行的准确信息，而手续费是针对客户操作跨行转账这笔交易而产生的费用，即使转账没有成功，但只要银行完成了转账手续，就要收取手续费。目前银行间的跨行转账业务需要借助央行的大、小额支付系统来完成，每一笔交易都需要向央行支付手续费。这笔手续费实际上是使用渠道的费用。

收费情况：工行、建行、农行、中行、交行、中信银行等银行对跨行转账收费都有类似的规定：即无论是客户本身的原因，还是整个交易过程中系统运行的原因，最终导致跨行转账没有成功，银行都要收取手续费。

4. 更换存折费——“‘借条’还得花钱买”

储户用的存折时间长了，难免有磨损导致消磁的情况发生，如果去银行取钱的时候，存折不能用了，银行会让你再换一本存折，旧的给银行，新的必须花钱买。

案例：储户孙女士去银行取钱时，银行告知其存折被消磁了，需要换一本存折，孙女士答应，但银行要其花6元钱工本费购买一本新存折。

争议：消费者认为，钱虽然不多，但很不舒服。况且，存折消磁也有可能是银行制作质量造成的，并不能完全怪顾客。举一个例子，就好比我借给你钱，你应该给我打个借条，这是天经地义的事，可是你给我打了借条，这张借条你要让我付钱给你，实在是太不合理了。同样的道理，我在你银行存了钱，你给我开出凭据再正常不过了，为什么这个凭据的钱要让我来付?

对此，银行认为，存折是有成本的，以前没有收费，大家享受惯了免费的服务，所以对收费不习惯罢了。存折用完后需要更换新的，银行想通过这种收费的方式减少存折使用量，提倡环保低碳。同时，通过收费还可引导客户合理使用银行账户，如能用借记卡尽量办卡，借记卡可以直接在自动柜员机办理大部分银行业务，这样还能有效降低人力成本。

收费情况：招行更换存折费 10 元、中行和农行更换存折费 5 元、建行更换存折费 3 元、工行更换存折费 2 元。

5. 打印对账单费——“不应成为收费项目”

花了钱，去银行打印一张账单；想看看最近提取住房公积金以及还贷款的详细明目表，可以，但需要交钱。

案例：日前，北京市民刘先生去某银行查询近一年的房贷还贷明细，5 页 A4 纸，银行“开价”10 元。

争议：消费者认为，现在到复印店里打印一张 A4 纸一般最多 0.2 元，即使是在高档商务场所打印也不过 1 元钱，银行缘何收费如此之高？提供对账单应该是银行卡服务的一个项目，银行以管理账户成本为名每年对每张卡收年费，客户需要其中的一项服务时又要再收费，这显然不合理。

银行认为，打印对账单对银行来说，主要造成两方面的成本。一方面，这需要纸张和打印设备；另一方面，打印流水账单需要从后台调取资料，这占用了银行的网络资源，同时，打印一般需要较长时间，这也占用了银行工作人员的时间，可能会耽误其他客户的业务办理。

收费情况：中行、工行收费从 5 元到 100 元不等，打印的账单时间越久远，收费越贵。中行 3 年前账单的打印费为 100 元。广发行打印1年内对账单、1年内交易流水10元/月/次。农行和建行打印账单不收费。

6. 短信通知费——“为何不按‘条’收费”

“您尾号为××××的银行卡在××时消费人民币1000元，特别提示。”很多消费者都收到过类似银行发出的短信提示，消费者也觉得，这样的提醒方式方便又实用。但很少有人知道，银行会为这种便利的提示方式每月收取2~3元的费用，用户一年下来就得花上30多元。

案例：退休职工张大妈在查看银行账单的时候，发现被扣了36元的“短信费”。

争议：消费者认为，她没有使用手机，也没有办理过该业务，为何要缴纳36元？目前的包月收费不甚合理，因为一旦持卡人开通短信通知业务，无论当月是否消费，费用都是照收不误。如果按条来收费就更加合理一些。还有的用户则表示，银行卡本身就收取年费，短信服务应计入年费的服务项目内，更何况目前有些银行对这项服务都是免费的。

银行认为，这种短信提示是为了提醒储户注意账户资金进出情况的安全。

收费情况：以普通储蓄卡为例，农行、招行免收短信通知费；民生银行则规定，开通该业务时收取2元，此后免月租费；建行、工行按月收取2元。

数据显示，目前面向客户的银行服务已从几年前的300多种发展到数千种，且收费项目及标准不断增加和提高。

（二）理财产品亏损、夸大宣传等问题

就银行理财产品来说，从中信银行被诉涉嫌未充分揭示理财产品风险导致客户亏损，到北京农商行理财产品被指存在霸王条款，再到最近的工行、招行理财产品类似于“亏了投资者扛，赚大了归银行”的设计遭遇多方质疑，投资者对于银行理财产品的质疑主要集中在理财产品合同存在霸王条款、风险揭示不充分、信息披露不充分、客户风险评估走形式、产品说明书复杂难懂五个方面。

北京市问天律师事务所主任张远忠表示，对银行理财产品，一方面要提醒投资人在投资银行理财产品时应注意，理财产品不是银行存款，理财产品有风险；另一方面，银行在出售产品前应按照监管部门要求履行风险揭示义务。

值得一提的是，银行业务遭受质疑已引起监管部门重视。银监会日前向商业银行发布通知，要求论证收费项目可行性和收费水平合理性，并自查清理整改。

另外，银监会于2010年8月3日下发通知，要求各商业银行立即对本行所有服务项目的收费进行自查清理，发现问题要及时整改，对违反规定的收费项目，要立即停止收费。随后银监会又下发与国家发改委共同起草的《商业银行服务价格管理办法（征求意见稿）》，提出对账单服务、密码重置服务等7项服务停止收费。中国银行业协会2010年12月15日发布《关于加强银行服务收费自律工作的六点共识》，从进一步承担社会责任、对自助机具及电子银行业务等相关服务项目尽可能给予优惠、提高收费信息透明度、积极改进服务等六个方面对银行加强服务收费工作提出自律要求。自律要求特别指出，商业银行应适时对6类服务减免或暂停服务收费。

三　银行业该何去何从

遭遇如此尴尬，银行业中间业务又该何去何从？

中央财经大学中国银行业研究中心主任郭田勇指出，大力发展中间业务是商业银行业务发展的重要方向。

大力发展中间业务也是众多银行业高管的共识。交通银行副行长王滨日前就表示，银行应从高资本占用的批发业务为主向大力发展低资本占用的零售业务转变，目前国际大银行零售业务收入占比在40%到50%，而我国仅为25%左右。

工商银行副行长易会满也认为，应坚持进一步优化业务结构，提升中间业务、个人业务、新兴业务和金融市场业务占比，注重从资本消耗型业务向资本节约型业务的转变，在战略上进一步提升零售业务和中间业务的地位。

不过，“当前中间业务还是银行业发展的灰色区域”。付立春说，相关业务制度性框架不够具体、不够严格。要实现中间业务可持续发展，须坚持更为明确的发展导向，给予银行混业经营更为宽松的发展环境，辅以严格的制度框架，同时，随着银行业务交叉现象不断增多，可考虑改革目前的分业监管模式，以期更适应发展需求。

何一峰则建议，银行需要优先考虑如何持续坚持金融创新。在拓展新中间业务方面，银行可优先考虑顾客支付意愿最强的业务、特色服务以及个性化服务，对于与传统业务挂钩的业务在收费方面则需谨慎。此外，他还认为，银行应千方百计改善中间业务服务质量。

“提升服务并不仅仅是一张笑脸。”付立春也表示，应从银行长期发展战略考虑，制订全局性发展计划，从而达到银行服务质量的提升。

【讨论与思考】

1. 请你调查一下，目前一张银行卡一年要交多少钱，并谈谈应对银行卡“收费时代”的几个小窍门。
2. 你认为目前我国银行服务收费还存在哪些不合理之处，该如何改进？
3. 查阅资料，了解国外商业银行中间业务与服务收费的情况，并做出分析。

案例4　商业银行信贷资产转让业务

【教学目的】

通过本案例的学习，了解我国银行信贷资产转让业务发展的背景与需求，认识商业银行信贷资产转让业务操作中出现的种种安全隐患现象，分析我国当前市场信贷资产转让现状及存在的问题，并对信贷资产转让业务的发展提出一些建议。

【案例资料】

信贷资产转让业务是20世纪90年代末发展起来的创新产品，具有优化各项监控或监测指标、拓宽融资渠道、规避流动性风险、调整和优化信贷资产结构、提升信贷资产质量、提升赢利水平及能力等诸多积极作用，近年来在我国银行及其他金融机构已蓬勃开展。2009年以来，信贷规模出现猛增势头，而信贷资产转让业务的大量增长，已经成为对宏观调控和信贷政策执行的一个新挑战。

一 信贷资产转让交易的背景与形式

在西方商业银行中，信贷资产转让业务已经成为其改善资产流动性、提高收益水平或满足某种特定目的的一种十分成熟而普遍开展的金融产品，并获得了较快的发展。在我国，民生银行曾于2002年8月为确保“单一最大客户贷款比例”指标达到人民银行监管标准，而向其他银行转让大客户贷款24.9亿元，这是我国第一笔信贷资产转让业务，但当时民生银行采取了低调的态度，未作公开宣传。深圳发展银行为满足人民银行的监管指标要求，而同工商银行达成回购期为8天、总额达80.85亿元的信贷资产回购产品，并与2002年9月作了公开披露。由于其有较强的市场生命力，因此包括工商银行、民生银行、光大银行等均已将信贷资产转让业务作为一项重大的同业融资产品予以积极推广。

2008年10月份起，针对受国际金融危机影响而出现的我国经济下滑态势，央行开始实施适度宽松的货币政策，支持商业银行增加信贷投放。2009年上半年，商业银行新增贷款投放7.37万亿元，同比增长34.44%，呈现过快增长的态势，无论是从贷存比例、资本充足率还是流动性管理上，都对商业银行形成了压力，对此，银监会运用“窗口指导”对商业银行提出了适度控制贷款增长的要求。为了发展新增贷款，商业银行纷纷开展对存量贷款的信贷资产转让交易。

信贷资产转让是指金融机构之间根据协议约定转让其经营范围内自主、合规发放的尚未到期信贷资产的融资业务。信贷资产转让交易的方式主要分为买断式、回购式、双买断式三类。买断式是指信贷资产转让后，债权人由信贷资产的出让方改变为受让方，借款人向受让方承担还本付息义务，风险也相应转嫁给受让方；回购式则是在信贷资产转让协议中约定，在未来特定时点日由卖出方按约定价格无条件地购回该项信贷资产，回购式交易中信贷资产的所有权并未发生转移，因此该项信贷资产不会从出让方的资产负债表中移出，双方另以融资交易的方式体现在各自的资产负债表内；双买断式则是交易双方同时签署两项独立的买断式合同，一项是即期合约，转出方将信贷资产售给转入方，另一项是远期合约，转入方在约定时日将原信贷资产按约定价格返售给转出方。

一般意义上自主达成的交易必须满足交易双方对市场条件变化之后产生的“消费者剩余”的追求和瓜分。从国外金融发展历程来看，银行信贷资产转让正是基于这样一种基本逻辑开始于20世纪70年代，在20世纪90年代颇为流行：在交易量上有了重大发展；在交易对手的范围上，由银行同业拓展到了银行与非金融机构之间展开。随着商业化进程的推进，我国银行业也开始了对信贷资产转让中存在的“消费者剩余”的追求与瓜分，并且所有的信贷资产转让业务在形式上与西方的信贷资产转让并无二致。但是通过一段时间的实践我们发现中国的信贷资产转让业务出现了与国外明显不同的景象，甚至异化为逃避监管的工具。

二　我国信贷资产转让现状

当前我国市场上，从信贷资产转让的主体来看，出让人主要是近年信贷投放过度的大型银行及股份制银行，而受让人则为资金较为充裕的城市商业银行、农村信用社以及邮政储蓄等资金富裕的银行及非银行金融机构。对出让方而言，通过信贷资产转让获得了流动性，扩大了再度放贷空间，账面上也符合了监管要求；

对于受让方，可视为一项“无风险”投资，可以充分利用富足资金提升赢利能力。表面上看各取其利，但细究转让方式则存在不少隐患。

就目前的情况来看，我国部分商业银行的信贷资产转让业务呈现以下三个主要特征：一是当前我国市场资产转让业务大多属于“双买断”型，即同时签订当期买断合同与远期回购合同，经过这种操作，双方都有理由将该笔资产不列入资产项目，其真实的贷款游离于央行的信贷统计资料之外；二是信贷资产转让的期限都很短；三是信贷资产转让协议达成的时间往往是商业银行上报非现场监管资料的前几天甚至当天。其实正是这三个特征决定了中国商业银行信贷资产转让具有与一般意义上的信贷资产转让完全不同的含义。如果极端一些甚至可以认为我国部分商业银行的信贷资产转让业务不是正常寻利行为，而异化为逃避监管的工具。

第一，具有上述三个特征的信贷资产转让业务并不能够从实质上优化银行的信贷资产结构。因为信贷资产转让采用的是回购方式，相当大一部分转让期限在十天之内。这样一来卖出行能够改变信贷资产结构的时间就少于十天。这样一个相当短期限的信贷资产结构改变对于银行业务难以产生实质性的影响。

第二，这种转让很难帮助银行解决流动性问题。因为回购期限短，信贷资产转让只会带来账面信息的改变，并不一定带来现金的实际流动。即使有现金流动除非卖出行面临特殊的支付困难，否则这种确定的非常短期的现金流对银行的流动性并没有多大的帮助。并且，对于如此短期的现金需求，银行完全可以通过交易成本低得多的同业拆借等方式进行而不必进行信贷资产转让。因为同业拆借是一个标准化的市场，银行参与该市场的参与成本很低，合约的谈判成本也非常低。相反在信贷资产转让方面要涉及很多笔业务，涉及信贷资产的合约条款和资产状况的确认等，可以肯定其交易成本很高。

第三，这种转让业务可以有效规避监管。我国目前对银行的监管分为现场监管和非现场监管。对银行日常经营状况信息的获取主要是通过非现场监管进行。为此，在我国目前的监管框架中设计了十项指标来保证监管者能比较充分地掌握银行的经营信息。如果在上报监管信息前夕，银行进行信贷资产转让，只要所转让的资产组合适当，完全可以轻易地修改这十项指标。又由于这种转让业务期限极短，在商业银行上报监管信息之后的极短时间内，商业银行相关的经营状况又会还原。这样银行的非现场监管数据事实上就处于严重失真状态。或者说监管当局掌握的仅仅是银行上报监管数据时的信息，不是银行日常经营中的信息。

此外，我国信贷资产转让的其他显著特点是，转让价格由双方协商决定，没有统一规范的交易平台，致使整个交易过程不透明，风险控制不足，监管不到位，存在较大安全隐患。

【讨论与思考】

1. 请你从受让方和出让方两个角度，谈谈我国商业银行开展信贷资产转让业务的积极意义。
2. 结合实际，对我国金融机构信贷资产转让业务异化的原因做出分析。

参考文献

1. 窦重田、王长德：《小额贷款公司持续发展面临的阻滞问题》，2009 年 6 月 15 日《金融时报》。
2. 李江、洪青主编《金融学案例教程》，浙江大学出版社，2010。
3. 孟祥林、张玉梅：《农村小额贷款业务：从国内外发展历程看我国的问题与出路》，《海南金融》2009 年第 10 期。
4. 证券之星网 . www. stockstar. com 2010 - 6 - 21。
5. 胡美军：《信贷资产转让异化及对金融监管的挑战》，《财经科学》2003 年第 6 期。

第八章　货币供求及其均衡

Chapter 8

案例1　我国1998~2001年货币供给与需求研究

【教学目的】

通过对我国宏观经济领域货币供求状况的分析，让学生了解货币资金松紧的含义、货币供求均衡的含义及不同供求状态下货币政策的取向。

【案例资料】

一　如何判断货币资金的松紧态势

2002年我国的货币形势究竟是偏紧还是适当？国内研究者对这个问题有不同看法，分别从GDP与货币供应量、物价与货币供应量两个角度、两对基本数据出发进行了分析。诚然，这两种分析思路均符合经济分析的常理。一方面，在实际GDP增长与经济学上严格定义的货币供应量增长之间，我国的M2/GDP之比已经名列全球前茅，这确实很难说清楚我国2002年的通货还处于紧缩状态。另一方面，物价归根结底是货币现象，物价长期低位徘徊甚至较长一段时期处于下跌态势，也确实很难说清楚我国2002年的通货不处于紧缩状态。因此，要真正理解反映实体经济活动的这些数据、比率，按常理分析是不够的，关键需要理解以下几方面因素。

首先，不能简单地以M2与GDP的比较来判断通货是否紧缩。

按照经济学一般原理，倘若我国经济增长已经处于潜在增长水平，那么一定的货币供应量自然可以说是适当的，也就不再有讨论的必要。尽管按照有些研究者的分析，7%左右的真实GDP增长率基本达到了中国目前的潜在产出增长水平，但只要我们回到经济学潜在产出的定义上，即要素充分就业，就可以看出我国2002年的经济增长是低于其潜在水平的。2002年我国经济的基本事实是，失业率高，劳动力闲置压力已经成为左右经济决策的重大难题；大量企业生产设备闲置或开工不足；物价频频出现跌势；连续四年积极的财政政策出现后劲乏力；等等，这一切说明，若简单地以货币供应量增长率高于经济增长率与消费物价增长率之和，作为论证货币供应充足的依据似乎是不够的。

其次，为什么较高的货币供应增长仍止不住物价的下跌势头？

从一国经济的有效需求看，引起当前内需不足的原因有两种可能：或者是由持有较多货币的经济单位的投资或消费意愿不足引起的，或者是充当经济活动媒介的货币出现了普遍性匮乏的结果。如果是后者，我们可以直接得出货币紧缩的结论（有研究者提出，当前的紧缩是供给因素引起的）。但倘若有效需求不足是由前者引起的呢？此时货币总量水平及其增长速度可能并不低（表现形式之一就是我国的M2/GDP比值高）。因此单纯从全社会实体经济活动所对应的潜在货币购买力看，“货币”供给似乎是充足的。问题在于，我们在考虑如何缓解有效需求不足的问题时，真正关心的并不是有多少货币可能投入经济运行，而是有多少货币实际投入了经济运行。由于一定的货币供应量作用于物价、就业和经济增长之间，存在一系列的经济活动和联系，有总量和结构的诸多因素，因此现在就难以解释为什么在往日或者在常理看来已不少的货币供给仍止不住物价的跌势。

另外，必须看到在分析通货松紧形势时，特别是在通货紧缩作为主要危险倾向时，不能简单地分析货币供应量，要进一步分析在一定货币供应量前提下能够直接作用于实体经济的货币资金状况。

因为与GDP直接相关的更多的因素不是货币供应量，而是与银行体系中负债方货币供应量相对应的资产——国内信贷总量。货币供应量定义的是某个时点全社会的现金和银行存款的总和，它只反映社会潜在购买能力（潜在需求）的大小，与全社会的实际购买能力只具有间接关系；相反，国内信贷总量揭示了一国有效需求的资金满足状况，而这种资金需求的背后才真正对应着现实的实体经济活动（投资与消费等）。在经济对外开放、证券市场取得一定发展的背景下（特别是在股票市场、金融市场得到发展又尚不成熟时期），分析货币供给的松紧态势，既要看货币供应量的变化状况，但又不能简单地仅瞄着货币供应量与GDP的相应增长速度，应结合分析国内信贷总量、物价、就业、境内外资金流动和资金价格等变化情况。

具体到我国来说，尽管许多实证研究表明，我们基本可以排除有效需求不足是由于通常意义上的货币普遍匮乏造成的这一原因，从而可确认持有较多货币的经济单位的投资或消费意愿不强是造成当前有效需求不足的主因。从经验数据的纵向比较分析看，也可以看出，我国货币供应量的增长速度可能并不慢。但是，判断货币松紧的真实态势，要深入考察与实体经济相应的“货币”——国内信贷总量的变化情况，从这个意义上说，不仅当前的货币供给充足论是站不住脚的，而且货币供给不足的观点同样没有点出问题的实质，因为很可能实际情况不是宽泛意义上的货币供应偏紧，而是与国内企业相对应的“货币资金”紧了。

二 从1998~2001年四年货币供给结构走向看供给偏离

要分析与实体经济相对应的“货币”松紧状况，需要找到一条联系国内信贷总量和货币供应量的纽带。各国中央银行专业统计中的“银行概览”正是这样一条能够对比分析货币供应量和国内信贷总量的纽带。银行概览是中央银行按照国际通行做法，经过技术处理后反映一国整个银行体系的综合资产负债表，它能够提供有关整个银行体系的货币与信贷动态的完整数据。

进一步对近年来我国货币供给的具体情况加以分析，从总体上看，1998~2001年四年间，我国的广义货币供应量比1997年底增长了74%，远远高于此期间实际经济增长率与物价上涨率之和。但通过观察银行概览中的货币运用结构，情况并不那么简单，有很多特殊的变化需说明。

第一，1998~2001年四年间，在货币供应量的运用结构中，平均每年海外资产占到14.7%，国内资产占85.3%，即中央银行每年提供的货币中有近15%并没有用于国内实体经济活动，仅作为购买海外资产的外汇储备等在进行利息增值。

第二，从中央银行的货币供给用于国内还是国外的增长情况看，趋势更清楚。1998~2001年四年间，用于国外的资产共增长了93.4%，年均增长17.9%，用于国内的资产仅增长了59.6%，年均增长仅12.4%。特别需要指出的是，在货币供应量作为计算分母且每年持续扩大的背景下，投资于海外资产的比例一直呈上升趋势，由1998年的13.7%上升到2001年的16.7%，以绝对额计，即2001年广义货币供应量158302亿元中有26425亿元未用于国内经济，而是以海外资产形式流离在国外。

第三，要了解企业货币资金的真实紧缺情况，仅仅分析国外与国内信用占比的变化还远远不够。考虑到连续四年的积极财政政策，考虑到政府部门和企业部门面临的资金约束存在本质区别：无论货币供给是松是紧，政府部门通常总能够通过发行国债来筹得资金。最能够反映实体经济中企业货币资金松紧的不是银行概览中广义的国内信贷指标，而应该是从国内信贷中剔除对政府部门的净债权之后的对非金融部门的债权。

由于自1998年以来的四年中，银行体系对政府部门净债权以年均61.6%的增长速度在增长（累计增长581.4%），远远快于对企业债权年均10.4%的增长速度（累计仅增长48.6%），这充分说明全社会信用总量越来越向政府倾斜，企业的信贷量占全社会信贷总量的比例已经从1997年底的84.69%持续下降到2001年底的72.35%，下降了12个百分点。这意味着尽管1998～2001年4年间M2增长了大约74%，但企业部门从银行体系获得的贷款支持却仅仅增长了48.6%，两者之间差异十分巨大。难怪货币当局认为货币供应量的增长速度已相当快，但地方政府与企业仍频频埋怨资金紧缺和通货紧缩。

第四，还要看到国内信贷总量中包含的已发生的不良贷款因素对货币供应量的冲击影响。不良贷款对于银行来说已是“空洞化”的债权。实体经济每年在以一定的速率增长，但已经存在的占全社会信用总额一定比例的不良贷款实际上已不再媒介企业经济活动的增量部分或者以非常低的周转速度参与经济活动（这也是导致我国近年来货币流通速度下降的重要因素之一）。因此在考察与国内实体经济相对应的能实际发挥功能的货币时，应相应扣除这方面因素。客观地说，能够实际有效支持企业经济活动的信贷资金数额应远远低于金融统计上的信贷数额。

通过以上几个方面的分析，说明近4年来，在全社会信贷资金分配中，对企业特别是中小企业的信贷增长速度比人们想象中的慢得多。说明真正反映实体经济活动的企业贷款增长率，远远赶不上货币供应量增长率这一基本判断的准确性。

三 论点话题

中国人民银行货币政策分析小组公布的《2002年二季度货币政策执行报告》称，2002上半年我国金融运行稳定，货币供应量平稳增长，信贷结构继续完善，货币信贷增长与经济增长总体相适应。然而，关于我国当前货币供给是否偏紧，一段时间以来，无论是学术界，还是实际部门都出现了两种截然相反的观点。

一些研究人士主张，货币供给不足是导致我国目前内需不足、出现通货紧缩趋势的重要原因。持此观点的依据与近几年国内物价指数的走势密不可分。物价长期低位徘徊而且逐渐下降，意味着我国通货紧缩的趋势未得到根本遏制，因此为继续保持经济增长的动力，这些学者主张，目前必须采取更为扩张的货币政策。

与之相对应的是，另一些研究者认为，现在货币供给充足。持此观点的依据有二：一是从广义货币供应量与 GDP 的水平比较出发，认为我国的 M2/GDP 比值已经是全球最高，表明货币供应量不是过少而是过多；二是以广义货币供应量与 GDP 的增长速度对比进行分析，认为 1998 ~ 2001 年其平均每年高出 7.3 个百分点，绝对推不出通货紧缩的结论，只能推出近年来的货币供应与经济增长的需要完全相适应的结论，而扩张货币供应的结果只能促使已经处在高位的 M2/GDP 比值继续攀升，导致未来通货膨胀压力的积累。

【讨论与思考】

1. 货币供求与社会总供求之间的关系如何？
2. 解释“超额”货币需求现象，我国的超额货币需求如果合理，货币供给是否要适应这个现实？怎样做？
3. 货币供求如何影响经济增长？

案例 2　关于通货紧缩定义、成因与对策的几种不同意见

【教学目的】

通过本案例的学习，学生可以在了解基础理论的基础上对通货膨胀与通货紧缩这些普遍存在而又十分重要的社会经济现象有更为全面、深入的认识，对现象背后的经济本质有更深刻的理解。

【案例资料】

对于中国1999年的宏观经济，越来越多的经济学家同意“主要是通货紧缩”的意见，但在通货紧缩的程度、成因与对策问题上大家分歧较大。北京大学中国经济研究中心宏观组曾较早对通货紧缩公开预警，并一直进行追踪研究，1999年7月宏观组与北京大学出版社共同举行了一个探讨通缩与反通缩的研讨会。现将会议上的主要观点综述如下。

一　通货紧缩一般定义的争论

一种意见将通货紧缩视同于物价下降，即物价普遍持续下降的过程。会上持这种意见的人较多，但出发点不尽相同：有的强调这一定义的科学性，有的则强调采用这一定义主要是因为物价是便于观察和衡量的指标，而不在于其是否科学。胡鞍钢博士在主题发言中，再次强调了通货紧缩就是“货物与服务的货币价格普遍地、持续地下降”，并以英国《经济学家》杂志的定义为例，指出通货膨胀只要小于1，就是通货紧缩，因为商品的价格受产品质量提高和功能改善的影响，一般官方的估计要高于一个百分点。

一种意见认为通货紧缩包含但不仅包含物价下降的因素，而要结合“两个特征、一个伴随”（物价水平的持续下降和货币供应量的持续下降，以及伴随着经济衰退）来进行判断。持这种意见的主要有北京大学中国经济研究中心宏观组的研究人员。

易纲教授在代表宏观组所作的主题发言中，从逻辑演绎及历史实证的角度论证了上述定义。一方面，通货紧缩是信用收缩自我实施与加强的螺旋性下滑的过程，因而物价的持续下降和通货的收缩联系在一起。另一方面，对主要国家200年的数据进行检验，通货紧缩都体现为“两个特征、一个伴随”。1926～1928年美国的物价是持续下降的，但货币供应量上升，没有人称它是通货紧缩。1865～1895年美国的物价也是持续下降的：1865年的价格为100，到1895年仅71.6，差不多以每年1%的水平持续下降了30年，然而货币供应量持续上升，经济处于黄金时代，因而人们一般并不将其看做通货紧缩。1900 至 1987 年，美国一共发生了 5 次通货紧缩，分别是 1920 ~ 1922 年，1929 ~ 1933 年，1937 ~ 1938 年，1948 ~ 1949 年，1907 ~ 1908 年。英国在 20 世纪发生了两次通货紧缩，一次是 1920 ~ 1933 年，一次是 1930 ~ 1935 年。德国和法国在 1929 ~ 1933 年各发生一次通货紧缩。以上公认的通货紧缩均符合“两个特征，一个伴随”。

第三种意见是张曙光教授提出的“两个标准”的意见，即价格持续负增长、实际增长率持续低于潜在增长率意味着通货紧缩。他认为价格下降只解释了通货紧缩的部分现象，而“两个特征，一个伴随”难以计量和判断，只有两个标准可以很好地解释美国和中国历史上的通货紧缩。但陈平教授对潜在的增长率是否能够计量表示怀疑。

对于通货紧缩的争论，余永定进行了评论，他认为通货紧缩的定义在 20 世纪 80 年代就有争论，但意义不大。关键是通货紧缩是否包含了货币量大小的问题。汉语“通货膨胀”即货币量太多，但英文并没有这个意思，这是中英文的混淆。他强调通货紧缩更多地和实质经济有关。丁宁宁则提出，在中央已经承认通货紧缩存在的情况下，对通货紧缩没有必要争论。

二　对中国和全球性的通货紧缩的判断

在中国是否存在通货紧缩的问题上，与会专家基本达成一致，即认为中国出现了通货紧缩或者至少有通缩的压力，但在对通货紧缩的程度判断上有不同意见。

一是认为中国已经出现明显的通货紧缩。一种意见认为，中国不仅出现了通货紧缩，而且通货紧缩十分明显、严重，造成了极大的危害；不仅出现了全国性的通货紧缩，而且各地区普遍进入通货紧缩阶段。有的学者没有明确提中国出现了明显的、严重的通货紧缩，但指出中国经济正处于 1979 年改革开放以来最严峻的时期，宏观经济指标表现出与日本 1991 年泡沫破灭后许多相似的地方。

二是认为出现通货紧缩的迹象。多数人的观点与此相近。赞同此种观点的学者提醒人们，不能光用1997年以来物价下降了多少来说明问题，还要联系1992～1994年物价的大幅度的上升来考察，才能把握通货紧缩的程度。易纲教授认为要正视通货紧缩的压力，但用物价下跌来描述中国当前的现象可能更为合适。作为央行，在通货紧缩问题上尤其要小心。日本的通货紧缩发展到现在，日本的中央银行还不承认它陷入了通货紧缩。中国所面临的地方政府和企业逃废债的压力比日本要大得多。说中国进入严重的通货紧缩的政策含义是什么？政策含义是地方政府和企业有更大的理由要求债务豁免，放松银根，而这种放松有可能破坏信用制度，破坏之后，会加重我们的通货紧缩，或者导致信用崩溃，而不会帮助解决通货紧缩。

在对于全球性通货紧缩的判断上，会上出现了“存在”和“不存在”两种截然相反的观点。一种意见按照英国《经济学家》杂志的观点，认为出现了全球性的通货紧缩。从20世纪30年代以来，全球价格大幅下降，出现大量生产过剩，亚洲国家需求锐减，各种能源与非能源产品价格下降，使中国的通货紧缩雪上加霜。

国家统计局的郑京平质疑全球的通货紧缩的出现。他指出这两年全球的CPI开始下降，但谈不上全球性的通货紧缩。即使按1%左右的上涨率的通货紧缩标准，1998年也只有日本、中国等少数国家和地区的CPI下降，绝大多数国家的CPI是上升的，其中发达国家1.6%，发展中国家10.4%，转轨中国家20.8%。其次他认为今年以来国际市场初级产品价格下跌的势头已经减缓，部分产品的价格已经开始回升。今年前三个月，按美元计价，除可食用的农产品原料价格下跌5%，非食用农产品原料价格下跌2%以外，工业用原料上涨1.9%，原油价格从低位回升到39%，金属材料也上涨9%。至于目前价格水平涨幅降低，特别是发达国家通货膨胀率较低，主要得益于技术进步促成的劳动生产率提高，特别是IT产业，每10个月就要更新一次，每更新一次，产品价格就下降30%。再就是得益于经济全球化和贸易自由化带来的贸易成本下降。这和20世纪30年代真正意义上的通货紧缩有本质的区别。

世界银行的王燕也认为数据不足以支持全球性的通货紧缩的判断。她指出国际上存在着通货膨胀和通货紧缩此消彼长的现象，即在资本流入的国家是通货膨胀，在资本流出的国家是通货紧缩的情况，最典型的就是东南亚经济危机时的许多国家，由于资本大量流出而出现通货紧缩。

三 对中国通货紧缩成因的探讨

对于中国通货紧缩的原因，会上分别出现了“宏观主因论”、“微观主因论”以及“中观主因论”三种不同的看法，另外一些人则持“复杂成因论”的看法。

“宏观主因论”可以胡鞍钢的观点为代表。他首先提出通货紧缩从成因和类型看，可以分为温和型通货紧缩和危害型通货紧缩。温和型通货紧缩的主要原因是技术进步、开放市场和引入竞争。危害型通货紧缩的主要原因是重复建设，生产能力过剩。至于中国通货紧缩的成因，他主要从宏观政策方面进行了分析：一是前一时期反通货膨胀政策的代价；二是货币政策调整慢和失灵的结果；三是货币供应增长率和货币流动速度的变化量的双重影响。

丁宁宁认为，虽然大家都说通货紧缩是结构所致，但总量才是原因。

王燕指出，通货紧缩的原因还应该考虑国际资本的流入流出。资本大量流出时，可能会造成通货紧缩。据估计，中国每年流出的资金非常巨大，资本外逃程度甚至比俄罗斯还严重，这不能不加剧通货紧缩。可以预料，由于存在着人民币贬值的预期，资本外流还会加剧。

大多数人的观点可以归结为“微观主因论”，但所强调的方面和分析的角度又有不同。

吴敬琏指出，一个国家的经济状况的好坏并不是像凯恩斯主义所认为的那样，主要取决于需求是否充足，而是取决于“供给方面”是否具有活力。

余永定通过一个模型，强调中国的通货紧缩和企业的持续亏损相关（但不排除许多其他因素）。造成企业亏损的原因不仅是企业的负债率，从存量看，存量不断上升，造成企业负债率过高，也意味着不良债权在不断增加。企业的亏损是造成金融不稳定的重要因素。

易纲承认通货紧缩是一个货币现象，但强调根源在微观机制制度。中国通货紧缩的根源是制度与结构，是“赢了归自己，输了归银行（财政）”的投资制度，国有企业的长期低效可以说是导致目前宏观经济状态的根本原因。

有的学者从企业直接的生产者的角度出发，提出通货紧缩最根本的原因在于国家不想承担计划经济的错误和改革的错误所必须承担的成本，不断将改革成本向居民转移，因而打击了消费信心。比如，在银行方面，呆坏账本应由国家承担，现在却是靠高储蓄来掩盖，实际上是靠居民承担成本，大量降息解决了银行的困难，减少了大中型国有企业的利息支出，却减少了居民的储蓄收入。又如，在国企方面，限制投资领域，保护国企的垄断地位，保护国企的落后生产力，使其价格靠垄断而上升，银行贷款和股市融资向国企倾斜，也都是转移改革成本的做法，目的在于迫使非国有企业分摊国有企业的改革成本。社会保障、医疗、教育、住房改革也是如此。如果继续加大成本转移的力度，大家的预期将越来越差，从而无法启动内需。

还有的学者认为通货紧缩和物价的持续下跌是由于我国在生产高速增长基础上发生生产和消费的关系重新调整。这个调整导致两方面的现象。第一是把中国从过去的短缺经济引入到全面竞争的市场环境中来。企业之所以出现不适应，之所以出现企业制度机制的不适应，都和这种制度环境的变化有关系。第二，生产的内容和工业化阶段开始发生变化，导致增长内容和好多企业找不到好项目、投资找不到好的出路。

“中观主因论”由北大中国经济研究中心的陈平提出。他认为分析经济问题不是宏观和微观，而是中观层次最重要。中国通货紧缩的原因便是中观，即结构进入重大调整阶段。中国原来是短缺经济，现在竞争日益加剧，效率大大提高，很多产业已经供大于求，老的产品已经没有市场，新的产品的竞争非常激烈，严重的结构问题由此产生。中国现在的问题并非类似于美国20世纪30年代的大萧条，而类似于美国80年代末进行的重大结构调整。80年代以来，美国经济由衰转强有两方面的原因非常深刻：第一，传统的宏观经济政策在美国结构调整中所起的作用非常微弱，但面向竞争力提高的结构调整政策非常重要。第二，小政府、加强竞争打破垄断非常重要。中国的问题在东南亚金融危机之前，大家有一个共识，即多数意见认为是国企拖垮了金融，但其实是金融改革滞后拖垮了国企。现在中国又错误地吸收了亚洲金融危机的教训，在亚洲金融危机后不但停止了金融改革，而且在金融危机之后加强了垄断，加强了风险集中。中国的国有企业问题那么严重，其实就是一个结构调整问题，结构调整卡壳在金融垄断。

也有些意见兼顾宏观、中观与微观，供给和需求等多个方面，称得上是“复杂成因论”者。

国务院发展研究中心的米建国认为中国的通货紧缩是内生性的。在亚洲危机深度发展的情况下，暴露出中国经济增长的内生动力不足问题，经济的内在收缩性由于改革停滞而凸显，使得其在供给方面，由于货币政策的传导机制原因，基础货币扩张难；在需求方面，由于物价持续下跌，利润预期不好，扩大再生产的积极性降低，消费倾向也在降低。他认为真正原因恐怕还是结构性问题和体制性问题，消费结构、供给结构、技术结构、二元结构、投资结构等的不合理。需要中国经济走出目前低水平的买方市场。

郑京平提出，通货紧缩的原因不应笼统而论，而应按产品细类详尽地分析。他将CPI 16个月的下降分为五个阶段。第一个阶段：1994年1月~1995年7月，物价大幅度上涨。主要是粮食、肉类、鲜菜大幅度上涨，原因在于国家放开粮食管制；其次是服务、居住、衣着和医疗的上涨。但交通通信从1995年5月开始一直下跌，主要是因为将要入关和国外竞争激烈的正常下跌。第二个阶段：1995 年 8 月 ~ 1996 年 4 月，物价继续上升。领涨的首先是服务价格，其次是食品价格，最后是医疗、居住（住房和房租）。第三个阶段：1996 年 5 月 ~ 1997 年 3 月。从 1996 年 5 月开始，食品价格低于总指数，说明 1994 年开始的食品价格上涨由于供给的增加已经开始让位于服务和其他产品。这一阶段，价格上涨的次序是：服务、居住、娱乐、医疗和衣着。第四个阶段：1997 年 4 月 ~ 1998 年 1 月。从 1997 年 2 月开始，鲜菜的价格也开始下降。第五个阶段：1998 年 2 月至今，价格总指数下降。从 1998 年 5 月起，衣着类价格开始下降；从 1998 年 6 月起，居住类价格开始持平；1998 年 7 月，粮食价格由于国家政策调整有所上升。

综合五个阶段看：（1）衣着类从 1994 年以来始终低于总指数。（2）娱乐教育类除了 1996 年 1 月到 1998 年 12 月高于总指数以外，一直低于总指数。（3）从 1995 年 12 月开始，医疗保健的价格涨幅超过了总指数。（4）服务类、居住类、医疗类价格始终为正增长。总的来说，如果把食品类价格（占消费价格的 45% ~ 50%）从消费指数中扣除，现在的价格指数仍然是正增长，而不是负增长。导致食品类价格大幅下跌的原因有两个，最重要的是供给大量增加，从 1996 年开始，粮食产量都是大幅度增长。原来预计到 2000 年才实现的目标：粮食产量达到 1 亿斤，在 1997 年就已经实现了。而且这几年粮食产量始终很高，农副产品的供给也都很高。第二个原因是因为中国的逐步开放，国内的粮食价格已经高于国际市场的价格。

四　关于反通货紧缩政策的讨论

（一）扩大内需的财政政策、货币政策

关于反通缩的政策，讨论焦点之一是扩大内需的货币政策与财政政策。胡鞍钢提出治理通缩需要运用财政货币政策，主要包括以下方面：扩大中央银行基础货币投资，增加对中小企业的再

贷款；放松利率管制，加快利率市场化改革；适当下调法定存款准备金率，建立贷款保险制；建立中小企业贷款保险制度，谨慎处理有问题的金融机构；强化国有企业利润约束机制，促使其认真处理防范风险；扩大信贷业务，包括出口、居民消费、住房等消费；将部分货币发行收入转入政府债务收入，发行长期国债；放松管制，允许外国银行经营人民币；货币政策制定和实施要增加透明度；取消对外资的债务限制。

一些学者对于扩张性财政政策提出异议，指出在内生性通货紧缩下，即使财政扩张很大，其拉动作用也不会很大，结果是事倍功半。直接原因是：第一，财政扩张没有货币政策与之相配合，挤出效应会自发增强，扩张通道不畅。第二，财政扩张和货币扩张得不到微观主体的积极回应。吴敬琏指出，用政府投资拉动经济增长的办法是有局限性的，单纯依靠这种政策，可以在短时期内刺激经济复苏，但政府预算的债务依存度已经很大，政府投资可能产生“挤出效应”，从而减少民间有效投资，很难保证有效率的长期稳定增长。

易纲表示不反对加大财政政策和货币政策力度的思路，但关键是解决微观机制问题。他还对几个具体的扩张性政策建议作出了分析。特别是：（1）征收铸币税。经典的定义是基础货币的增量等于铸币税。他认为应挖掘铸币税的潜力。用最宽口径的铸币税的定义，铸币税等于基础货币的增量。中国的基础货币的增量从 1994 年以来主要用于外汇占款。中国的外汇增加了 1200 亿，这 1200 亿对应的是 1 万多亿的人民币外汇存款。这些贷款都是用基础货币的增量买进来的。第二大块是粮食收购。基础货币的放出渠道是给商业银行再贷款，给商业银行再贷款一大块是农发行的粮食收购的钱。这块也是基础货币的增量。按美国前财长鲁宾的铸币税的定义，中国的铸币税的口径很小，可能仅仅是基础货币增量的利息——或者中国根本没有铸币税，因为人民币在海外流通的很少。（2）豁免企业债务。大量豁免企业债务，机制至关重要。如果政策在防止通货紧缩的呼声下，在各地地方政府和企业的压力下，在没有设计好机制的情形下，就会产生非常大的道德风险。对那些亏损的企业，每个企业都可以论证它的亏损是国家政策造成的，不是企业经营的结果。

易纲明确反对将“加大油门”作为反通货紧缩中心政策的意见。首先，中国企业的问题是在生产能力过剩的时候不能淘汰落后的生产能力。在这个时候再加大油门，容易出现效率低下。新中国成立以来发生过三次严重的建筑质量问题：一次是在 1958 年，塌桥、塌楼，伤人；一次是在“文革”中；一次是在粉碎“四人帮”后的洋跃进中。如果不注意建筑质量，中国有可能进入第四次危险时期。其次，中国许多产品的价格均高于国际市场价格，如粮食竟高出 1 倍以上，刺激内需也不能将这么高的价格抬上去。

世界银行中国代表处的高级经济学家盖保德博士则提出从内需的结构看，现在刺激内需的政策大部分是刺激城市经济。而从去年的数据看，农村的消费增加 1%，城市增加 11%。再刺激城市的消费没有多少必要，而农村的消费是个大问题，应该刺激农村消费。

胡鞍钢同意盖保德讲的农村消费不足是个大问题，并提出办大事不等于办大项目。促进农村消费的四大方向：第一是电网。第二是水网。根据卫生部数据，全国农村人口仅 5.3% 的人用上自来水。这就是为什么洗衣机这么便宜，我们却只达到 20% 多的普及率的原因。建议扩大水网，提高到 60% 以上。第三是农村改厕所的问题。第四是生态环境建设，这是最有效率的。涉及几百万农民，应该搞。完全可以通过扩大内需的投资，用以工代赈的方法解决农民收入下降的问题，使扩大内需与农村消费扩大相配合，真正使老百姓、农民受益。

左大培分析了吸引外国直接投资对扩大总需求的意义。他认为不能简单地认为外国直接投资下降是一个坏的指标。从总需求的四大项看，增加投资，并不意味着扩大总需求。如果以实物资本投资，投资同时进口设备，丝毫不会扩大总需求。他谈到在通货紧缩的前提下，全社会最重要的是争夺投资机会，很多人不投资，是因为没有投资机会。外商投资投在中国人不投资的地方，当然是扩大了投资机会。如果是投资在中国人也想投资的地方，则挤占了中国的投资，减少总需求。因此他提出在通货紧缩下，只有一种情况可以对扩大总需求有明显效果：外商拿资金，但不进口设备。同时还必须考虑，它对挤出中国投资的效应到底有多大，如果挤出效应过大，则不利于扩大总需求。

（二）扩大内需的供给政策

吴敬琏强调，为克服通货紧缩，不仅要采取“凯恩斯主义”式政策，从增加需求入手来拉动经济增长，还应当采用“供应学派”式的政策，采取一切手段使“供应方面”的潜力得以发挥出来，由此形成供给扩张与需求增大相互促进的良性循环。目前具体可供选择的供给政策主要有：（1）贯彻“放小”的方针，消除对非国有企业的意识形态成见和歧视性政策，努力改善它们的经营环境，实现多种所有制经济的共同发展。（2）建立有效的公司治理结构。（3）进行银行和非银行金融机构的资产重组，推进它们的企业制度改革，把它们改造成为真正的银行。（4）认真改变政府的行为方式。

1. 政府举债支付改革成本并加快改革

有学者从通货紧缩是由于国家转移改革成本的判断出发，提出有必要改变改革成本支付的思路。国家大量举债应首先用来支付这些改革成本，并进行必要的政府改革，解决政府本身的结构问题、功能决策问题、政府对市场的干预和政府的计划与行政的主导地位问题、利用外资和民间成本共同分担等问题，以建立起完整的市场经济体系。

2. 以金融改革促经济回升

陈平提出，通货紧缩其根本上是因为中国处于结构调整的重大阶段，在这个阶段，不是国企改革拖垮了金融，而是金融垄断拖垮了国企改革。他因此提出：克服通货紧缩，首先应该打破国有银行的垄断，建立信用制度。只有改革金融，才能使目前灰色经济中大量的现金交易经过银行来周转，才谈得上信用制度，才能防止金融犯罪，然后才能实施国企的结构性调整。他希望决策者能认识到中国改革目标是改善中国的全球竞争力，因此根本的措施是实行小政府，加强竞争，打破各个部门的垄断。他指出，中国的目标并不是恢复罗斯福新政，即回到过去，而是要迈入21世纪，为此中国需要一个小的政府，需要强有力的开放性的以及竞争性的产业政策。

3. 各项政策应讲求协调

在讨论反通货紧缩的对策时，与会专家普遍认为短期的宏观政策不能以牺牲长期的制度建设为代价。张维迎认为在制定宏观政策时必须坚持一些基本的制度原则，不应该为短期的事情，破坏一个组织的长期的功能。他还直言批评了前段时期用刺激股市来“刺激总需求”的做法。认为各国的证监会唯一的功能就是保护投资者。但中国证监会在过去增加了帮助国有企业解困的功能，实际上是保护了资金的筹集者。最近又增加了第三个功能，通过股票市场的扩张制造牛市，帮助创造总需求。这是一个制度上非常危险的事情。

一些学者特别强调扩大内需应与结构转换相结合。为实现结构转换，应使微观主体对宏观政策有积极的回应，为此要加大改革力度，加快解决体制性问题，塑造经济增长的微观机制。

个别学者批评，在体制方面，中国近两年来出现了严重的停步，在某些方面甚至出现旧体制的复归。举例来说，如国有企业的改革，本来企业发展的规律是资本的社会化、组织形式的股份化、管理形式的专家化与市场的国际化。但中国的股份制改革在批判济富救贫的情况下，出现了停滞。国有经济的战略性重组在批判不能一卖了之的情况下出现了停滞。银行信贷体制方面，强调银行信贷向国有大中型企业倾斜，实际上强化了旧体制，降低了资源配置的效率。在粮食流通体制改革和棉花流通体制改革上的做法也值得探讨。

张曙光分析了中国当前通货紧缩所面临的体制和政策的矛盾，批评当前中国在反通缩时，有重政策不重体制的倾向。他认为其理论根源是将通货紧缩归结为货币现象的认识。如果只把通货紧缩看做一个货币现象，自然重政策，重需求。但如果不把它看做一个货币现象，自然会重微观，重结构，重体制。他认为去年的财政和货币政策的操作其实还是不错的，配合也不错，然而效用却谈不上大，原因就在于重政策，不重体制。当前中国的政策和体制矛盾表现为政策性扩张和体制性收缩，很多地方很多政策割裂了二者，只有政策，没有体制。

【讨论与思考】

1. 请根据本案例与其他资料谈谈通货紧缩不仅仅是货币现象。
2. 请思考能不能把通货紧缩简单地看成通货膨胀的“相反”现象。
3. 请简要比较我国曾经出现的通货紧缩与日本通缩现象的异同点。

案例3　流动性过剩

【教学目的】

通过本案例的学习，让学生了解流动性过剩的含义、测度指标及其对经济和金融所造成的危害，并探寻我国流动性过剩产生的根源，提出破解流动性过剩的对策性建议。

【案例资料】

2006年以来，流动性过剩一直是困扰我国宏观经济的一个问题，也逐渐成为经济学界讨论的热点，而2007年美国次贷危机的爆发更加深了人们对流动性过剩危害的关注。

一　何为流动性，何为流动性过剩

“流动性”一词被用于各种情况，其含义极为宽泛。在经济学或商业活动中，经常在一系列相关但不尽相同的意义上使用“流动性”一词。常见的用到“流动性”这一概念的情况主要有：金融市场的流动性，指在几乎不影响价格的情况下迅速达成大宗交易的能力；商业银行的流动性，通常指银行为资产的增加而融资及在债务到期时履约的能力；银行体系流动性，即存款性金融机构在中央银行的存款，主要包括法定准备金和超额准备金；宏观经济层面上的流动性。追根溯源，“流动性”一词在宏观经济学中被广泛应用，始于凯恩斯在《就业、利息和货币通论》中所讲的“流动性偏好”，即指人们对货币资产的偏好，也就是对货币的需求。从这一角度理解，流动性就是货币。中国人民银行在《2006年第三季度货币政策执行报告》中将流动性定义为，“在几乎不影响价格的情况下迅速达成交易的能力，这种能力与市场交易量、交易成本和交易时间等因素有关；而在宏观层面上，可以把流动性直接看做不同统计口径的货币信贷总量。”不过值得注意的是，资本市场，特别是金融衍生品市场的迅猛发展，已经从根本上改变了流动性的定义。流动性不仅仅是货币信贷总量，而是包括货币供给在内的整个社会的流动性。

关于“流动性过剩”目前没有统一的解释。英国出版的《经济与商业辞典》认为，流动性过剩是指银行自愿或被迫持有的“流动性”，超过健全的银行业准则所要求的通常水平。欧洲中央银行（ECB）则把流动性过剩定义为实际货币存量对预期均衡水平的偏离。Roger Ferguson（2005）把过快的货币增长视为流动性过剩。目前，对“流动性过剩”的讨论多从货币供给角度展开，因此，在传统上，我们一般将流动性过剩定义为实际货币存量高于货币供求的均衡水平。

二　怎样测量流动性的合理水平

对于流动性的测度有不同的口径。根据所研究对象的不同，流动性测度存在一定的差异。从政策操作层面，衡量流动性状况主要看三个指标：（1）银行的超额准备金率。该指标上升，说明银行系统资金充裕，该指标下降，说明银行系统资金紧张。

(2) 存贷差。该指标扩大，说明银行资金利用不充分，该指标缩小，说明银行资金利用效率高。(3) M2 增长率与 GDP 增长率之比。该指标大于1，说明货币供应量增长超出实体经济的增长。

也有分析认为，可直接用贷款增长速度来说明流动性过剩的状态。含糊地说，流动性过剩就是市场上的资金过多，多于实体经济对货币的需求。从这一点看，流动性过剩实际上就是传统意义上的信用膨胀，或通货膨胀，只是在流动性过剩的状态下，并没有引起通货膨胀。目前大多数国际经济学家倾向将 M2 与名义 GDP 的比值作为判断流动性过剩的指标。欧洲中央银行（ECB）的经济学家将 M2 经济增长率与名义 GDP 增长率之差，称为“货币缺口（money gaps）。但是，根据其分析，“货币缺口”大也不一定就是流动性过剩。欧洲中央银行的经济学家通过统计模型得出的结论是：流动性过剩的主要表征为高经济增长、高信用扩张、低利率、低通胀。流动性过剩的结果是资产价格暴涨。另外，流动性过剩是长期累积产生的（excessive accumulation of liquidity），不能只看当期的状况。

本文认为，流动性可以从两个层面来理解，即宏观层面上的流动性和银行系统内的流动性。宏观层面上的流动性可以用货币信用总量与经济总量的关系来衡量，如果货币信用总量的增长高于经济总量，这就表明宏观层面上的流动性过多，出现了流动性过剩，反之，则是流动性不足。无论流动性过多还是不足，都表明了货币市场处于不均衡状态。

测量和判断流动性过剩状况的困难，主要在于货币信用总量与经济总量的关系是不稳定的。

1. 流动性偏好不稳定

根据经典的货币数量理论，M = kPY。通过这个公式，可以将货币总量（M）与价格水平（P）及实际产品总量（Y）联系起来。按照这一公式，实现货币均衡的一个基本条件是，k 值是稳定的。然而，广泛的实证研究表明，k 值是不稳定的。这是因为决定 k 值的因素，即个人、企业及金融机构的流动性偏好是不稳定的，极易受外部冲击、市场变化、经济波动以及难以捉摸的心理因素的影响。

2. 货币难以定义

通常央行在实际操作中，将 M2 代表社会信用总量，将 M1 代表当期总货币购买力，并以此作为货币政策的中介目标。但是，随着金融市场的发展与成熟，各种金融创新工具和衍生品层出不穷，创造了越来越多的社会信用，使货币已经越来越难以定义和监控了。美联储曾经多次调整货币定义，最多曾将货币定义为 7 个层次（目前又调整为 4 个层次），中国人民银行也曾 2 次调整货币的定义，但问题并没有得到解决，以至于美联储前主席格林斯潘曾公开宣布不再以货币总量作为控制目标了。在这种情况下，就很难建立货币信用总量与经济总量之间的数量关系，从而也就难以测量流动性状况。

由于难以直接测量流动性状况，本文认为，流动性状况只能根据其结果来判断。这可以将流动性过多分为两类，流动性过多引起产品价格的上涨为通货膨胀，流动性过多没有引起产品价格的显著上涨，而是导致资产价格的膨胀，就是流动性过剩。

按照传统的货币数量理论，货币供给增长是与实际经济增长和产品价格增长相联系的。但是在流动性过剩的情况下，货币供给增量既没有被实际经济增长对货币的需求所吸收，也没有完全作用到产品价格上，相对于实体经济来说，多出了一块货币量。另外，超额的货币也并没有退出流通，成为窖藏货币，而是流入了存量交易的资产市场，导致资产价格膨胀。因此，货币超额增长没有引起通货膨胀，而是导致资产价格膨胀，这是流动性过剩的典型特征。这一点与欧洲中央银行的经济学家对流动性过剩的定义一致。另外，如果流动性过多，既没有引起通货膨胀，也没有引起资产价格膨胀，而且对经济没有或很少产生刺激作用，即为“流动性陷阱”现象；如果流动性过多，导致商品与资产价格的全面膨胀，可以说是信用膨胀。

三 如何看待中国的流动性问题

（一）当前我国流动性过剩的主要表现

1. 从货币供应增长速度大大高于名义 GDP 的增长速度这个角度来看，我国的流动性过剩是严重的

长期以来我国广义货币供应量 M2 的增长速度一直大大高于 GDP 增长速度。从理论上说，如果经济增长速度为 10%，通货膨胀率为 3%，广义货币的增长速度应该为 13%。但实际上，我国货币供应量的增长速度多年来远远高于此数。从 1996 年开始，广义货币量 M2 持续高于 GDP，而且二者之间的差额呈不断上升的趋势。2008 年底，我国 M2 余额达到 47.52 万亿元，同比增长 17.82%。2009 年以来，受适度宽松货币政策的影响，M2 增速惊人。2009 年 1 月至 2010 年 11 月，我国 M2 增加 43%，M1 增加 57%，远远超过 GDP 的增长速度。2009 年底 M2 余额上升到 60.62 万亿元，同比增长 27.68%。2010 年 11 月末，M2 余额达到 71.03 万亿元，同比增长 19.5%。经过十几年、二十年的积累，中国的 M2 占 GDP 的比重在 160% 以上，是世界上最高的。

中国的货币供应量增长这么快，之所以没有导致通货膨胀，是因为老百姓把钱存在银行里没有去消费。老一辈经济学家把存放在银行中的这种货币叫做“笼中的老虎”。许多人在很早的时候就预测这只“老虎”要跑出来，但预期的通货膨胀在中国始终没有出现。不仅如此，在相当长的时间里，从总体上说，货币供应的快速增长速度也未引起资产价格的上涨。之所以如此，主要是因为居民持有储蓄存款的偏好很高。虽然货币增长速度大大高于 GDP 增长速度，但是既然经济中既未出现通货膨胀又未出现资产泡沫，就似乎很难说在过去二十多年中（除通货膨胀和资产泡沫严重期间）中国存在严重流动性过剩。换言之，广义货币与名义 GDP 的对比关系，也不能成为衡量流动性是否过剩的准确尺度。相反，过去二十多年中国广义货币增长速度大大高于名义 GDP 增长速度很可能是中国经济实现高速增长的重要条件之一。

现在，随着中国资本市场的发展，居民对储蓄存款的相对需求减少，对股票、债券的相对需求增加。如果中国货币供应的增长速度依然像过去二十多年那样大大高于 GDP 增长速度，由于对货币需求量（储蓄存款）的相对减少，中国就有可能出现资产泡沫。因而，随着资本市场的发展，作为一种长期趋势，中国广义货币的增长速度应该有所降低。货币供应量相对 GDP 的增长速度应该进行相应调整，从而使 M2 对 GDP 的比例下降，使其他形式资产对 GDP 的比例上升，以避免资产泡沫的发生。在短期内，实际利息率是影响居民对储蓄存款需求的最重要因素之一。名义利息率过低或通货膨胀率过高，将导致“存款搬家”，如果存款有“家”（如国内股票投资收益较高，或可以购买外国资产）可“搬”的话。在其他条件不变的情况下，“存款搬家”意味着广义货币量的减少或广义货币增长速度的下降。当这种现象发生时，商业银行应该能够对本身的资产水平和结构进行调整，资本市场也应该能够进行相应的调整，从而实现经济中金融结构的调整。在理想情况下，当“存款搬家”进展到一定程度之后，利息率将会上升，资产价格将会下降，从而导致资金在信贷市场和资本市场之间流动的均衡。但在现实中，这种流动可能是不平稳的。如果出现资产泡沫严重的迹象，货币当局可能不得不实行紧缩性货币政策，以避免未来资本市场上的更大波动。如果在出现“存款搬家”的情况时，货币供应的增长速度仍保持不变，可能意味着过剩流动性的创造和资产泡沫的发生或恶化。总之，流动性过剩问题可以归结为货币供求关系问题。在货币供应不变的情况下，货币需求减少可以导致流动性过剩。反之，在货币需求不变的情况下，货币供给增加也可以导致流动性过剩。在货币供求均衡的条件下，制度变化、心理变化以及其他外部变化都可能导致货币供求均衡的变化。这种变化意味着流动性过剩或不足的出现。既然如此，流动性过剩或不足的概念又有何独立存在的意义呢？这可能同当前世界范围内货币供给大于货币需求的具体原因与表现形式有关。即与金融创新导致的各种流动性金融工具的大量出现、从非流动性资产到流动性资产的易变性，以及由此造成的对货币需求的减少有关。

最近十几年，特别是进入21世纪以来，中国的双顺差每年差不多有2000亿美元。为了维持人民币的稳定，央行必须每年买入2000亿美元的外汇，同时把16000亿元的人民币注入市场，形成基础货币。为了使货币供应量的增长速度同中国经济发展的实际需要相适应，央行必须相应控制基础货币的增长速度。这样，就出现了对冲的需要。如果不进行对冲或对冲不足，基础货币的增长速度就可能过快，从而形成通货膨胀或资产泡沫。如果对冲过度，就可能导致通货收缩、影响实际经济的增长。

中国目前的货币增长速度仍然偏快、利息率水平仍然偏低。但是这并不意味着货币供应量的增长速度需要大幅下降或利息率需要大幅上升。许多经济学家过去一直在说中国存在严重的流动性过剩。现在看来，这种提法应该加以修正，以免产生误会。我们所说的流动性过剩实际上有两重意义。第一重意义：如果没有对冲，现实中的流动性将严重过剩。第二重意义：由于进行了对冲，现实中的流动性过剩基本得到了控制，但中国的金融体系为此承受了很高的成本。对冲难以为继。

从长期来看，只要中国继续保持大量国际收支顺差，只要中国不得不继续积累外汇储备，在经济过热或偏热的情况下，中国货币当局就不得不继续对冲过剩的流动性。这种对冲的可持续性将越来越成为问题。至于是由财政部对社会发放国债，还是由中央银行对商业银行发放央行票据进行对冲，都不会改变问题的实质。相反，对冲方式的改变有可能带来我们事先未曾预料到的新问题。因此，我们必须未雨绸缪，充分考虑各种可能性，以保证各项新举措达到预期目标。中国宏观经济政策的组合必须直面资本流动、汇率稳定和货币政策独立性的三难问题，中国的货币当局必须通过制度建设，让利息率在货币政策中发挥更大作用。中国的财政部和央行等宏观决策机构的协调必须进一步加强。惟其如此，我们才能为经济增长创造稳定、持续增长的宏观条件。

2. 从银行的角度看流动性过剩现象更为明显

银行存贷差不断扩大，存贷比持续下降。从 1995 年开始，我国银行体系从贷差变为存差，此后存差不断扩大，存贷比下降。除了不良贷款剥离与核销力度加大等原因外，银行资金过剩是一个不可否认的因素。2008 年 1 月末，人民币存贷差达到 12.19 万亿元，这表明银行可运用的资金规模相当大，大量资金滞留于银行间市场。截至 2008 年 1 月末，境内金融机构存贷款比为 68.9%，较 2000 年末降低了 11.4%。

超额准备金居高不下。2001～2006 年银行超额储备率分别为 7.6%、6.47%、5.38%、5.25%、4.17% 和 4.8%，显然过高。较高的超额储备率表明闲置的资金在增加，截至 2007 年末，全部金融机构超额准备金率为 3.5%，虽同比降低 1.3 个百分点，但考虑到近年来银行支付系统不断完善及商业银行资金管理能力显著提高，3.5% 的超额准备金率仍然较高。

（二）流动性过剩对经济的负面影响

流动性过剩意味着资本市场的流动性更强，国家或私人投资有更坚实的物质基础，对经济发展有一定的积极意义，但受我国经济结构的限制，从长期来看，它的负面作用将更为明显，主要表现在：

1. 通货膨胀压力增大

当市场出现流动性过剩的时候，过多的流动性会追逐相对有限的商品，包括原材料、投资品、中间产品和最终产品，推动物价上升。我国货币发行和通货膨胀大概有两到三年的时滞，2005 年开始的宽松货币政策导致 2007 年通胀上升到 4.8%。在本轮通货膨胀周期中，从 2009 年开始一直到目前，国内都处于流动性非常高的状态，CPI 也从 2009 年 11 月由负值转为正值以来一直持续上涨，2010 年 10 月和 11 月 CPI 同比甚至达到了 4.4% 和 5.1%，未来通胀仍将处于高位。原因在于，从流动性总量看，2007 年 M2/GDP 为 151.76%，2010 年这一比率有望落在 180% 附近，当前流动性宽松度优于 2007 年水平。本轮流动性催生通胀周期的几个基本要素是：美国量化宽松货币政策引发的外部流动性充裕和国际大宗商品价格上涨、人民币升值预期制造的大量热钱流入、2008年中央的“四万亿”和2009年的新增天量信贷以及负利率环境迫使居民寻找其他收益方式，都将使得流动性非常充裕，2011年通胀压力将会更大。

2. 资产泡沫化趋势增强

目前在我国银行利率相对较低且实际利率为负的情况下，过多的流动性要求增值必须寻找其他资产进行保值和增值。而我国目前金融产品比较单一，资本管制又较严，大量的流动性流向房地产市场和股票市场，导致了我国房价飙升和股票市场大幅波动。金融危机爆发后，我国货币政策名义上为“适度宽松”，实际上却是“过度宽松”，央行不断下调存款准备金率和存贷款利率，同时大量注入流动性，引导金融机构扩大信贷投放。2009年国内信贷投放约为9.5万亿，这直接导致了资产价格的大幅上扬。2009年深证成指和上证综指分别累计上涨112.4%和79.98%，房地产价格也在2009年一、二季度出现短暂回落后重拾升势，特别是一些大中城市的房地产市场隐现泡沫。2009年上海和北京新房均价涨幅都超过70%，深圳超过50%，房价均超过历史最高水平。中国社会科学院公布的数据显示，2010年我国房价上涨幅度为15%，远高于城镇居民收入增长的速度，使得85%的家庭没有购房能力，某些地区的房地产市场存在泡沫。最近国家出台的严控住房按揭贷款和房地产开发贷款，从而控制房地产市场的流动性，也说明政府已注意到流动性过剩带来的资产泡沫风险。

3. 加剧银行风险

中国银监会发布的统计数据显示，截至2008年9月末，国有商业银行不良贷款余额11173.8亿元，比年初增加24.3亿元。而2009年1月份新增信贷资金高达1.62万亿元，几乎是上年全年新增量的三分之一。由于国家投资和超额储备增多，银行放贷冲动将进一步强化。在部分行业出现产能过剩的情况下，贷款快速增长可能导致不良贷款再次上升，增加银行的信贷风险，而经济的过热发展和资产的泡沫化趋势将进一步增加银行的信贷风险。

4. 短期资本流动冲击的风险增加

造成我国目前流动性过剩的一个主要原因是大量的短期国际资本流入中国，而这些资本逐利性强、投机性大、流动性高。短期资本的大量流入，会导致我国经济不稳定性因素增加。一旦外部环境发生改变或者国内政策措施有所变化，这些私人资本就会在较短时间内大规模的撤出，形成资本的快进快出，引发资产泡沫破裂和本币大幅贬值。从实际经济运行来看，在大量短期国际资本流入我国的2009年和2010年，资本流动也数次发生逆转，尤其是在几次美元突然走高之时，美元低息套利中断，资金大量撤出给我国造成较大冲击。

（三）如何看待我国流动性过剩的成因

1. 低利率政策是造成当前全球货币流动性过剩的根源

"9·11"以后，美联储为使美国经济复苏，长达两年多的时间一直保持1%的低利率，两年多的时间美元的宽松流动性，也造成了现在的亚洲美元、欧洲美元、石油美元不断膨胀；日本10年的零利率政策及日本经济的持续低迷，使手中有钱的日本人在全球的投资非常活跃。欧洲长达5年的时间保持在2%的低利率，直到2005年底才上升了25个基点。低利率政策使得机构投资者能够以较低成本获得投资资金，转而在全球范围内追求高风险高回报的资产投资，由于各国货币政策的差异，造成了流动性在不同国家间的再分配。我国流动性过剩是全球经济失衡的局部反映。

2. 金融衍生品市场不断创新和突飞猛进加速国际货币的流动性

由于世界各国货币发行脱离了黄金准备的约束，在大量金融衍生工具创新的推波助澜之下，流动性空前泛滥。在这种全球经济失衡和流动性过剩并存的大背景下，全球资金出现了大规模跨境流动，大量资金从美国流入以中国为代表的亚洲新兴经济体，美元持续贬值，进一步加剧了全球经济失衡，诱发更多的资金流入新兴经济体，从而国际金融市场的过剩流动性也反映在我国货币市场之中。

3. 外汇储备快速增加是流动性过剩的直接原因

近几年来，我国出口快速增长，国际贸易巨额顺差，外汇储备超常规增长。央行为收购外汇就需要投放大量基础货币，2007年末，我国基础货币余额10.2万亿元，同比增长30.5%。并且基础货币是高能货币，使货币供应量成倍数增加，而央行通过发行央行票据和公开市场业务操作冲销能力无法消化过多的基础货币，从而造成流动性过剩。此外，从2002年下半年起，人民币升值压力不断加大，内地房地产价格持续上涨，使境外热钱在经济利益的驱动下不断涌入，进一步加剧了外汇储备增长，因而成为我国流动性过剩的一个重要原因。

4. 我国居民对预期收入和支出的不确定性导致储蓄倾向强化

这首先反映了我国的社会保障体系不完善，医疗、教育、养老、住房等问题给居民带来很大的压力。消费个体就必须独立面对养老和子女受教育等问题，于是更倾向于将货币储蓄而不是立即消费。消费倾向不强使大量存款停留在商业银行内，形成了流动性过剩的压力。其次，我国企业和居民投资渠道狭窄。企业可以通过交易所市场购买债券，却不能进入银行间的债券市场，这样远远满足不了企业的需求。居民的投资渠道就更加有限，多数是投资于股票，而我国资本市场不发达，这样大量闲置的资金也流入银行，致使银行的储蓄存款大幅增加。加上银行强化资本充足约束率，以及资金应用技术水平及风险掌控能力不高等因素同样加剧了我国流动性过剩。

【讨论与思考】

1. 请根据其他资料谈谈你是如何看待我国流动性过剩产生的根源的。
2. 你认为破解我国流动性过剩的对策有哪些？
3. 请简要比较我国与发达国家流动性过剩产生的原因。

案例4　通货膨胀

【教学目的】

本案例通过对我国经济领域出现的通货膨胀问题的分析，让学生掌握通货膨胀的形成机制、对经济的影响及消除这一现象的措施和思路。

【案例资料】

一　通货膨胀定义研究

（一）对通货膨胀定义的不同观点

关于通货膨胀的定义，迄今为止还没有形成统一的说法。尽管众多的说法有一定的差别，但20世纪50年代以来，西方经济学界对通胀的定义大致可以分为两大类，一类是“物价派”，侧重通货膨胀造成的结果，认为通货膨胀是指一般物价水平出现持续性的普遍上升的过程；另一类是“货币派”，强调通货膨胀发生的原因，认为流通中的货币供应量超过实际需要量时就发生了通货膨胀。

“物价派”主要以后凯恩斯主义经济学家为代表，许多美国著名经济学家如萨缪尔森、斯蒂格利茨、曼昆等人就明确将价格总水平的上涨或持续上涨作为通货膨胀的定义。如：

（1）通货膨胀的意思是：物品和生产要素的价格普遍上升的时期。通货膨胀意味着一般价格水平的上涨。今天我们用价格指数即成千上万种产品的加权平均价格来计算通货膨胀。（保罗·萨缪尔森《经济学》，第十一版）

（2）通货膨胀是指经济中物价总水平的上升。（曼昆《经济学原理》1999年版）

（3）如果大多数物品的价格上升，这才是通货膨胀。（斯蒂格利茨《经济学》）

（4）通货膨胀就是价格水平的上升。价格水平就是所有商品和劳务价格的加权平均数。（罗杰·A. 阿诺德《经济学》）

（5）通货膨胀是平均价格水平的上升，并不是任何一种特殊价格的上升。（布拉德利·希勒《当代经济学》）

“货币学派”则认为通货膨胀的根本原因在于货币的超量发行。正如新自由主义经济学家弗利德里奇·哈耶克所论述的：“通货膨胀一词的原意和真意是指货币数量的过度增长，这种增长会合乎规律地导致物价的上涨”。米尔顿·弗里德曼也在《货币理论的反革命》里提出了他的那个著名的论断：“通货膨胀总是而且到处都是一种货币现象。”

另外，有一些经济学家将以上两派观点结合在一起，如美国的迈克尔·帕金在其《经济学》著作中定义为，“通货膨胀是指物价水平上升和货币贬值的过程”。

尽管西方经济学家对于通货膨胀定义的理解不完全一致，但在西方各种研究通货膨胀的文献中，可以说“物价派”的定义仍然占据着主流地位，即认为价格总水平的持续上涨就是通货膨胀。

不论人们如何理解通货膨胀，在下述问题的见解上，众多经济学家的观点却是一致的：

（1）通货膨胀是一种货币现象。通货膨胀是与货币发行量、货币数量及货币贬值相关联的经济现象，无论引起物价水平上涨的原因是什么，如果没有货币数量的变化，绝不可能出现持续的通货膨胀。

（2）通货膨胀是一种价格现象。通货膨胀总是与一般物价水平的普遍上涨相关联。货币发行过度是因，物价上涨是果。没有一定货币量支持，物价全面上涨就不可能。

（3）通货膨胀属经济范畴。通货膨胀与社会制度和生产关系无关，也就是说，无论是社会主义国家还是资本主义国家，也不管是计划经济还是市场经济，只要现实生活中存在着货币流通，那么，通货膨胀就有了滋生和繁衍的土壤，它就有随时被引发的可能。

与西方观点相对应的东欧各国经济学家则特别重视从纸币与金属货币的关系方面来论述通胀。然而，随着通胀理论研究的深入和社会主义通胀问题的显性化，更多的社会主义经济学家倾向于从宏观生产结构和宏观收入结构来考察通胀问题，如波兰经济学家把通胀定义为从一种市场均衡状态向新的另一种市场均衡状态转变的经济活动。

我国对于通货膨胀的理解主要受苏联《政治经济学》和《货币银行学》的影响。长期以来我国关于通货膨胀最流行的定义是，“纸币的供给量超过了商品流通所需要的货币量或金属货币量所引起的物价上涨的情况就叫通货膨胀。”这个定义的核心是从货币多少的角度来理解通货膨胀的，而且货币多少的判断标准是流通中所需要的货币量。但是还应该看到，我国经济学界，由于对通货膨胀的不同理解，有不少人经常把通货膨胀与价格上涨视为存在因果关系的两个概念。“物价上涨与通货膨胀是两个不同的经济范畴，物价上涨是通货膨胀的表现形式，但通货膨胀的表现形式不仅仅是物价上涨一种，还有隐蔽性和抑制性通货膨胀，后两种不仅仅是以物价上涨形式表现出来，或者说没有物价上涨的场合仍然存在通货膨胀”。还有人认为“政府直接运用行政力量干预和管理物价，价格改革引起的价格总水平上升等，就不属于通货膨胀”。

很明显，发达国家与发展中国家对于通货膨胀的认知有很大的差异。通过对发展中国家，尤其是对我国经济发展过程的观察，我们认为，通货膨胀可以定义为：通货膨胀是经济运行中价格总水平大幅度持续上升的货币现象。这一过程的诱因可以是货币的过量发行，也可以是由多种经济因素共同作用的结果。

这一定义包括三方面的特征：一是通胀本质是一种价格总水平持续上升的货币现象。通胀必然表现为物价全面的、持续的、大幅度的上涨，但部分价格上涨，即使是重要商品和服务价格的上涨并不一定是通胀。二是引起通胀的原因不止货币供应量过多一种原因，通胀产生的原因既可以是货币的超量发行，也可以是多种经济因素变化的结果。三是由于国情不同，通胀率或物价总水平上涨的分类及警戒线在不同的国家会有不同的尺度，而且即使在同一国家经济发展的不同阶段也不完全相同。这需要综合考虑经济增长率、工资水平或居民收入水平，以及社会心理预期等多个因素。

国内外经验表明，通货膨胀的形成，既有国内因素，也有国外因素；既有需求方面的因素，也有供给方面的因素。归结起来看，主要有四个方面：一是需求拉动。即由于总需求超过总供给，引起一般价格水平持续上涨。二是成本推动。即在没有超额需求的情况下，由于工资等成本的提高引起一般价格水平持续上涨。三是国外“输入”。即在开放经济条件下，国外通货膨胀通过产品进口等方式向国内传导，引起一般价格水平持续上涨。四是体制改革时期的政策调整使隐性通胀显性化。如我国在计划经济向市场经济转轨过程中，由于国家大规模放开商品价格、大幅度地调整重要的商品和服务价格，曾导致价格总水平的明显上涨。

（二）通货膨胀的衡量指标

判断是否发生了通货膨胀、通货膨胀的程度如何，涉及通货膨胀的测定问题。在西方，通常以通货膨胀率来衡量通货膨胀的程度。由于大多数经济学家将通货膨胀看做一般物价总水平的普遍上涨，并主张以物价指数上涨率来反映物价通货膨胀率，因此，物价指数便成为通货膨胀率指标计算的主要依据。各国衡量物价水平的指数很多，但主要都是从零售、批发或者经济总量的角度反映商品在不同时期内的价格水平的变化。作为对衡量通货膨胀的物价水平指标的考察，关键是物价指数的选择问题。通货膨胀率的计算公式一般为：

通货膨胀率（T年）=［T年的价格水平-（T-1）年的价格水平］/（T-1）年的价格水平×100%

由此可见，所谓通货膨胀率，实际上也就是物价指数（如居民消费物价指数）的年增长率。一般地，各国用以计算通货膨胀率的物价指数主要有消费物价指数（CPI）（或者零售物价指数

BPI）、批发物价指数（WPI）（或者生产者价格指数 PPI），以及国内生产总值缩减指数（IPD）三种。其中 IPD 反映的范围最广泛，内容最全面。但由于计算 IPD 的工作量很大，且统计数字发表较滞后，所以西方国家一般都把数字发表较为及时的价格指数作为反映通货膨胀的主要指标，并以消费者价格指数的应用较为常见。

第一，消费物价指数。又称零售物价指数或生活费用指数，它是衡量各个时期居民个人消费的商品和劳务价格变化的指标。它既可作为通货膨胀率的测定指标，又可作为工资、津贴调整的依据。许多国家均采用消费物价指数来衡量通货膨胀率，但是，这一指数只是局限于统计居民家庭消费的商品和劳务，而把国家消费和集团消费排除在指数之外，这是它的主要缺陷。另外，从某种意义上讲，CPI 指数只能作为判断物价的参考指标，而不能全面地反映全社会物价变动趋势。其原因在于：首先，尽管基期价格确定，但是各类项目在指数中的权数并未公布，权数的设置与调整具有差异性；其次，CPI 指数主要由消费类产品构成，生产资料价格并未包括在内，只能局部地反映物价变动趋势。

第二，批发物价指数。它是反映不同时期商品批发价格水平变动情况的指数，它通过对比基期计算出价格变动的百分比。由于这种指数与产品出厂价格紧密相关，而且既有消费资料又有生产资料（但不包括劳务价格），所以，持成本推进通货膨胀观点的经济学家认为批发物价指数最适合衡量通货膨胀率。

第三，国内生产总值缩减指数。它是按当年价格计算的国内生产总值对按固定价格或不变价格计算的国内生产总值的比率。由于这一指数统计范围最广泛，包括一切商品和劳务，也包括进出口商品，所以能全面准确地反映社会总物价水平的变动趋势，因此它是判断一个国家是否产生通货膨胀的最佳指标。近年来已经有很多国家采用这个指标来全面衡量一般物价水平。但我国由于编制这一指数存在数据采集上的困难，在实际应用中目前有一定难度。

我国在 2000 年以前一直把零售物价指数（BPI）作为度量通

货膨胀的主要指标，2000 年后我国统计部门主要以消费物价指数（CPI）来衡量通货膨胀。

（三）通货膨胀的分类

现实中，各国对于通货膨胀的界定也因经济背景不同而不同。经济学家根据不同的标准来给通货膨胀分类，最常见的是按价格上升的速度进行的分类。第一种看法是保罗·萨缪尔森在第十一版《经济学》中认为：通货膨胀有三种：（1）温和的通货膨胀：年通货膨胀率为 1 位数的通货膨胀；（2）急剧的通货膨胀：总价格水平以每年 100%，甚至 200% 的两位数或三位数的速率上涨；（3）恶性的通货膨胀：各种价格以每年百分之一百万，甚至百分之万亿的惊人速率持续上涨。第二种看法："物价上涨幅度不超过 10%，就是温和的通货膨胀，其对经济的负面影响较小；物价上涨百分比超过两位数，是严重的通货膨胀，显著影响经济；物价年上涨达三位数或者更高幅度，是超速或恶性通货膨胀。"第三种看法："不会显著改变相对价格和收入分配的通货膨胀称作温和通货膨胀；年物价上涨率超过 10% 或者 100% ~200%，为奔腾通货膨胀；年物价上涨率超过 1000% 称为超速通货膨胀。"第四种看法："每年物价上升的比例在 10% 以内为温和的通货膨胀，目前许多国家都存在着这种温和的通货膨胀，这种缓慢而逐步上升的价格对经济和收入的增长有积极的刺激作用；年通货膨胀率在 10% 以上和 100% 以内为奔腾的通货膨胀，也叫加速的通货膨胀，一旦奔腾式的通货膨胀站稳了脚跟，便会出现严重的经济扭曲；通货膨胀率在 100% 以上为恶性通货膨胀，也叫超级通货膨胀，发生这种通货膨胀时，价格持续猛涨，各种正常的经济关系遭到破坏，致使货币体系和价格体系最后完全崩溃，在严重情况下，还会出现社会动乱。"第五种看法："年均 3% ~5% 的通货膨胀率称为低通货膨胀率，它对经济增长和物价上涨的影响力比较小。上升至 15% ~20% 以下的两位数的通货膨胀率被称为温和的通货膨胀，对经济和物价的影响还不至于引起宏观经济失控。"

（四）关于我国通货膨胀的判定标准

据统计，2010 年，我国居民消费价格（CPI）同比上涨 3.3%，一季度上涨 2.2%，二季度上涨 2.9%，三季度上涨 3.5%，四季度上涨 4.7%；其中，11 月份 CPI 同比涨幅达到了 5.5%，创下 28 个月来的新高。虽然 12 月份 CPI 同比上涨 4.6%，较 11 月份有所下落，环比物价涨幅也由 11 月份的 1.1% 回落到 0.5%，但物价的持续上涨已成为事实。CPI 指数的迅速攀升也带来了政府对通货膨胀的担忧，宏观经济是否正朝着通货膨胀的方向运行？对于这种判断，我们首先要明确的是 CPI 指数在多大程度上反映了通货膨胀。

同理论一样，目前世界上没有一个统一的实际操作的通货膨胀标准（例如，消费价格上涨多少定义为通货膨胀）。现实中，对于价格总水平上升多少才算是通胀在不同的国家有不同的尺度。这种判断差异主要取决于经济行为者和社会公众对通胀的敏感度。各国历史证明，经济发展阶段越高，可忍受的通货膨胀率越低。发展中国家比发达国家可容忍的物价上涨幅度会高一些。一些发达国家如美国的经济增长率一般达到 2% 就算可以了，如达到 3%，就相当可观了；若超过 3%，前美联储主席格林斯潘就认为“经济过热”了，开始提高银行利率，以防止通货膨胀的发生。若消费价格涨幅在 3% 以上，就认为出现了通货膨胀，而且是不可容忍的通货膨胀。而巴西等一些拉美国家，20 世纪 80 年代价格上涨率曾长期维持在超过 50% 的程度，那时如果价格上升 10% 的话，似乎不足挂齿。目前我国经济增长方式还没有实现根本性转变，经济增长模式仍然是速度效益型，不要说 0 以下的负增长，即使是较长时间在 4% ~5% 的增长速度上徘徊也是无法“容忍”的。

我国对于通货膨胀的判定标准也不一致。有些专家学者总结过去的历史经验，将通货膨胀率在 0 至 7% 或 8% 的通胀定为温和通胀，为可容忍的通胀；将通货紧缩率在 0 ~3% 的通缩定为温和通缩，这是可容忍的通缩。如果通货膨胀率超过了 7% 或 8%，可认为出现了严重通胀，即超出社会所能承受的通货膨胀“可容忍区间”。如果通货紧缩率超过 -3%，则可认为是出现了严重的通缩。但也有些专家把 0 ~10% 或者 0 ~5% 的通胀定为温和通胀，认为是可容忍的通胀。温和的通胀和通缩尽管是可以容忍的，但并非是可以无任何条件地永远忍受下去，而是要有一定的时间限制，超过这个时间限制就可能向严重的通胀和通缩的方向滑行，从而给经济的发展带来严重的负面影响。

“理论是灰色的，生活之树常青”，现实经济生活是复杂的，要具体地判定经济生活中是否出现了通货膨胀往往并不是一件很容易的事情。那么，究竟怎样具体地认定经济生活中是否出现通货膨胀呢？我们认为，结合各种关于通货膨胀的定义以及我国现阶段的经济发展情况，判断我国是否出现需要政府进行干预的通货膨胀，起码有以下几种方法可供参考。

1. 平衡法

即从市场供求角度来考察，也就是要看社会货币购买力（也叫有支付能力的需求量，它等于流通中的货币量乘以单位货币流通速度）同社会商品价格总额（也叫社会商品供给量）是否保持了平衡。如果基本保持了平衡，就说明社会上流通的货币量是正常的或基本正常的，物价也比较稳定，经济运行正常，否则，就说明流通中的货币量多了或者少了，商品价格信号失真。之所以采用这种方法，是因为所谓货币流通必须与商品流通相适应，实质上就是指货币的购买力要和社会商品的供给量基本保持平衡。

2. 物价法

即从物价指数的角度来考察，也就是要看社会上商品的物价指数是否平稳。如果物价指数平稳或基本平稳，就说明流通中货币量与社会商品的供给量大致是相适应的，否则，如果物价指数过高或过低，就意味着货币供给量太多或不足。

3. 比例法

即从流通中的货币量与社会商品零售额之间的比例来考察。根据我国历史经验和有关学者的研究成果，在一般情况下，流通中的货币量与社会商品零售额之间的比例大致保持在 1∶9 左右为正常状况。也就是说，1 元人民币在 1 年内可以使 9 元左右的商品零售额得到实现。如果高于这个比例，就表明货币投放过多，商品供不应求，否则，就是货币投放不足，甚至是通货紧缩。例如，在第一个五年计划期间，流通中的货币量与社会商品零售额之间的比例大致是 1:10 左右，因而，这个时期的国民经济运行状况就比较正常；而到了“大跃进”、人民公社时期，由于经济建设偏向于高积累、高速度、高投入，货币投放过量，就使得这个比例提高为1:5 左右，结果导致了商品匮乏、物价腾飞，国民经济比例严重失调。

我们认为，判断我国是否出现需要政府进行干预的通货膨胀，应使用物价法，从物价指数的角度来考察，而从市场供求角度来考察的平衡法，以及从流通中的货币量与社会商品零售额之间的比例来考察的比例法这两种方法，可以作为预测经济发展趋势的辅助指标来参考使用。

目前我国处在社会主义市场经济的初级阶段，是一个经济快速增长的时期，经济变了，环境变了，可忍受的通货膨胀率也应该随之调整。这种调整要根据我国经济发展的实际情况和政策取向而定。

总之，通货紧缩与通货膨胀一样都是国家经济运行失衡的表现，是政府对经济进行宏观调控的重要指标。通货膨胀和通货紧缩一旦超出“可容忍区间”的警戒线，必然会向经济发展亮“红灯”。这将督促政府尽快制定相应政策缓解通货紧缩与通货膨胀导致的负面效应。还应强调的一点是，选取物价指数标准问题即究竟用哪个指数代表经济的状态，国内外标准并不一样，不能稍微看到物价上涨，就急切地套用过去或西方国家的标准来衡量。

二　我国改革开放以来的五次“通货膨胀”

我国从 1978 年 12 月改革开放以来，已经发生过五次通胀，这五次通胀分别发生在 1979 ~ 1980 年、1984 ~ 1985 年、1987 ~ 1989 年、1993 ~ 1995 年、2007 年至今。由于 1984 ~ 1985 年的通货膨胀与1987～1989年的通货膨胀相距较近，且成因具有一定的相似性，而1979～1980年的通货膨胀率从绝对数字上看较低（6%），因此也有人将其总结为三轮通货膨胀，即20世纪80年代中后期、90年代前期和进入新世纪至今。

由于1985年以前我国没有居民消费价格指数统计，为使几次通货膨胀具有可比性，以下均以零售物价指数口径来统计分析通货膨胀情况。

（一）1979～1980年“洋跃进”导致的“通货膨胀”，最高通胀率为6%

当时要求在8年内新建和续建120个大型项目，希望通过加速引进国外的技术设备和举借外债，来实现高速发展，并提出1980年全国基本实现农业机械化，1985年全国粮食产量达到8000亿斤，钢产量达到6000万吨。在这种超越客观条件和经济规律的庞大投资规划指导下，国内经济出现了过热和通货膨胀趋势。固定资产投资快速增加，1978年国有单位固定资产投资比1977年增加120.4亿元，增长22%，1979年、1980年较上年又分别增加30.6亿元和46.5亿元。尽管投资的增长短时期内发挥了投资乘数效应，1978年GDP增长11.7%，但这种“重生产，轻消费”、“重工业、轻农业”的投资政策实施，投资结构不平衡，引致重工业发展过快，轻工业发展迟缓，能源、交通、原材料十分紧张，国民经济重大比例关系失调，为通货膨胀埋下隐患；国家用于改善人民生活的各种开支大大增加，国防战备、行政管理和各项事业费用继续增加，致使各项开支的总和超过了财政收入。1979年和1980年国家财政赤字分别达到170.6亿元和127.5亿元。为弥补赤字，两年中，银行增发了130亿元货币。根据有关资料，1980年底，全国市场货币流通量比1978年增长63.3%，大大超过同期工农业生产总值增长16.6%和社会商品零售总额增长37.3%的幅度。由于货币流通量超过正常需求量，引起物价的较大幅度上涨。1979年和1980年，国家连续提高了农产品收购价格和副食品零售价格。在以上情况下，1980年，全国零售物价指数上涨幅度达到6%。尽管与后期的“通货膨胀”相比，这个幅度并不高，但对于长期生活在价格稳定环境和收入水平低下、对价格的承受能力较弱的国民来说，这仍是较大的上涨幅度。

（二）1984～1985年“乱投资”、“乱涨价”导致的“通货膨胀”，最高通胀率为8.8%

1984年以后，我国经济体制改革和价格改革进入了一个新的阶段。由于国有企业开始具有相对独立的经济利益和经营自主权，地方财政也有了一定的“分成”自主权，企业和地方出现了强烈的“投资饥渴症”。1984年第四季度开始，国内经济又出现了过热现象。1984年全社会固定资产投资总额高达1832亿元，比上年增长28.2%。当年新增贷款量增加161%，货币发行增加了189.3%。在全员劳动生产率只提高13.5%的情况下，全国工资性现金支出增加了22.3%，其中支付奖金和其他个人支出部分增长了46%；1985年全社会固定资产投资总额达到2543亿元，比1984年又增长38.75%，国有单位开工项目达到15000多个，基本建设投资增长了44.6%。此外，价格大面积放松管制为这轮物价上涨提供了条件。1980年对部分机电产品实行浮动价格，1981年允许部分工业品生产资料（企业自销部分）进入市场自主购销和定价，1982年放开160种三类小商品价格，1983年再次放开350种小商品价格，1984年对工业生产资料中属于企业自销和超计划的产品，允许在国家定价上下20%幅度内自定价格和协商定价，小商品价格全部放开，价格形成也由单一的政府定价转为政府定价、政府指导价格和市场调节价三种形式并存。1985年4月放开了缝纫机、电视机、电冰箱、洗衣机、收录机、中长纤维布等7种工业消费品价格，从而使绝大部分工业消费品的价格改由市场调节。由于计划经济时期实施的低物价政策压抑了供应相对紧张的市场环境，企业有强烈的涨价倾向，造成有关产品价格自发上涨。1985年，全国零售物价指数上涨了8.8%，形成了较严重的“通货膨胀”。

应该指出，改革开放以来的第一、二次通胀都有一些与“文革”前通胀不同之处：（1）都是属于意图冲破旧计划经济体制的创新行为引发的，如“洋跃进”、“物价改革”等都是中国开始觉醒、意图崛起时的骚动型、冲动型、改革突破型通胀。（2）都是一定程度上的在“文革”前、“文革”中物价体制僵化、冻结时的还债性质的物价上涨。（3）当时国家、政府对生产资料还有相当大的定价权。对货币供应和银行改革的进行控制很严。（4）1980年、1985～1987年的改革突破型通胀之同时，改革的正面效应也不能抹杀；全国钢材自销量（市场的）仅占3.5%，仅为106.6万吨，而改革后，达到了20%多，达到1000多万吨。石油的情况类似。改革大大促进了钢铁、石油及各类商品的生产、供应，促进了全国的经济发展，提高了人民的生活水平。（5）城乡居民，特别是城市居民对物价的改革、物价上涨的感受，敏感度强烈，没有西方发达国家和地区的老百姓对物价波动的容忍性；对物价改革引发的中国经济的大迸发、大崛起没有充分的思想准备，即使生活水平在节节上升，怨声仍颇多。

（三）1987～1989年“楼堂馆所热”和“抢购潮”导致的“通货膨胀”，最高通货膨胀率为18.5%

本次出现的经济过热与上一次的过热有较大的相似性和相关性，因此此次“通货膨胀”也可以看做上次“通货膨胀”的延续，也有人将其合并作为一次“通货膨胀”。在1986年宏观调控政策初见成效后，出于对形势过于乐观的判断和考虑到地方、企业的压力，中央政府放弃了紧缩调控政策。1986年3月份，银行开始松动工业流动资金的贷款，其他贷款也开了口子，使总需求与总供给的协调对策搁浅。1986年银行各项贷款增加1836亿元，同比增长了29.2%。这一年全社会固定资产投资增长22.7%；职工工资收入同时上涨，全年银行工资性现金支出达到2158亿元，同比增长20.8%；职工工资总额达到1659.7亿元，同比增长20.5%。1987年，国内经济继续高速增长，工业总产值13806亿元，比上年增长17.7%；全社会固定资产投资增长21.5%。各地大上楼堂馆所等建设项目，加上前几年货币超量供给的滞后影响，国内经济再现过热势头。在这种背景下，价格改革还加快“闯关”，1988年，各项价格改革措施陆续出台，先是对部分粮食、油料、棉花、茶叶、木材等收购价格陆续进行了调整，少量煤炭、原油、电力等生产资料的价格也进行了调整。5～7月，全国各地先后放开了猪肉、大路菜、鲜蛋和白糖4种主要副食品的零售价格。5月以后，全国彩电实行浮动价格，7月进一步扩大到棉纱、棉布，放开了名牌烟酒的价格。这些改革措施应该说是符合市场取向和改革思路的，但由于时机选择不当，放开的价格在“过热”经济拉动下引发了物价水平的迅速上涨，而物价上涨又导致了市场对通货膨胀预期的增强，形成1988年下半年的抢购风潮，最终导致国民经济过热运行、经济秩序混乱、“通货膨胀”不断加剧的严重局面。1988年，全国零售物价指数上涨了18.5%，是1952年以来最高的一年。

（四）1993～1995年“开发区热”、“房地产热”导致的“通货膨胀”，最高通货膨胀率为21.7%

20世纪80年代后期，为了摆脱经济萧条，解决市场疲软问题，国家开始增加投资，到了90年代初期，这一政策的效果开始显现。特别是从1992年起，全国又掀起了新一轮经济建设的热潮，经济迅速回升并高速增长。但也出现了不正常的现象，表现出经济过热的征兆。首先是固定资产投资高速增长，1991年同比增长23.9%；1992年增长44.4%；1993年增长61.8%。其次是货币需求和供给迅速膨胀，1992年货币投放比1991年增长36.4%，1993年比1992年增长35.3%，大大超过正常的增长速度。再次是财政支出增加、财政赤字居高不下，1991年以后赤字均在230亿元以上。最后是金融秩序混乱，出现了乱集资、乱拆借等现象，银行工资性现金支出增长。个人及其他现金支出增长了36%，行政企业事业管理费现金支出增长了89%，均大大超过了经济增长幅度。1993年，全国零售物价指数同比上涨13.2%，居民消费价格上涨14.7%。1994年的物价指数急剧攀升，全年零售物价指数同比上涨21.7%，居民消费价格上涨24.1%，成为改革开放以来物价涨幅最高的年份。

（五）2007年以来“贸易顺差过大”和“四万亿投资”导致的“通货膨胀”，最高通货膨胀率为8.7%

与前四次通胀主要是内因所致略有不同，本轮通胀主要原因是外贸顺差过大导致的被动发钞。到2010年底，中国外汇储备累计达2.85万亿美元。为了维持人民币升值压力，中国央行抛出了超过20万亿元人民币来对冲2.85万亿美元的巨额外汇储备。此外，央行货币超发的原因还包括2009年以来中央为应对国际金融危机抛出四万亿投资计划。另外，由于美元持续贬值，加之其他因素如原油、农产品等原材料进口价格越来越高，高成本的原材料进口也必然引导下游产品的全面涨价，使得通货膨胀压力逐渐凸显。2011年上半年CPI同比涨5.4%。

【讨论与思考】

1. 在一个健康发展的经济体中，通货膨胀与通货紧缩可以避免吗？
2. 财政政策与货币政策对治理通货膨胀和通货紧缩的效应如何？
3. 简单谈谈通货膨胀和通货紧缩的区别与联系。
4. 查阅资料，试分析现阶段我国的通货膨胀现状。

参考文献

1. 程晓云、王红强：《从马克思理论视角看流动性过剩的原因及化解措施》，《经济师》2011年第3期。
2. 赵海华：《关于流动性含义及度量方法的文献综述》，《商业时代》2011年第4期。
3. 姜利梅：《浅析我国通货膨胀的原因及宏观经济调整对策》，《宏观经济》2010年第10期。
4. 北京大学中国经济研究中心网站，www. ccer. edu. cn。

第九章　金融调控

Chapter 9

案例 1　我国近十年存款准备金率调控的回顾

【教学目的】

本案例通过近十年来我国中央银行对存款准备金率调控的历史回顾，让学生了解存款准备金率调控的相关背景条件及对宏观经济的影响。

【案例资料】

2001 年至 2010 年，我国央行对货币供应量的调控较为频繁，在三大货币政策工具中经常选择小幅频繁地调控准备金率来达到政策目标。相对比，国外较少采用这一货币政策手段，存款准备金率已成为我国货币政策常备工具中不可缺少的一部分。

一　法定存款准备金政策的概况

法定存款准备金政策是中央银行的重要货币政策手段，它是指中央银行对商业银行等金融机构的存款规定准备金率，强制性地要求其按照规定的比例计提并上缴存款准备金。存款准备金政策最初起源于英国，而1935年美国颁布的《银行法》，使存款准备金正式成为货币政策工具之一。随后，西方各国也纷纷效仿美国建立起了存款准备金制度。但是，自20世纪90年代以来，存款准备金政策开始逐渐走衰，美国、英国、加拿大、瑞士、澳大利亚等最先采用这一工具的国家都已降低或取消存款准备金率。

我国存款准备金政策的历史并不长，是于1984年中国人民银行专门行使中央银行职能后才建立起来的，但是我国十分依赖这一货币政策工具，从1984年至今对存款准备金率的调整次数已多达40次，而近年更是频繁，仅2010年一年，我国对法定存款准备金率进行了6次调整，2011年一季度以来在我国国际收支双顺差的背景之下央行分别四次上调存款准备金率。即央行分别于1月20日、2月24日、3月25日和4月21日4次上调存款准备金率各50个基点。目前，我国大型金融机构的存款准备金率为20.5%，而中小型金融机构的存款准备金率为17%，达到历史最高峰值。

法定存款准备金设立的初衷是为了保障客户的提款要求和利益，同时也是维持商业银行流动性和安全性的一项重要手段。随着央行的不断摸索和实践，发现准备金的变动对于货币信贷的扩张与收缩的影响是较为有效的，所以央行1984年以来频繁地运用法定存款准备金率来调控我国的经济发展状况。

央行提高法定存款准备金率的机制在于，央行利用它的权限，提高商业银行存放于央行最低储备水平，从而减少了商业银行的自有准备金，以此来减少市场上的货币供应水平，达到抑制通货膨胀、稳定物价等目的。

二 我国近十年准备金率调整的阶段分析

我国在2001年到2010年期间，准备金率调整频繁，共调整30次，每次调整幅度在0.5%~1%，累计上调幅度高达11.5%，于2010年12月20日达到历史最高峰值18.5%。近十年里，准备金率在2001、2002年始终保持1999年制定的6%的水平，于2003年开始第一次调控，其调控幅度为1%，而后准备金率一直平稳上升，上调幅度基本维持0.5%的水平，在2008年9月25日达到新的高点17.5%。此后准备金率小幅下降，于2008年12月25日达到15.5%的低位。经过风平浪静的2009年，2010年继续保持上升势头，直至达到峰值18.5%。总的来说，准备金率曲线在这期间总体上升，2008年的短暂下调似乎是一种“意外”。

由上述分析，我们可以近似地把2001年到2010年间的准备金率曲线分为三个阶段，分析如下。

（一）“平稳上升期”阶段分析（2001~2008年9月）

2001年至2008年，我国国际贸易顺差扩大，外汇储备不断攀升，基础货币投放压力增加；而固定资产投资的活跃，导致银行信贷需求猛增，国内经济出现过热的苗头，通货膨胀的风险较大。为此，央行由稳健的货币政策逐渐转向适度从紧的货币政策，连续21次调整金融机构存款准备金率，存款准备金率渐渐成为缓解货币投放压力的常备工具。

1. 准备金率上调的政策目标

频繁小幅地上调存款准备金率一方面是替代中央银行票据对冲过多的流动性，另一方面则是控制信贷的过快增长。其中，2003年的调控是为配合公开市场操作“对冲”外汇占款和基础货币过快增长，减轻发行中央银行票据回收流动性的压力，同时控制货币信贷过快扩张。而2004、2006年存款准备金率的上调以抑制信贷过快增长为主要目标，其中2006年三次上调法定存款准备金率开了我国频繁小幅使用准备金率政策的先河。2007~2008年上调准备金率不仅是为抑制信贷过快增长、防范通货膨胀，而且还承担部分汇率方面问题的责任，主要表现为部分全国性商业银行被要求以外汇交存人民币存款准备金。

2. 准备金率上调的原因探究

（1）外汇储备持续攀升，流动性过剩问题凸显。流动性过剩一般源于基础货币投放过多，分别有再贷款、财政透支与借款、外汇占款三种投放渠道，前两项统称为中央银行信贷，外汇占款则是指银行收购外汇资产而相应投放的本国货币。银行购买外汇形成本币投放，所购买的外汇资产构成银行的外汇储备。因此，银行信贷和外汇储备的变化对基础货币量具有直接影响。而外汇储备的持续攀升是流动性问题凸显的重要因素。

近几年由于我国国际收支持续双顺差，外汇储备规模快速增长，从而直接导致国内流动性过剩。据统计，在2001年到2008年间我国外汇储备年增长率一直维持在30%以上，有的年份更是达到50%的水平。2001年外汇储备仅2121.65亿美元，而到了2006年已经超过万亿大关高达10663.44亿美元，2008年更是达到了19460.3亿美元。因为我国目前实行的是外汇结售汇制度，外汇储备的持续攀升造成外汇占款增加，为保持人民币汇率的稳定，迫使中央银行在市场上投放大量基础货币以吸纳过剩的外汇，货币投放又以乘数效应扩大货币供给，从而引起了货币供应量的激增。因此，外汇储备持续攀升使得流动性过剩问题凸显。

（2）信贷投放增长过快，流动性过剩日趋严重。2001年以来我国新增贷款持续快速增长，普遍增幅超过15%，最高达到24%。银行体系持续的流动性过剩导致形成较低的市场利率，投资规模增长较快。毋庸置疑的是，在这轮投资热中我国的钢铁、汽车、房地产等行业迅速发展，成为我国经济快速增长的长期支柱性产业，但同时也使得经济过热产生了盲目投资、重复建设、部分产业产能过剩等问题，甚至成为政府的形象工程、目前众多闲置开发区最重要的资金来源。为了控制信贷规模缩紧银根，防止经济低水平扩张，提高存款准备金率是较为可行的办法。

（3）汇率上升压力巨大。快速增长的贸易顺差造就的庞大的外汇储备同样使得人民币升值压力陡然增长。由于我国外汇储备中70%是美元资产，一旦美元贬值，将导致我国外汇储备价值缩水，而快速增长的贸易顺差也成为国际要求人民币进一步升值的最好借口。调整法定存款准备金率是央行应对过于激烈的贸易顺差、进行金融管理的强有力工具。

（4）消费物价指数增长形势严峻。近年来我国资产投资一直处于高速增长中，其投资过热引发了基础原材料的供应紧张，并进一步传导至社会各个层面，使物价面临较大的上涨压力。根据国家统计局统计，仅 2008 年 2 月 CPI 同比上涨就达 8.7%，食品价格更是上涨 23.3%，工业品出厂价格涨幅也持续攀升，8 月份达到 10.1% 的高点。升幅过大的价格指数使通胀成为经济发展的不稳定因素，同时也坚定了政府遏制价格过快上涨的决心。在 CPI 加速上涨的情况下，央行出台适度"紧缩"的货币政策来缓解通胀压力是最佳选择，而提高存款准备金率就是央行政策首选。

（5）调控成本低，便于大规模实施。2003 年，准备金率上调是为配合公开市场操作"对冲"外汇占款和基础货币过快增长，减轻发行中央银行票据回收流动性的压力。那时回流货币的最主要方式是发行央行票据。但巨额的公开市场操作费用导致了央行票据的成本较高。一方面，通过央票回笼货币所需要的利息支付会间接形成额外的货币发行，需要其他货币政策工具来抵消，增加了发行的后期成本。另一方面，央票的利率相对于法定存款准备金利率要更高，并且还有到期期限的限制。在单独考虑回收流动性的成本时，没有到期期限、利率成本更低的准备金率政策在大规模调控时更加灵活。

（二）"小幅回调期"阶段简析（2008 年中后期）

1. 政策目标和力度

我国从 2008 年 9 月开始，对存款准备金率进行下调，旨在放松银根，向社会注入流动性，增大货币供应量，避免金融危机进一步影响实体经济。此阶段共三次回调，回调幅度分别为 0.5%、1%、0.5%，累计下调 2%，这是进入 2000 年以来，中国央行为了限制银行借贷、抑制经济过热，将商业银行存款准备金率连续 21 次上调后的首度下调，对于中国宏观经济有利好作用，可以有效提振金融市场信心，促进经济稳定健康发展。

2. 准备金率下调的背景

（1）经济环境变化。2008 年下半年，受金融危机蔓延、全球金融动荡的影响，中国经济发展面临严峻的考验。此时 CPI 涨幅不断回落，而金融机构、企业银根紧张，股市"跌跌不休"，特别是保持经济平稳较快增长的难度加大。

（2）信贷背景变化。在这一次小幅回调期前，中国信贷增长率呈较快上升趋势。金融危机之前确定的“从紧货币政策”又使我国信贷增长率在2008年出现下降趋势，以至于企业普遍感觉信贷吃紧。而金融危机的“意外”到来，使得央行货币政策形成180度大转弯，改变了“从紧货币政策”，数度降低存款准备金率。

（三）“上升摸高期”阶段分析（2010年全年）

1. 政策目标和力度

2010年，国内经济形势较金融危机时已根本好转，但依旧面临一系列新的突出矛盾和问题，迫切需要在保持利率和汇率稳定的基础上，尽早收缩流动性，实现“稳经济增长、防金融风险、破房产泡沫”等多重目标，此时央行把提高存款准备金率作为最佳的货币政策切入点，连续6次上调存款准备金率，从2008年末的15.5%一路飙升到历史最高点18.5%。

2. 准备金上调的原因

这时之所以把上调准备金率作为政策切入点，除了前面“平稳上升期”所述的限制流动性，还综合考虑了以下因素：

（1）金融机构超额存款准备金率决定存款准备金率调控效果会较好。2008年8月，我国金融机构超额存款准备金率还高达3.86%，此时上调法定存款准备金率效用有限，因为商业银行可以通过减少超额存款准备金的方式予以应对，信贷规模很难受到较大影响，央行无法达到调控货币量的目的。但金融危机后，我国金融机构超额存款准备金率普遍保持在2%左右，大型金融机构基本为1.5%~1.8%，在2010年一季度分别达到1.96%和1.43%，处于历史最低水平，这一阶段提高法定存款准备金率，可以较其他阶段更好地收缩市场流动性。

（2）预防资金过度投放，缓解经济泡沫化。为了应对全球性的金融危机和由此引发的经济危机对我国经济的负面影响，2009年我国政府宣布了高达4万亿人民币的政府投资，以拉动内需，保证经济持续增长。但与此同时，我们应该看到4万亿经济刺激计划的实施，特别是资金的分配可能对信贷资金的供应间接产生一定影响，甚至进一步加剧“流动性过剩”。而人民币汇率市场、资本市场、房地产市场等资产价格不断快速上升也印证了这一点。为了预防资金过度投放，缓解经济泡沫化，央行推出了一系列组合拳，其中就包括连续上调存款准备金率。

（3）CPI 再度过快上涨，调控力度前所未有。由于预期经济有可能出现一次探底，央行在一定程度上放纵了通货膨胀的发展，准备金率的调整在 2009 年一年都处于停滞状态。2010 年通货膨胀刚开始时为了避免前期过量投放贷款导致通货膨胀，央行再次采取进一步上调存款准备金率的措施。但由于通胀预期的形成不可逆转，农产品以及国际大宗商品交易也起到推波助澜的作用，导致通胀向不利方向发展。央行为了控制通胀的发展，将存款准备金率提到了前所未有的高度。

三　政策效果分析

从 2001 年到 2010 年，准备金率总体上升趋势明显，央行虽然不断加大准备金调节频率，但货币信贷投放仍然偏多，流动性过剩仅得到一定缓解，价格上涨的压力依旧明显。总体来看，央行试图用存款准备金率上调控制资金的流动性，以解决目前国内宏观经济过热的整体趋势，效果并不是十分理想，以下是具体分析。

（一）对收缩流动性、降低信贷规模的实际影响

央行通过提高法定存款准备金率，可以降低商业银行超额存款准备金及其信贷规模，进而降低货币供应量。2002 年到 2008 年新增贷款增加率始终在 15% 以上，分别在 2002 年到 2003 年和 2005 年到 2007 年呈加速上涨的趋势，2007 年到达此阶段的峰值 24%。而在准备金率使用频繁的 2006、2007、2008 年，年均新增贷款增长率达 21% 以上。从这方面讲，准备金率频繁小幅上调并未实质性解决信贷规模过快增长问题。

另外，拿调控最为密集的 2006 年到 2008 年来说，期间准备金率上调 19 次，累计上调 10 个百分点，净回笼资金约 3.5 万亿元，

通过货币乘数效应，将影响数倍于3.5万亿的货币供给量。对比于同期公开市场的3.47万亿元的净回笼资金，存款准备金率更为简单、高效。尽管如此，相较于此阶段货币供给量的迅速增长，准备金的乘数效应也同样杯水车薪。根据中国人民银行网站相关数据，2006年到2008年广义货币年均增长额达到近6万亿元，年均增长率近17%。显然，准备金率的调整的确具有一定的效果，但并不明显。

（二）准备金率上调对房地产市场的影响

长期以来，我国房地产企业的主要融资渠道就是银行贷款，而央行的信贷收缩政策对行业冲击最大的当属房地产行业。由于我国银行对房地产的信贷政策是对房地产企业和购房人同时给予信贷支持，加大了房地产企业通过银行信贷的杠杆效应进行房地产投机，也使得房地产企业对银行信贷产生更多的依赖。频繁小幅的上调存款准备金率，使银行信贷资金趋紧，加上与之配套的其他信贷政策要求，以及2010年为抑制房价过快上涨出台的“国十条”，都使房地产企业的信贷大幅削减。这将会对房地产市场资金链产生影响，不仅遏制了房价过快上涨的趋势，也为我国房地产业健康发展起到积极作用。

（三）准备金率上调警示效应大于实际效应

2001年至2010年，存款准备金率渐渐成为缓解货币投放压力的常备工具，它在一定程度上能够控制流动性，但其实际作用主要体现在警示方面。首先，通常商业银行的超额准备金处于较为合理的水平，一般为2.5%左右。上调存款准备金率只会减少银行的超额准备金，只对部分超额准备金少的银行产生较大影响。除非准备金率持续高位上涨，例如2010年准备金率不断上调，至历史最高点18.5%时，对银行也产生了较大震动。其次，央行在2010年上调存款准备金率更多的是重塑货币政策纪律，每月上万亿的新增贷款仅是金融危机背景下的应急措施，而非常规政策；当市场和商业银行机构都将以万亿为单位的新增贷款视为正常时，就有必要重塑货币政策纪律了。

（四）单纯提高准备金率效果不佳

单纯地提高或降低存款准备金率，很难从根本上解决宏观经济中的问题与矛盾。在历次上调存款准备金率之后，由于某些环节的差错，未按照理论上的传导机制传递下去，货币供应量没有减少反而上升，出现了与调控目标相反的结果。央行辅以公开市场业务操作等多种手段收紧银根的同时，应采取张弛有度、一紧一放的“组合拳”的方式，使货币能够稳定地投放市场，使货币市场保持平衡，保证人民币的稳定，抑制过度的投资需求。与此同时，为货币政策的实施创造宽松的货币环境，提高货币政策的实施效率。

【讨论与思考】

1. 我们应该如何看待货币政策的调控工具，这些工具的使用和经济发展以及股市、楼市的市场走向到底有着怎样的联系？
2. 为什么西方发达国家大都渐渐弃用存款准备金政策时，我国却一再频繁地使用这一货币政策工具，其主要原因是什么？
3. 你认为我国现阶段法定存款准备金制度与西方国家的通行做法是否存在一些较大的差异？

案例2　量化宽松的货币政策

【教学目的】

通过本案例的学习，让学生准确透彻地理解美国“量化宽松”货币政策的背景、目的、后果及对全球经济的影响，并探寻在美国货币政策调整过程中我国的应对策略。

【案例资料】

2008年国际金融危机对全球经济带来极大冲击，为避免陷入衰退，各国政府纷纷采取了量化宽松货币政策，目的是维持宽松的货币环境，降低利率，刺激经济增长，防止经济衰退。2008 年 12 月份，美国联邦基金利率已经下调到零附近，利率政策用尽，为抵御经济进一步下滑，美联储采取了量化宽松货币政策。日本中央银行也将基准利率下调到 0.1%，并大量收购商业银行的次级贷款和商业票据。随后，英格兰银行、瑞士央行等都推出了量化宽松货币政策。2010 年美联储开始实施第二轮量化宽松（QE2）货币政策，同时日本也追随美国继续实行量化宽松的货币政策，英格兰银行也表示将推出第二轮量化宽松货币政策。

一　何为量化宽松

所谓量化宽松（Quantitative easing）货币政策，大多数学者将其理解为非常规的货币政策，主要是通过在一级市场购买包括国债等在内的中长期资产向市场大量注入流动性。“量化宽松”中的“量化”指将会创造指定金额的货币，而“宽松”则指降低银行的资金压力。中国人民银行将其定义为“中央银行在实行了零利率或近似零利率政策后，通过购买国债等中长期债券，增加基础货币供给，向市场注入大量流动性的干预方式”。资料显示，截至 2010 年 3 月 QE1 结束时，美联储累计购买了 1.725 万亿美元的国债和其他债券。2010 年 11 月 4 日，美联储宣布了 6000 亿美元的国债购入方案，即 QE2，并宣布继续维持 0 ~ 0.25% 历史最低利率至更长时间。按照计划，从此时起至 2011 年 6 月份，联储将平均每月购入约 750 亿美元的国债，以向市场注入更多的流动性。

量化宽松货币政策的原理就是央行通过公开市场操作，向银行体系注入超额资金，让基准利率维持在零，从而为经济体系创造新的流动性，以鼓励消费和投资，最终促进经济增长和就业。就如弗里德曼所称，量化宽松实质就是“央行派出直升机从空中撒下钞票”。与央行在公开市场中对短期政府债券所进行的日常交易相比较，量化宽松政策所涉及的政府债券不仅金额庞大，而且持续期也较长。结合上述定义，量化宽松具有如下特点：①该措施实施的主体是中央银行，即货币当局。②实施的背景是利率为零或接近于零。③采取的方法是购买国债等中长期债券。④目的是增加基础货币供给，提升市场流动性。

美国的货币政策的实施历来与美联储主席的个人风格有密切关系，伯南克用自己二十年的理论成果，重新审视当下经济危机，力排众议制定通货膨胀指标，处理资产泡沫，以激进的方式进行风险管理。他的主要理论观点是：强大的金融市场与信贷市场与实体经济之间可互相促进，实现经济繁荣。

在理论的指导下，伯南克详细列出了美联储应对金融危机，即量化宽松的步骤：①将联邦基金利率降到零。②在很长一段时间内始终把短期利率控制在较低的水平，或者是承诺无限量地购买国债直至国债收益率下降为止。③同时使用宽松的货币政策和财政政策，例如在减税的同时提高货币发行量，这样就不会导致政府财政赤字的增加。

二　美国量化宽松货币政策提出的背景

（一）第一轮量化宽松货币政策提出的背景

第一轮量化宽松货币政策于 2008 年 9 月推出，当时，拥有 158 年历史的华尔街第四大投行雷曼兄弟公司破产，次贷危机引发的金融体系震荡达到高点，人们一片慌乱，破产清算随处可见，金融体系全面收缩，惜贷现象严重，曾经借助于金融衍生产品而不断膨胀的资金流似乎陷入枯竭。为解燃眉之急，美联储迅速向银行注资，并采取支付存款保证金，降低利率等多种方式削减商业银行的经营成本，鼓励其向市场发放贷款。同时，美联储还大量购买金融企业的不良资产债券，充实其资本金。

（二）第二轮量化宽松货币政策提出的背景

1. 政治背景

民主党中期选举失败，给奥巴马政府敲响了警钟。如果经济再没起色，奥巴马当选时的承诺再不兑现，两年后的连任可能会成为泡影。因此，奥巴马要想挽回败局，就必须“拼经济”，从而大幅提高就业率。这应该是美国急迫出台第二轮“量化宽松”货币政策的政治背景。

2. 经济背景

2010年的整个年度中，美国失业率一直维持在9.5%以上的高位，在消费者信心指数一路下挫的同时，核心通胀率徘徊在1%附近。尤其随着第一轮量化宽松政策的边际效益的日益减弱，二次衰退的恐慌情绪开始在美国弥漫。对此，美国政府希望找到破解经济难题的速效药，以向市场传递出重拾信心的信号。这方面，美国能够拿出的应对政策已经不多，特别是利率已经接近于零，失去了操作空间，逼迫其不得不采取“量化宽松”政策。另外，美国过低的通胀率给“量化宽松”政策持续使用提供了有利环境。根据劳动部数据，美国2010年9月CPI较上个月仅上升了0.1%，除了波动的食物与能源价格外，物价已连续第二个月“纹丝不动”了。与一年前相比，总体物价水平仅上涨了1.1%，核心物价仅上涨了0.5%，为1961年以来最缓慢的年份。2010年10月18日，在美联储波士顿联储分行举办的“低通胀环境下重新审视货币政策”的会议上，伯南克在题为《低通胀下货币政策目标及工具》的讲话中表示大部分货币委员会官员都认为物价增速应该保持在“2%或稍低”的水平上。因此，美国大举印钞没有通胀之忧。

三　美国量化宽松货币政策的主要内容及评价

（一）第一轮量化宽松（简称QE1）

2008年9月15日美国雷曼兄弟公司宣布破产，因此可能引发全球性的金融危机。美国政府在9月25日快速推出“量化宽松”计划，向市场注入7000亿美元的资金，以方便金融机构能够购买次贷产品。这是第一次量化宽松（QE1）。第一次量化宽松货币政策的关键作用是稳定银行系统，这些超额储备使得银行不必通过贷款来恢复其流动性。

伯南克采取这项行动是因为他已经从央行在20世纪30年代犯下的错误中汲取了教训。当时美联储没有在危机期间向银行提供超额准备金，这是美国银行体系在经济大萧条时期崩溃的主要原因。

（二）第二轮量化宽松（简称 QE2）及其特点

自 2010 年 4 月份美国的经济数据从开始的令人失望，到进入复苏以来，美联储一直受压于需要推出另一次的量化宽松。伯南克 2010 年 8 月在联储官员聚会中为第二次量化宽松打开了大门。但他同时谨慎地指出，量化宽松不是一个成熟的补救办法。

当然不是所有的人都支持量化宽松政策。费城联邦储备银行总裁查尔斯普洛瑟以及堪萨斯城联邦储备银行总裁托马斯洪尼格 2010 年就一直与伯南克存在异议，他们表现出了对量化宽松的强烈质疑。

QE2 的第一个特点就是与就业情况挂钩。此时美国的失业率高达 9.6%，如果恢复到伯南克认为的经济正常水平时的失业率 5.5%，可能需要很长时间，这意味着 QE2 可能需要多久便做多久，避免自缚手脚。

QE2 的第二个特点是以管理通货膨胀及通胀预期为政策目标之一。目前美国的核心通胀几乎为零，并且有通货紧缩压力。美联储鼓励通胀，一则可以减轻债务负担，另外可以扩张消费。伯南克虽然不赞成设立明确的通胀目标，但是美联储鼓励通胀意味着美国货币当局并不介意弱化美元以及由此导致的输入型通货膨胀。

QE2 的第三个特点是渐进式，小量稳步推进，根据最新数据适当调整数量。

QE2 的第四个特点是不预设数量上限及时间限制，不达目的誓不罢休。

QE2 的第五个特点是全球互动。如此规模、霸道的货币政策，发达国家或将被拖下水重回量化宽松，新兴国家通过行政、税收等手段限制热钱的涌入。

（三）对量化宽松货币政策的评价

总体上，量化宽松货币政策主要起到以下几个积极作用：一是向陷入资金困难的银行提供充足的流动性，救助濒临破产的金融机构，防范系统性金融风险，维护金融稳定，并支持金融体系，鼓励银行放贷；二是使利率特别是长期利率保持在低位，有利于降低企业贷款成本，并促进消费，从而推动经济复苏；三是避免通货紧缩预期，甚至通过产生通货膨胀的预期，降低实际利率，从而避免经济进一步紧缩；四是购买金融机构和社会民众的有价证券，直接向市场注入大量流动性，有效化解市场流动性不足的问题。

而量化宽松货币政策的消极作用主要有：①量化宽松货币政策的本质就是全力印钞票，因此全球基础货币供应量必将上涨，这种较激进的措施，导致全球范围内的通货膨胀。②美元走上下降通道将加大人民币汇率的升值压力，打击中国出口企业。③量化宽松下，资本流出银行，流入金融市场和商品市场，将进一步加剧通货膨胀的程度，并放大金融和资产泡沫，给一国金融体系埋下风险。

四　量化宽松货币政策的传导机制

理论上，量化宽松货币政策通过以下途径进行传导。

（一）低利率预期引导下的利率传导

在利率已经很低的情况下，量化宽松政策的可信度非常重要。货币当局通过利率发布、官员讲话等方式不断向公众传递并强化“只要持续存在通缩风险，或者通货膨胀率持续低于目标值，就将维持低利率”的信号，通过这样的预期管理，让公众形成“低利率维持的预期”。

短期利率较低，通过预期作用将会对长期利率产生影响。根据利率期限结构的流动性溢价理论，长期利率等于未来短期利率预期的平均值加上流动性溢价，较低的短期利率降低了公众对未来短期利率的预期值，从而使长期利率降低。长期利率的降低有助于增加长期投资，从而增加总需求，刺激经济。

（二）资产的相对价格传导

货币只是金融资产中的一种，而且各种资产之间具有一定的相互替代性。量化宽松货币政策向市场注入流动性，会引起投资者对投资组合的调整，投向更多的非货币资产，从而会改变资产的收益率，进而影响资产的相对价格。资产价格的改变，一方面通过“托宾 Q”效应影响投资，另一方面通过“财富效应”影响消费，进而影响总需求和经济状况。

（三）资产负债表的传导渠道

量化宽松货币政策会改变资产价格，比如提高中长期国债、抵押贷款债券的价格，从而可以改善借贷者的资产负债表，改善借贷者的财富水平，借贷者就能以更高价值的抵押物去银行借款；如果央行收购的国债等债券有银行持有的，那么此举还可以改善银行的资产负债表，可以提高银行的放贷意愿。这样，在双向作用下，整个系统的信贷得到扩张，流动性大增，从而增加私人部门的消费和企业的投资，改善经济状况。

（四）与财政政策配合使用形成的财政支出扩张的传导渠道

央行购买中长期国债是量化宽松上相当于以货币为财政赤字融资，可以极大地减轻政府的预算约束，政府扩张财政支出，加大政府投资力度，或是减少公众的税收，从而可以有效地刺激总需求，改善经济发展状况。

五　量化宽松货币政策对中国的影响

（一）我国将面临更大的通货膨胀压力

由于大宗商品都是以美元计价的，美元的增发将导致大宗商品价格持续上涨，而目前我国经济发展所需的主要大宗商品，尤其是原材料、能源类等产品，都需要进口，因此这将导致我国生产成本增加，从而使我国面临更大的输入型通胀压力。

（二）我国将面临更大的资产价格泡沫压力

美联储在输出美元的同时也输出了资产泡沫。此次第二轮的量化宽松货币政策等于向市场投放了 6000 亿美元的资金。而由于去杠杆化，美国经济无法吸收量化宽松政策所释放的巨大流动性，这部分资金绝不仅仅是在美国市场流动。由于资本的逐利本性，会有大部分资金流向新兴市场，因为与发达国家相比，新兴市场国家在金融危机后表现出了更具吸引力的经济恢复能力和成长前景，各国投资机构和投资者对新兴市场国家的赢利预期可能要高于发达国家。

对于我国来说，在过度流动性和人民币升值预期作用下，热钱涌入的风险更是巨大，而且在西方国家利率不变的情况下，我国持续的加息会加大对资金流入的吸引力。大量热钱的流入，会催生新的资产泡沫；但是当美国经济恢复时，这些资金可能会撤出我国，到时候大量资金的撤出可能会导致泡沫的破裂，从而给经济带来巨大冲击。

（三）我国对外贸易将会受损

金融危机的爆发已经使我国对美国的出口受损，量化宽松的货币政策使美元贬值、人民币升值，我国商品在美国的价格相对提高，将会削弱我国商品在美国的竞争力，最终会减少我国商品的出口量。另外，伴随着美联储投放基础货币的行动，美国国内的商品价格可能会上升，我国只能以“贬值”的美元去购买更少的美国商品，我国对美国商品的进口量也会减少。总的来说，我国对美贸易将受损，对于严重依赖于对外贸易的我国来说，对美贸易的受损将不利于我国的经济发展。

（四）我国外汇储备缩水

美国的量化宽松货币政策使美元贬值，我国的外汇储备中有大量美元资产，美元的贬值将使我国的外汇储备大幅缩水。债券的收益率与价格成反比，债券价格越高，收益率越低。美联储的量化宽松政策使得美国长期国债价格上涨，收益率大跌，我国作为美国最大的债权国，量化宽松政策直接影响到我国的投资收益。而且，我国持有的美国国债规模过于庞大，已经由美国国债的购买者变为美国国债市场的重要组成部分，如果大幅度减持美国国债，会造成美元的大幅度贬值，反而会给我国带来更大的损失。

【讨论与思考】

1. 请你谈谈美国量化宽松货币政策对我国有何启示?
2. 我国该如何应对美国量化宽松货币政策带来的负面影响?
3. 你是如何看待量化宽松货币政策与传统扩张性货币政策的?

案例3　证券投资基金“老鼠仓”问题

【教学目的】

通过本案例的学习，让学生能够了解我国证券业发展中典型违规的基金“老鼠仓”现象，充分认识到证券市场健康有序发展的重要性和艰难程度，以及对证券业进行监管的重大意义，更好地理解证券业健康发展与有力监管之间的关系。

【案例资料】

中国证券市场起步相对于发达国家而言要晚得多，基金这一机构投资者则出现得更晚。1998 年，中国才出现了基金，当初只有封闭式基金。2002 年，才有了开放式基金，开放式基金生不逢时，它诞生于中国的证券熊市，证券投资处于低潮，更谈不上去投资基金。基金的规模、基金的投资回报，以及基金的投资热度都非常小，所以，当时“老鼠仓”对于基金经理来说也没有多少诱惑，即便存在“老鼠仓”，由于它的影响相对较小，加之投资者及媒体也不是十分关注，所以“老鼠仓”并没有引起人们的注意。然而，随着我国资本市场的火暴，基金规模的不断扩大（一只基金大的上百亿），人们投资热情的高涨，对基金的关注度也在不断提高，在这种情况下，“老鼠仓”的事件频频出现，屡见不鲜，广大投资者深恶痛绝。下表就是我国历年基金经理涉嫌“老鼠仓”遭查处的情况。

案发时间	基金经理姓名	案发前所属公司	曾管理的基金	处罚结果
2007 年	唐建	上投摩根基金	上投摩根成长基金	取消基金从业资格、没收违法所得、罚款 50 万、终身市场禁入
2008 年	王黎敏	南方基金	南方元宝、南方精选、基金开元	取消基金从业资格、没收违法所得、罚款 50 万、七年市场禁入
2009 年	张野	融通基金	融通巨潮、融通深 100	取消基金从业资格、没收违法所得、罚款 400 万、终身市场禁入
2009 年	涂强	景顺长城基金	景顺长城优选、景顺长城鼎益、景顺长城动力平衡、景顺长城货币	取消基金从业资格、没收违法所得、罚款 200 万、终身市场禁入
2009 年	刘海	长城基金	长城久泰中信标普 300、长城货币、长城稳健增利	取消基金从业资格、没收违法所得、罚款 50 万、三年市场禁入
2009 年	韩刚	长城基金	长城久恒平衡、长城久富股票	有期徒刑一年、没收违法所得、罚款 31 万
2010 年	黄林	国海富兰克林基金	国富收益	取消基金从业资格、罚款 30 万、十年市场禁入
2010 年	许春茂	光大保德信基金	光大均衡、光大红利	被调查中
2010 年	郑拓	交银施罗德、好望角投资	交银稳健	被调查中
2010 年	李旭利	交银施罗德、重阳投资	交银蓝筹、交银稳健	被调查中

一 “老鼠仓”的概念及构成要件

“老鼠仓”这个概念，是人们的一种习惯叫法，在不同的领域可能会有不同的含义，但是，本文中的“老鼠仓”，是特指证券市场中基金经理的一种违规行为。所谓“老鼠仓”，是指基金经理在使用公有资金拉升某只股票之前，先用个人的资金在低价位买入该股票，等到用公有资金将股价拉升到高位后，个人的持股率先卖出获利，而机构和散户的资金可能因此被套牢。“老鼠仓”实际上反映的是一种违规的利益输送问题，也是通过对机构的利益进行违规操作，使个人或关联方得到利益，从而损害投资者利益的一种现象。在盘面上的表现就是“老鼠仓”的建立者在集合竞价时，于极低的价格或跌停板处填买单，而机构为了建仓的需要，一定需要将价格打低，由于股票的“价格优先，时间优先”的成交原则，使得“老鼠仓”预埋的买单在第一时间内成交，这个过程一般持续时间较短。为了避免其他人低价成交，机构往往以投资者来不及反应的速度将股价恢复到正常的波动范围内，在技术层面上往往表现为一根长长的下阴线或大幅跳低开盘形成的长阳线，在这个过程中由于“老鼠仓”的存在，使得机构在低位的建仓数小于计划建仓数。同样，在机构预先要出仓的价位上，“老鼠仓”预先挂出卖单，使得“老鼠仓”先于机构的卖单成交，而机构被迫要在低位出仓，因此机构收益低于预期。而“老鼠仓”由于能够获得确实的信息，使得其在低位建仓、高位平仓成为可能，从而获得大量利益。

根据这个概念，可以看出，“老鼠仓”的成立需要具备以下几个要件：

第一，建立“老鼠仓”的主体主要是公募基金的管理人员。在我国，根据基金资金的来源不同，可以把基金分为公募基金和私募基金。公募基金，是指面向社会公开发行和募集的证券投资基金。公募基金的资金来源是社会公众，基金的信息如基金公司的基本情况、基金经理的基本情况、投资风格、基金持仓情况、基金年度报告，以及财务报告都要向社会公众公开，在一定程度上受法律、法规以及政府的特殊保护。私募基金，是指非公开地向少数或有专门投资经验、不需政府特别保护的特定投资者筹集货币资金并以基金方式运作的集合投资制度。私募基金的资金来源是特定的个别投资者，基金公司以及基金的基本情况和信息不向社会公众公开，并且不需要法律、法规以及政府特殊保护。在这里，“老鼠仓”的主体特指公募基金的管理人员，不包括私募基金的管理人员，因为公募基金是以法律、法规和政府的公信力为基础的，这种基金的设立要经过政府的审批，这种审批体现了政府公信力。另外，这里的管理人员不仅指基金经理，而且也包括基金公司的其他相关人员，如总经理、研究员、投资总监、交易员等高管人员。因为，他们也有条件了解基金的交易情况和具体策略。

第二，低价位买入股票的行为与基金将要拉升该股票的行为具有相关性。一方面建立“老鼠仓”的主体在相对低价位买入了其建仓的或将要建仓的股票，也就是先于公有资金建仓某只股票。这里有两个条件，其一是在相对低价位建仓，其二是建仓的这只股票必须是将用公有资金建仓或拉升。如果不是在相对低价位建仓，也就很难证明行为主体有谋利之意图；如果建仓的股票不是将用公有资金建仓或拉升的话，也很难被称为“老鼠仓”。另一方面，“老鼠仓”的行为主体将利用自己管理某只基金之职务上的便利，动用公有资金去拉升这只股票，也就是在其用自有资金建仓后，用公有资金去建仓或拉升这只股票，然后在股票被拉升到一定高度时，借助供求关系原理，自有的那部分股票开始抛售，并从中获利。以上两个方面必须具有关联性，“老鼠仓”的成立，是以行为主体先进入某只股票，然后用公有资金拉升，二者具有一致性，是成立“老鼠仓”的客观要件。

第三，在高价位卖出其持有的股票，并从中获利。建立“老鼠仓”的主体在主观上就是为了获取利益，行为主体在用公有资金拉升某只股票后，在高价位抛售用自有资金买入的股票，获取巨额利益，这是建立“老鼠仓”行为主体的主观要件。

二　“老鼠仓”之危害

1. 损害了基金投资者的利益

基金投资者把自己的钱投入到基金公司，委托基金公司去理财，作为基金公司及其代理人应该为投资者利益考虑，尽职尽责地去科学、理性地投资，如果基金公司及其管理人建立“老鼠仓”的话，那么，在这种情况下，他们所考虑的则不是基金投资者的利益，而首先是自己的利益，在这两种利益相互冲突的时候，根据人性自私的弱点，通常会放弃投资者的利益，而追求自己利益的最大化，因此，“老鼠仓”建立的结果必然损害投资者的利益。比如，在成长先锋基金“老鼠仓”事件中，根据晨星基金数据中心对106只股票型基金的回报率排名，上投摩根成长先锋排第45位。截至2007年5月15日，成长先锋的单位净值为1.9867元。与众多竞争对手相比，这一业绩只算平平。与上投摩根公司的另外3只基金相比，成长先锋更是业绩最差，一直垫底。

2. 损害了基金公司的利益

基金公司之所以能够长期稳定地生存下去，就在于其完善的管理和值得信赖的制度，管理规范、公众信赖程度高的基金公司必然会不断发展壮大。可以想象，一个充满着“老鼠仓”的基金公司，社会公众会对它有信任，而把自己的资金交给他们去经营吗？长此下去，“老鼠仓”必然也损害基金公司自身的利益。

3. 损害了基金行业的利益

个别基金公司的“老鼠仓”行为，会使社会公众对整个基金行业丧失信心，因为社会公众对“老鼠仓”的看法具有很强的传递效果，最终会危及到整个基金行业的生存。

4. 损害了证券市场和国家经济秩序

从微观到宏观，千里之堤，毁于蚁穴。中国目前证券市场的日趋成熟与稳定，原因很多，其中基金市场的确立为证券市场的发展奠定了坚实的基础，因为一个国家的证券市场如果只是散户投资者的话，且不说证券市场的规模有限，并且也不利于市场的成熟与稳定，大凡成熟的市场都是有着众多的机构投资者存在，而基金公司作为重要的机构投资者对于证券市场的发展与稳定起到了不可估量的作用。所以基金行业的稳定关系到证券市场的稳定，基金的发展关系到证券市场与整个国民经济的发展。“老鼠仓”事件从局部来看可能只属于个案，但是，从整体来看，关系到一个国家的证券市场和国家整个经济秩序的发展与稳定。

三　基金“老鼠仓”屡禁不止的原因

是什么原因导致基金经理“老鼠仓”行为屡禁不止呢？本文

认为主要原因有以下几点。

（一）利益诱惑致使道德缺失

《证券法》明确规定，基金管理公司从业人员被限制不得买卖股票，同时证监会基金部还要求基金经理必须上报直系亲属的身份证号和证券账户，建立监控体系。由此可见，按照当前的监管制度，基金从业人员不得买卖任何股票。很难想象收入丰厚的基金人员会放弃自己所擅长的投资领域。以基金经理为例，在正常的行情下，每年税后收入数百万元是很正常的，深谙证券投资理念可为投资者带来200%～300%年回报收益的基金经理放弃证券投资而将自己的资金放在银行里享受低得可怜的利息，这种行为恐怕连其他人都无法理解。从这个角度看，基金经理绝对会选择股票投资，道德意识强的人可能只买不在公司股票池内的股票，而道德意识薄弱的人一定会选择建立“老鼠仓”，进行利益输送。

（二）外部监管流于形式

证监会制定的《证券投资基金监管职责分工协作指引》明确规定了证监会基金监管部、各地证监局、各地交易所和证券业协会等各个部门之间的分工。现实中确切存在“道高一尺，魔高一丈”的问题。为了避免监管层对直系亲属账户的监管，通常建仓者会寻找一个独立的无关账户进行操作，由于“老鼠仓”的建立者具有较强的专业知识和较高的操盘技巧，交易所很难监控到“老鼠仓”的异常情况。因此，在现实生活中，只有公司及个人的举报、媒体的调查具有实际意义。然而，公司为了自身的名誉，很难下决心去举报自己的员工。个人和媒体的力量毕竟有限，很难确切掌握“老鼠仓”建立的真实情况。由于我国证券市场监管向来是牛市中注重、熊市中放松，这种“三天打鱼、两天晒网”的监管也纵容了“老鼠仓”这种黑幕。

（三）基金公司内控缺乏可操作性，执行不力

基金公司的内部控制制度可以细分为对违规行为的监察和控制。当前主要内部控制方法包括：①利用联网的电脑系统在线实时监控基金的投资交易活动，防止利用基金资产对敲作价等操纵

市场的行为；②为了防止基金陷入内部交易或不当的关联交易，每个基金公司内部都明确制定了股票投资限额表，所管理的基金不得购买限制表中的股票，从而避免出现可能的违规行为；③对员工行为的监督，这是为了防止员工涉嫌操纵市场，购买可能与基金资产存在利益冲突的证券等违规行为。而实际上，基金公司内部控制制度对于“老鼠仓”违规行为，并没有切实可行的措施加以有效控制。对于第一种情况的监管，由于基金经理等可以事先获得建立“老鼠仓”所需要的信息，因此不需要在交易时间自己亲自操作。而对于股票投资限额表，由于“老鼠仓”不是以基金的名义购买，且“老鼠仓”具有隐蔽性，因此股票投资限额表对“老鼠仓”不具有约束性。第三种违规行为即员工的违规行为，在这一环节上，监察缺乏有效的控制，并且由于基金经理在基金管理中的特殊地位，无疑使这种监管更加困难。

尽管基金公司已经按照相关法规和监管要求建立起一整套的投资流程和制度体系，但能否在实际运作中得到严格、有效的执行，还存在一定问题。基金目前的投资决策程序，大致是先由研究员在对行业股票分析后构建股票池，基金经理根据股票池下单给交易员。原则上，基金经理和前后端的研究员、交易员隔离，但在实际操作中，为了能够更加及时、快捷地进行投资决策，很多基金公司都简化了投资决策程序，基金经理可以根据自己的判断临时添加股票池中的股票，和交易员之间也缺乏严格的隔离措施。

另外，基金公司无须为“老鼠仓”行为担责，这显然不利于对“老鼠仓”进行日常监管。虽然监管部门先后揪出了多只“老鼠”，但这些“老鼠”都被相关的基金公司界定为是“个人行为”。每当“老鼠仓”事件败露，基金公司都会认定这是“个人行为”，将所有的责任推卸得一干二净。实际上“老鼠仓”是典型的职务行为，基金公司对此负有不可推卸的责任。但正因为基金公司一次次都将责任推卸得一干二净，所以就不利于基金公司加强对“老鼠仓”行为的监管，甚至有些基金公司还呼吁要为基金从业人员炒股松绑，让“老鼠仓”合法化，这实在是本末倒置。

（四）监管部门对“老鼠仓”惩处力度不够

虽然最近几年，监管部门在打击“老鼠仓”问题上采取了一定的措施，前后令多只“老鼠”落网，但每到最后惩处时，监管部门乃至司法部门都是“从轻发落”，鞭子虽然高高举起，但都是轻轻落下，查处变成了“挠痒痒”，对后来者缺少震慑力，甚至是对后来者的一种鼓励。如对“老鼠仓”的惩处，根据《证券法》规定，除了没收违法所得外，还要处以违法所得一倍以上五倍以下的罚款。也就是说，对“老鼠仓”的处罚，最高可罚款违法所得的5倍。但在实际执行过程中，罚款基本上都界定在1倍附近，是典型的“从轻发落”，哪怕是对获刑第一人韩刚的判罚也是如此。不论是罚款还是判刑，都是按最低限执行，以致判刑之日，成了韩刚刑满释放之时。正是监管部门乃至司法部门的“鼓励”，“老鼠仓”因此前赴后继。

此外，“老鼠仓”屡禁不止，也是因为基金公司与基金经理投资责任缺失的缘故。虽然基金公司与基金经理是代客理财，但由于基金管理费的旱涝保收，基金公司与基金经理不必为基金的投资收益负责，投资盈亏对基金公司与基金经理的影响不大。也正因为不需要对基金投资收益负责，基金经理就无须把自己的精力全身心地投入到基金理财中去，而是想着如何去开展自己的副业创收。而“老鼠仓”就是基金经理的副业之一。实际上，如果能将基金公司与基金经理的收益与基金投资收益捆绑在一起，像黄林这种做“老鼠仓”都亏损的基金经理，又哪里还有精力去搞自己的副业呢？

四 基金“老鼠仓”防治之策

由于“老鼠仓”问题所造成的危害性极大，且随着证券市场的发展有愈演愈烈之势，当达到一定程度市场不能容纳时，将对国民经济的发展产生极其恶劣的影响。因此，必须将“老鼠仓”问题的治理提上议事日程，坚定地斩断其利益输送的链条。

1. 严格落实金融实名制

查处基金“老鼠仓”最重要的线索是人际关系和资金关系。只有严格落实证券账户、资金账户以及银行存款账户实名制，证券交易监管才有可能取得实效。

2. 改革基金业的分配制度，引入基金份额期权制度

改革基金业的分配制度，最关键的是解决基金管理者的利益与基金持有人的利益以及基金管理者的个人收益与其所管理的基金收益关联度的问题。降低基金管理者的固定薪水，增加绩效奖或者基金收益分成比例，是激励基金管理者勤勉尽责的有效办法之一。但是，绩效奖和基金收益分成比例都不可能无限度地提高。当这种常规性的激励措施不足以让基金管理者较长时期地贡献精力、才华、智慧时，可以考虑借鉴上市公司对高管人员实施的股票期权的办法，引入基金份额期权制度，即基金在选任管理者时授权管理者在未来一定的期限内，按照某一既定价格购买一定数量的该基金份额。由于期权价格和行权日的市场交易价之间的差额就是该管理者的获利，因此，基金份额期权制度有利于提高基金管理者的敬业精神。

3. 解禁并规范证券从业人员个人参与证券交易活动

为了防范内幕交易行为，我国现行立法严禁证券从业人员个人从事证券交易活动。然而，目前的实际情况是大量的《证券法》限制人士都在买卖股票。基金业内人士建议说，与其让法律被挑战还不如放开，“堵不如疏”，与其封死这条路让基金经理用假身份证，利用内幕信息违规搞“老鼠仓”，还不如借鉴国外经验，规定基金经理实时或定期披露其个人投资记录的资料，一旦涉及内幕交易利益输送就严厉惩罚。笔者完全赞同这种主张。法律所禁止的应当是内幕交易、操纵市场等行为本身，而不应禁止证券从业人员个人的一切证券交易活动。

4. 改进监管措施

在严格落实金融实名制的基础上，建议改进现有监管措施。

（1）运用技术手段对交易记录进行比对，发现线索。基金和

基金"老鼠仓"的交易记录是客观存在的，不会改变的。因此，在现有的技术条件下，对每个基金日常的证券交易活动与散户投资者（重点是对基金管理者的近亲属的证券交易活动在交易品种和交易方向方面）进行比对，通过交易品种的相似性和交易时间的次序性发现"老鼠仓"线索，然后进行重点调查。

（2）赋予证券监管机构必要的通信监听监视权。现代通信技术快捷，大量基金"老鼠仓"的内幕信息传递是通过电话、私人电子邮件、私人网络聊天等方式秘密进行的。赋予证券监管机构必要的通信监听监视权（重点是对基金管理者及其近亲属），犹如在十字路口设置电子眼，是遏制基金"老鼠仓"的最具威慑力的办法。当然，证券监管机构及其工作人员对履行职责过程中知悉的个人隐私和商业秘密负有保密义务。

（3）完善举报奖励制度。美国法律规定，证监会可以将内幕交易民事罚款的10%奖励给举报者，以此构建强大的市场监督机制。这一做法也值得我们仿效。

5. 加大惩处力度

美国市场监管严厉，美国证券交易委员会（SEC）每年都会挖出40起左右的"老鼠仓"，相关责任人不但要被追究民事责任，还要对其提出刑事诉讼，从而令"偷食者"如履薄冰。对于那些具有再犯内幕交易可能性的人，证券交易委员会可以通过向联邦法院提起内幕交易诉讼，请求法院发布禁止令以防止被告再次从事内幕交易。在法院做出永久性禁止令的裁决生效后，被告将终生不得从事禁止令所禁止的行为。如果被告故意违反，将被视为藐视法庭而须承担刑事责任。

我国目前基金"老鼠仓"呈迅速发展态势，一个重要的原因就是违法成本太小，惩处力度不够。鉴于查实基金"老鼠仓"非常困难，而且该类人员再犯的可能性和社会危害性极大，建议修改相关的法律责任条款，即基金管理者一经查实参与了基金"老鼠仓"活动，无论其违法所得或违法金额数量多少，除了对其必要的财产处罚以外，一律由有关主管部门吊销其证券从业资格证书，并宣布其为证券业永久禁入者。

6. 加强行业自律，强化职业操守

防治基金“老鼠仓”，完善并落实相关法律是必要的，但是法律也不是万能的。面对我国基金业日益庞大的从业队伍以及这支队伍背后复杂的社会关系，仅仅依靠法律手段和有限的政府监管力量来解决好“老鼠仓”问题是不现实的。因此，加强行业自律，强化职业操守，完善基金内部治理，仍将是我国基金业常抓不懈的重任。

【讨论与思考】

1. 从频频曝光的“老鼠仓”事件中，我们从监管角度应吸取哪些教训？
2. 查询相关资料，总结证券市场都出现过哪些违规行为，并呈现出何种特征？
3. 结合本案例谈谈证券业监管的困难之处在哪里。

参考文献

1. 陆岷峰、高攀：《近十年存款准备金率调控的回顾与展望》，《金融纵横》2011 年第 3 期。
2. 马宇：《量化宽松货币政策的理论基础、政策效果与潜在风险》，《武汉大学学报（哲学社会科学版）》2011 年第 5 期。
3. 李娅、温连青：《美国量化宽松货币政策经济学评价：内容、影响及启示》，《金融纵横》2011 年第 5 期。
4. 陈璟、麦小聪：《关于基金“老鼠仓”的思索》，《中国证券期货》2010 年第 10 期。
5. 祝文峰、刘银凤：《证券投资基金“老鼠仓”问题研究》，《经济问题》2008 年第 7 期。

图书在版编目（CIP）数据

金融学案例分析/谢群，周兰编著. —北京：社会科学文献出版社，2012.9（2019.2 重印）
（经济管理实践教材丛书）
ISBN 978 -7 -5097 -3662 -3

Ⅰ.①金… Ⅱ.①谢… ②周… Ⅲ.①金融学 - 案例 - 高等学校 - 教材 Ⅳ.①F830

中国版本图书馆 CIP 数据核字（2012）第 184152 号

·经济管理实践教材丛书·
金融学案例分析

编 著／谢 群 周 兰

出 版 人／谢寿光
项目统筹／恽 薇 冯咏梅
责任编辑／王玉山

出 版／社会科学文献出版社·经济与管理分社（010）59367226
地址：北京市北三环中路甲 29 号院华龙大厦 邮编：100029
网址：www. ssap. com. cn
发 行／市场营销中心（010）59367081 59367083
印 装／北京虎彩文化传播有限公司

规 格／开 本：787mm × 1092mm 1/20
印 张：15.4 字 数：266 千字
版 次／2012 年 9 月第 1 版 2019 年 2 月第 3 次印刷
书 号／ISBN 978 -7 -5097 -3662 -3
定 价／49.00 元

本书如有印装质量问题，请与读者服务中心（010 -59367028）联系